课堂教学问题诊断与教学技能应用丛书

初中化学课堂教学

问题诊断与教学技能应用

丛书总主编 / 陈明选

本 册 主 编 / 陆 菁

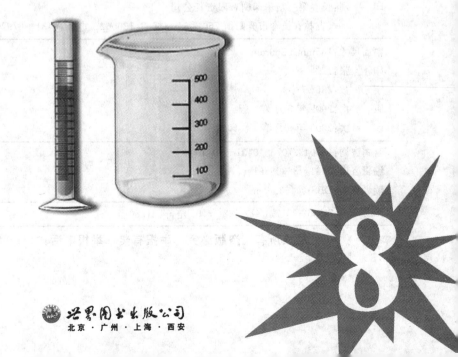

世界图书出版公司

北京·广州·上海·西安

图书在版编目(CIP)数据

初中化学课堂教学问题诊断与教学技能应用/陈明选,陆菁等编著.
—北京:世界图书出版公司北京公司,2009.2
(课堂教学问题诊断与教学技能应用丛书)
ISBN 978-7-5062-9517-8

Ⅰ.初⋯　Ⅱ.①陈⋯②陆⋯　Ⅲ.化学课—课堂教学—教学研究—初中　Ⅳ.G633.82

中国版本图书馆 CIP 数据核字(2009)第 013887 号

初中化学课堂教学问题诊断与教学技能应用(第 1 版)

编 著 者:陈明选　陆　菁等
丛书策划:李殿国
责任编辑:刘迁红
责任校对:郭晓莉
营销编辑:刘春甫
版式设计:王　依

出　　版:世界图书出版公司北京公司
发　　行:世界图书出版公司北京公司·东北书局
　　　　　(吉林省长春市春城大街 789 号　邮编:130062　电话:0431－86710755)
销　　售:各地新华书店
印　　刷:长春第二新华印刷有限责任公司
　　　　　(吉林省长春市升阳街 750 号　邮编:130062　电话:0431－87923413)

幅面尺寸:185mm×260mm
印　　张:12
字　　数:286(千字)
版　　次:2009 年 5 月第 1 版
印　　次:2009 年 5 月第 1 次印刷

营销咨询:13904337075　0431－86710755
编辑咨询:0431－86805561
读者咨询:DBSJ@163.com

ISBN 978-7-5062-9517-8/G·322　　　定价:21.80 元

丛书编委会名单

本书编委会名单

【总序】

朱小蔓

　　《课堂教学问题诊断与教学技能应用丛书》是一套在教育专家引领下，全部由一线专家教师撰写，给普通教师阅读的教学行为指导书。读后，有一种久违了的感动。书中没有空头理论的烦琐分析，就像你身边有一位共事多年的挚友，向你倾诉他教学过程中的困惑、烦恼、经验与教训，和你一起分享他教学的乐趣及成功的喜悦。其魅力在于真实、朴素、实效，可操作性强，让人一看就知道该怎么做。侧耳聆听，你能感受到他们的呼吸。

　　大量的调查表明，广大一线教师在新课程的实施过程中有不少困惑。比如，如何科学地设置教学目标，正确地处理三维目标之间的关系？如何运用有效的教学方式，把握教学的呈现行为与教学指导的行为策略，引导学生通过自己的经历去体验知识的发现过程？如何实施教师、学生的发展性评价，特别是如何实施有效教学的评价和学生学习方式转变的评价？我认为，这些困惑大多是操作层面的，并不涉及新课程改革的立场、态度，而是由于对新课程解读的肤浅、表象和形式化而生成的。尽管大家记住了新课程的有关概念和要求，却没有从本质上理解和把握，更没有内化为指导行动的基本观念，对形式的追求往往胜过了对本质的追求。这些来自课程改革实践本身的种种问题，需要我们通过审慎的分析，去寻求解决的方案。这套丛书在这方面做了很好的尝试。编写者先把教师在课程改革实践中遇到的种种问题在"候诊案例"中呈现出来，对这些似曾相识的案例进行剖析诊断，找出问题产生的原因，再提供若干可以借鉴的成功案例，然后提出若干针对性和可操作性都很强的对策性建议，达到帮助广大一线教师解决实际问题的目的。

要想真正解决广大一线教师在实施新课程中的焦虑与困惑，一定要关注教师的专业化发展。教师的专业化发展是时代发展的客观要求。离开教师的专业化发展，任何教育改革和发展的设想都难以变成现实。由于在实际教育活动中教师发挥着主导作用，因而教师的素质成为决定改革成败的一个重要因素。真正的、富有生命力的教育改革的原动力应该来自教师的持续不断的专业发展，只有当教师通过持续不断的专业发展培养了变革意识，具备了改革创新的能力和奉献于改革大业的崇高精神时，教育改革才会获得源源不断的巨大动力。为此，我们要特别关注以下几个方面：

第一，关注教师职业道德和人文素养的发展。

《教育——财富蕴藏其中》指出："无论是教师的入门培训还是在职培训，其主要使命之一是在教师身上发展社会期待于他们的伦理的、智力的、情感的品质，以使他们日后能在他们学生身上培养同样的品质。"教师职业道德教育，历来是教师继续教育和教师专业化的首要问题和核心内容，教师应当形成职业道德的自我教育与提升的能力，以自身职业道德的提升来促进教育工作质量的提升。我认为，教师职业道德最核心的内容是"教育爱"。所谓教育爱，是指教育者对教育事业、对本职工作和对学生的浓厚的情感，所有教育者在其教育理念和教育行为上处处、时时、事事都体现着这种爱。

从教师职业道德的核心是"教育爱"这个切入点来看，教师的职业道德发展与人文素养发展是统一的、互为前提的。多年来，我们一直始终不渝地倡导师德教育，结果收效不大，究其原因，也许是与我们太过执著于伦理学上的概念演绎和说教而忽视了教师人文教育这个前提有关。一个具有较高人文素养的人是充满爱心、正直、善良、悲天悯人、富有同情心、救助关怀弱小、乐于助人的人。一位教师如果连这样的人文素养都不具备，还有什么必要空谈职业道德呢？人文素养是人格魅力的重要基础。很难想象，一位人文素养不高的教师，会是拥有人格魅力的教师？会成为学生所爱戴的教师？一位不受学生爱戴的教师，能够教好书？能够影响与塑造学生的健全人格？人文素养的灵魂，是对自身生存意义和价值的关怀，是对自我发展和他人发展的不断追求。对教师而言，人文素养表现为把教育视为一种以人为本的最具有人文关怀的事业，视为人性的唤醒与智慧的催萌，关注每一个学生的发展，把他们培养成大写的人、舒展的人、完整的人、高情感素质的人，使他们的生命经教育而更加情韵悠长，光明磊落。教师的人文素养发展是提升教育品质和提升学生生命质量的关键，因此，在关注教师职业道德发展的同时，我们也要关注教师人文素养的发展，努力寻找适合教师精神成长的道路。

第二，关注教师的知识结构和文化素养的发展。

一般来说，教师作为专业人员必须具备从事专业工作的基本知识，具体分为三类：一是综合文化知识。教师要有一定的哲学知识，有人文社会科学、自然科学的基本知识等，努力成为"饱学之士"。二是所教学科的知识。教师首先要精通所教学科的知识，对自己所教学科的全部内容有深入透彻的了解，并能把握学科发展的动态，将最新的前沿知识引入教学之中。三是教育科学知识。教师的专业领域是教学而不是其任教的学科。只有懂得教育科学知识，掌握教育规律，有正确的教育观念，并能将教育理论应用到专业教学实践中去，教师才能收到事半功倍的育人效果。

目前，教师的知识结构与新课程的要求差距很大。有调查表明，很多教师的知识结构在这三个方面都存在着明显缺陷，如综合文化知识视野狭窄，文化底蕴欠丰厚；学科知识陈旧,不了解本学科发展的前沿动态;教育理论知识概念化,未能真正把握教育教学规律和学生心理发展规律等等。一些人更多的是满足于技术性的教学,依赖于自己的教学技能和教学经验,课本和教学参考书就是其全部的知识天地,对除此以外的自然科学和人文社会科学的知识体系缺乏热情和敬仰之心,完全埋没在琐碎的日常教育教学中。对于建构在全新理念之上的新课程来说,教师的上述三类知识,特别是综合文化知识的缺失,成为新课程推进的极大障碍。

须要说明的是,综合文化知识并不等于综合文化素养。综合文化素养是在广泛阅读、掌握综合文化知识的基础上形成的人生境界。具有较高综合文化素养的教师的人格特征表现为:拥有理性审视客观生物世界、精神世界、社会世界的思维习惯;拥有积极乐观进取和宁静顿悟的人生态度与哲理;拥有宽广、深厚的文化视野;拥有高雅不俗、朴实无华、天人合一的生活品位。著名教育家夏丏尊在谈到大师李叔同时曾说过:"李先生教图画、音乐,学生对图画、音乐看得比国文、数学等更重。这是有人格作背景的缘故。因为他教图画、音乐,而他所懂得的不仅是图画、音乐;他的诗文比国文先生的更好,他的书法比习字先生的更好,他的英文比英文先生的更好⋯⋯这好比一尊佛像,有灵光,故能令人敬仰。"(引自丰子恺《悼念夏丏尊先生》)从李叔同身上我们能感受到强大的人格魅力,而其基础却是宽厚的文化知识底蕴,也正因此他才赢得了学生的尊重、理解和欢迎。

在一项关于"基础教育课程改革与中小学教师专业发展"的问卷调查中,在回答"凭您现有的学识与技能投入课改实验是否胜任?"时,81.2%的教师认为经过学习和适应才能胜任;在回答"新课程对于大多数教师的知识结构所提出的挑战,您认为主要表现为什么?(可选两项)"时,79.3%的教师认为对任教学科知识的深度和广度提出了很高的要求,63.1%的教师认为须拥有较多的相关学科的知识并能有机综合。由此可以看出,教师对新课程向自身已有知识结构与基本素养提出挑战的认识是非常清醒的,也明确地感觉到了自身综合文化知识与素养的欠缺。因此,以教师专业化理论为指导,以适应新课程的教学需要为动力,关注教师的知识结构和文化素养的发展,已成为教师专业发展的又一重要话题。

第三,关注教师专业技能和信息技术技能的发展。

教师教学技能是指教师在课堂教学中,依据教学理论,运用专业知识和教学经验等,使学生掌握学科基础知识、基本技能并受到思想教育等所采用的一系列教学行为方式。这一方面本应是教师的强项,但是上述的问卷调查表明,本应是强项的东西却被中小学教师认为是自己最薄弱的环节之一。原因是新课程带来了学生学习方式的改变。新的学习方式倡导学生主动参与,乐于探究,勤于动手,养成搜集和处理信息的能力、获取新知识的能力、分析和解决问题的能力以及交流与合作的能力。课堂教学的这一改变,使教学活动的基础性、发展性和创造性达到了统一,要求教师不断地形成新的基本技能。教师掌握的相关的教育知识和技能不再是以知识的形态来呈现,而是以行为的方式来呈现,表现为教学行为的策略理性认识方式。有一篇教学资料讲到,台湾幼儿园的教师在向幼儿呈现图片时,图片的正面朝向儿童,教师右手的食指捏住图片的上端,左手托住图片的下端,并缓慢旋转图片让所有的幼儿都能够清晰地看到画面。这样,视觉和听觉结合起来,形成感知的通道,儿童能更好地理解教师活动的目的。这虽然是一个很小的细节,却是教师教学技能的体现。在教学目标达成的过程中,在与学生互动的每一个细节中,教师必须首先去考虑学生最需要的是什么，而不是单纯地完成教学计划。这一点应当成为教师教学技能的核心和一切活动的出发点。

随着信息技术在课堂教学中的广泛使用，教师所依赖的教学环境、设施、材料、媒体等方面日益技术化。教师必须掌握这些技术，在自身力量中整合技术力量，形成信息技术的技巧和能力。这种技能对教师能否实现有效教学起着非常重要的作用。教师的信息技术技能应用应注意信息技术与学科教学的整合。我们把过去称之为"计算机辅助教学"的提法转变为现在的"信息技术与学科教学的整合"，体现了一种教育观念的变革：信息技术进入课堂，并不单单是为教师的教学起辅助作用，而是让其与学科课程、学科教学设计进行充分整合，从技术和文化等多个角度一起对学生的发展起作用。在进行整合的过程中，不应孤立地关注教学中是否运用了最先进的信息技术，而应更多地关注以信息技术的使用促使教育思想观念、教学内容、传授方式、学习方式、师生关系、教师角色等产生一系列革命性变化。要强调学生的"参与"，不能把改变教师的"教"作为教学的唯一目标。许多教师总是关注用电脑来帮助他们说清用其他教具所不能说清的问题，结果，只发挥了电脑的"辅助"功能，并没有将学科教学与信息技术进行充分的整合。其实，只有当教师真正把信息技术同学生的学习过程紧密联系在一起时，它才会发挥巨大的教育价值。在整合的过程中，应特别关注情境的创设。信息技术与学科教学的整合认为，如果多媒体教学不能创设一个支持和促进学习的情境，计算机本身也就失去了在教学中使用的价值。另外，信息技术与学科教学的整合反对不考虑教学的实际需要，哗众取宠地追求表面热闹。计算机拥有传统教学媒体的一切功能，但它的使用成本较高，如果能用传统媒体达到预期的效果，就没有必要非使用计算机不可，让计算机代替一切，无疑是一种浪费。我觉得，在常规教学中，如果教师能用简明扼要的语言把某个复杂的问题讲得清楚透彻，能用充满情感的眼神和面部表情传达对学生的赞扬和鼓励，能用洒脱而不失规范的板书显示自己独特的人格魅力和教学风格，这是任何信息技术都不能代替的。夸大信息技术在教学中的作用，试图以计算机代替传统教学手段和教学媒体的做法并不可取。

国家教育部最近提出以"师德、新课程、新知识、新技术、新技能"（简称"一德四新"）为核心内容的新一轮教师培训计划。我十分赞成这一决策。师德是灵魂，课程改革是工作背景，新知识是基础，新技术（现代教育技术）是手段，新技能是关键，因为新课程改革的全部设想和措施，最后都要落实在教师的教学行为上。按照我的理解，这里所说的新技能是广义的，它体现在教师所有的教学行为之中，大至教学准备、教学呈现、教学管理和教学评价，小到教师的一颦一笑、一个眼神，都会涉及教师的教学技巧和能力，都会对教学的效果产生无法预料的"蝴蝶效应"。因此，促进教师的专业化发展，提高教师群体的素质，一定要突出教师教学业务能力和技能的培养与训练。从这个意义上看，《课堂教学问题诊断和教学技能应用丛书》的编写者确实做了件很有价值的事，他们开创了紧密结合课堂教学情境，紧扣"问题诊断"和"问题解决"的新型的教师培训模式，提供了教材，也提供了范例，其借鉴作用不言自明。是为序。

2008 年 6 月于北京

【序言】

陈明选

当前，我国基础教育新课程改革在初步完成教育基本理论更新、课程教材重建以及大量实践验证后，正在全国中小学教学领域加速推广、普及与深入。这场影响深远的教学改革运动，对于广大中小学校以及新老教师不仅是机会也是挑战，挑战既源自于教育观、课程观、教师观、学生观等理念需要更新，更意味着教学策略、教学方法的变革。在新课程改革中既有老问题，也有新问题。教师如何将通过培训或研修，通过专家报告或同行交流等途径获得的"公共理论知识"尽快地与自己的课堂教学实践相结合，生成一种"个人实践智慧"来解决这些教学问题？这对于实现新课改的目标显得尤为重要。虽然不同区域不同层级的学校、不同教龄的教师对提升教学质量和促进专业发展的需求不尽相同，但提高课堂教学问题诊断水平和发展自己的教学技能却是所有中小学教师的共同心愿。正是基于这样的考量，我们对来自教师教学第一线的突出的重点问题、带有普遍意义的问题，尤其是新课程实施以来出现的新问题给予了持久和热切的关注，组成由专家学者、优秀教师、新教师等合作研究的学术共同体，分学科、分专题地进行课程问题诊断与教学技能应用的课题研究，从而形成这套《课堂教学问题诊断与教学技能应用丛书》，为广大中小学教师的专业发展提供一种应用性教学资源。

本丛书由理论基础与实践操作两大部分构成。其中，理论不是独立存在的，而是作为教学实践的基础呈现的，实践操作部分具有一定的情景性和创新性。丛书围绕"课前准备""课堂教学""教学评价与教学研究"三个内容板块，通过若干个"话题"展开问题讨论。每一个问题的讨论，均采用逻辑实证思路，从四个层面具体展开：问题呈现——再现课堂教学的"问题情境";诊断分析——用新课程理念分析诊断问题的症结所在以及问题产生的原因;解决问题——提出解决问题的对策、建议;拓展研讨——提出值得进一步思考、探究的新问题,以启发读者进一步地思考探索,把对问题的分析讨论引向更深、更新的层面。

在课前准备方面,教材的分析、把握、使用和教学设计是课堂教学成功的先决条件,也是许多教师,尤其是青年教师或新教师感到难度较大的环节。本丛书从如何分析教材、把握教材,如何把握不同内容的教学特点,教学资源的开发和使用,"教教材"与"用教材教"等方面展开讨论,帮助教师发展自己的教学设计技能,包括教学目标的设定与达成、教学模式的选择、教学方法和手段的确定、备学情等等。

在课堂教学方面,本丛书主要关注教师四个方面的课堂教学行为,进行问题诊断、矫正策略等阐述。一是教师如何创设问题、交际、操作、生活等情境;二是课堂教学的组织和调控,包括如何处理教师主导性和学生主体性的矛盾,如何组织小组合作学习活动,教学步骤"有序"还是"无序"的判断尺度等;三是指导学生有效学习,包括学生学习能力的培养、学习习惯的养成、学习方法的指导、思维能力的开发等等;四是现代教育技术的应用,主要包括如何使现代教育技术与教学内容整合,多媒体技术如何起到"辅助"教学的作用,现代教育技术使用的条件与时机等。

在教学评价与教学研究方面,本丛书着重讨论对学生学业评价和教师的行动研究。教学评价主要讨论评价的激励、诊断、导向等功能的实施,包括学生平时作业和练习的设计与讲评,学生课堂学习情况(如回答问题、小组讨论等)的即时或延缓评价,评价手段、评价方式的多元化等。行动研究,主要讨论对课堂教学实践的反思、评课、叙事研究、案例分析等。

这套丛书的编写者有教研员、基层学校领导,但更多的是来自一线的特级教师、名师、学科带头人、教学能手等骨干教师,他们既有丰富的教学经验,又有扎实的教育、教学理论功底,是真正的"研究型实践者"(或者称"反思型实践者")。在长期的教学实践中,他们对课堂教学有深入的观察和研究,尤其是对课堂教学问题有自己的思考和见地。因此,这套丛书中所揭示的问题,都是来自教学实际的"真"问题;对问题所做的诊断分析,能唤起读者的警觉、深思和共鸣;所提出的建议和提示,能为教师解决问题和困惑提供切实有效的帮助,为提升教师的理论素养和教学水平作实实在在的指导。

教学理论与教学实践之间长期以来似乎存在着一条难以逾越的"卡夫丁峡谷",无数的教育者曾经尝试通过多种努力将其填平。然而,时至今日,教学理论与教学实践的无缝化对接仍然是一项未竟的事业。我们秉持"前赴后继"的精神和勇气,凭着长期从事教师培训所累积的经验与感悟,编写成这套应用性教学丛书,呈现给所有热爱基础教育事业的中小学教师们。我们相信,本套丛书所揭示的成功"教经"与教训,必将启迪和增进各位读者的教学实践智慧。

2008 年 6 月于江苏无锡

【前言】

新课程实施以来，初中化学课堂教学发生了许多可喜的变化。新课标所定的课堂教学三维目标正在不断落实；以传授为主的课堂教学行为与学生被动接受的学习方式正在逐步发生转变；绝大部分教师都接受了新课程的理念，在关注学生的发展，构建新型师生关系，把握教材创设情境，组织教学优化互动，指导学习，激励评价等各方面初步形成了共识。但是，我们的老师在新课程的实施过程中，不仅有不少困惑和焦虑，甚至还有明显的无奈与辛酸。究其原因，有传统观念的束缚，有多年教学习惯的影响，也有自身知识结构的制约。其中，最主要的原因可能还是先进的课改理念还没有内化为指导自己教学行为的观念，更没有转变成结合教学实际的操作技能和方法。

若要深化课改，唯有聚焦课堂。为了突破课改理念没有转化为教学技能的瓶颈，针对当前初中化学课堂教学中普遍存在的焦点、热点问题，必须展开新一轮培训。从实际出发，提炼出存在的问题，寻找和分析产生这些问题的原因，并提出改进教学的措施，为一线教师指明方向，铺平克服困难的道路。使广大教师在课改实践中，继续学习新理念，对课改有新的理解；继续掌握新方法，教学中有新的举措；继续吸纳新知识、新建议，掌握新的教学技能，在解决新老问题的过程中，不断提高教育教学水平及能力，从而将新课程改革引向深入，不断获得成功。

如何解决化学课堂教学实践中产生的问题？如何提高教师的教学技能？只有按照教学的基本规律，将先进的教学理念转变成可操作的教学技能、有序的操作方式，把课堂教学中的环节、过程、注意点细划成科学合理的工艺流程，才能做到：抽象理论具体化，先进理念技能化，使单一的课堂教学要求能用多样的方式表达出来，最终实现高效课堂。具体地说，应把握好以下几个方面：

1. 面向全体学生，以培养人为主旨。化学教学应面向大多数学生，面向全体学生，培养具有化学素养的人，培养能适应社会发展的人。

2. 以学生发展为本，促进学生的发展。这种教育思想和课程理念不但体现在课程的整体构思上，还体现在课程目标、课程结构、课程内容选择、教材具体编写、教学手段、教学评价和配套措施等方面，体现在整个课程体系中。

3. 注重德育教育，注重提高学生的科学素养与人文素养。要结合具体内容，对学生进行爱国主义、集体主义、社会主义教育，加强民族优良传统、革命传统和国防教育。要充分重视科学精神、科学态度和科学品德的培养，注重科学方法的教育，培养学生的创新精神和实践能力。要重视人的因素，努力把握化学教学中的人文因素，积极培养学生学习化学的兴趣和情感，培养学生良好的非智力品质，培养学生的合作精神。

4. 既重视学习结果，也重视学习过程。一定要讲究学习过程，讲究学生的学习方式。广泛地应用探究教学、问题解决、情境教学、合作教学、开放教学、实践教学等行之有效的模式，只有这样，才能真正保证学生在课程实施过程中的主体地位，才能保证课程改革取得成功。

5.培养终生学习的能力,让学生乐于学习、学会学习。为了使学生能更好地适应正在到来的学习化社会,我们不但要注意培养学生的学习能力,让他们学会认知,学会学习,学会应用知识,还必须注意培养他们的学习愿望、学习兴趣、学习热情和学习习惯,使他们热爱科学,乐于学习,贴近生活,贴近社会。渗透其他学科,做好各相关学科知识的整合,利用综合知识解决综合问题,以帮助学生正确地认识世界。

本书所说的"化学课堂"不仅是指用来进行化学教学活动时的教室,也包括进行化学教学活动的其他场所。本书所谈的"问题"都是新课改以来发生在化学课堂教学中的真实的具有普遍性的问题,这些问题都隐含在"候诊案例"的一个个教学片段之中。编写者对问题的"诊断"遵循由现象到本质、由特殊到一般的分析方法,力求在理论与实践的结合上把问题点明、析透、谈深,并对症下药,提出解决问题的对策。本书所谈的"教学技能的应用",不是空泛地阐述应用教学技能的知识,而是在对"候诊案例"的"诊断分析"和对"借鉴案例"的"点评指引"中,边分析边诠释,由感性到理性,循序展开。将所提供的教学措施和方法提炼成教学技能,加以应用,具有科学性、实用性、可操作性等特点。对于提高教师的专业素养和从业水平可起到培训和指导作用。本书内容翔实,文风质朴,观点鲜明,述理严谨,分析透彻,富有哲理。适合广大一线教师和教育理论工作者在教学实践和研究中参考借鉴。

编者围绕化学课堂教学,概括出八个话题,三十五个问题,并对它们进行了系统的整理。八个话题依次为:教材使用、教学设计、情境导课、组织教学、指导学习、现代信息技术、课堂学习评价、教学观察与研究。每个话题的编写体例均为:总说、候诊案例、诊断分析、借鉴案例、专家建议、拓展研讨。"总说"是对话题所谈问题与教学技能的应用作概要阐述,起开宗明义的作用;其余五个部分围绕"总说",环环相扣,以病例形式提出问题,结合实际,分析原因,以实例介绍成功经验,提炼问题。进行理性概括,并力求对每一问题给出科学的回答,给读者留下可从不同视角对问题展开研讨的空间。

在全书的编写过程中,我们努力突出如下三个特点:

一是真实。立足真实的课堂,呈现真实的情境,揭示真实的问题。

二是实用。进行符合实际并能唤起读者共鸣、深思的分析,为推进新课改提供切实有效的帮助,为发展教师做出实在有用的指导。

三是新。尽量在各个话题中选取新鲜的案例,作有新意的解读。

本书的编写者为:陆菁(前言、八个话题的总述、审稿、校对)、陈俏(话题一 教材使用)、姚燕娟(话题二 教学设计)、秦立刚(话题三 情境导课)、薛邦岭(话题四 组织教学)、钱冬明(话题五 指导学习)、栾晓峰(话题六 现代信息技术)、梅伟权(话题七 课堂学习评价)、吴小江(话题八 教学观察与研究)。本书的编写,得到江南大学教育学院领导、专家的热情关怀,以及学科带头人赵勇兴老师的悉心指导,在此谨表谢忱。本书的编写参考了一些学者的研究成果,选用了部分教师的案例片段,在此一并致谢。由于编写者水平有限,时间相对仓促,本书尚存许多不足,敬请专家、同行指正赐教。

编者

2009 年 5 月于江苏无锡

目　录

话题一

教材使用

　　怎样使用教材？新课标中明确指出，要"用教材教"而不是"教教材"。但是怎样"用教材教"，目前还是仁智各见。化学教材是实施化学教学的基本依据，它是实现课程目标的主要载体。使用教材至少应该关注三个方面：关注教材编写者的编写意图；关注教材内容与前后知识的联系；关注教材中的重点、难点和注意点。要用好教材，首先，要确立课程资源意识。新课程实验教材仅仅是给师生开展课堂教学活动提供一个基础范本，教师既需要它，但又不能完全依赖它，更不能受它的束缚。需要它，是因为教材是教学活动的法定依据，是一种相对统一的课程资源，便于统一测试、控制质量；不完全依赖它，就是要求教师必须根据学生的实际需求来调整、补充、重组教学内容。为了用好教材，还需要我们深学课标要求，认真挖掘教材中的思想内涵，并结合学生的认知水平与兴趣特点，结合教师个人的风格特征，对教材内容进行再次加工或拓展，以开阔学生的视野，促进他们个性的充分发展。其次，要精心研究教材。编写完善的教材是组织教学成功的第一步，因为它用各种形式充分表达了新课标的基本思想。如何向学生正确传递化学教材所蕴涵的精神价值？怎样引导学生切实领悟并掌握化学教材所负载的知识技能与化学思想方法？首先，要解决怎样使用教材的问题。在新课程理念与传统旧观念发生激烈冲撞的今天，不同的教师对教材的理解和使用会有很大的区别。有些教师习惯于照本宣科，看似忠于教材，其实不然。由于他们曲解了教材的编写意图，致使教材的作用弱化，新课程理念走样。有的教师难舍"老教材"情结，用对待老教材的态度来对待新教材，在教材处理上也过于偏重对知识的追求，忽视对教材中情感因素的挖掘和对化学思想方法的渗透和表述。有的教师认为新教材的知识点太散，系统性不强，动辄就重组教材，改编教材。这样做，容易弱化教材本身的功能，而且单凭一己之力改造的教材，肯定不如众多优秀教师的智慧结晶。过右过左的做法都存在问题，那么，对待化学新教材应持怎样的理性态度？该用什么措施来用好化学新教材？本话题试图以问题诊断的形式，依次在分析和把握教材，开发和使用教学资源，帮助学生自主建构知识体系，把握不同内容的教学特点和如何用教材教等四个方面加以阐述并做出科学的回答。

1.1　如何分析教材和把握教材

【案例一】《酸和碱之间会发生什么反应》（人教版九年级化学下册）教学片段

师：酸和碱之间能否发生反应？会发生什么反应？今天这节课我们就一起来探讨。先请同学们看一个实验。

教师演示书本实验，步骤略。

师：实验中红色消失，说明了什么问题？

生1：说明氢氧化钠这种碱没有了，和盐酸反应掉了。

生2：还说明该反应生成物的溶液不是呈碱性的。

师：说得很好！氢氧化钠和盐酸反应生成了氯化钠和水。

教师板书化学方程式。

师：在该反应中，Na^+ 和 Cl^- 结合生成 $NaCl$，H^+ 和 OH^- 结合生成 H_2O。请同学们照此反应写出 $Ca(OH)_2$ 溶液与稀盐酸、$NaOH$ 溶液与稀硫酸反应的化学方程式。

两学生到黑板上书写，然后教师点评。

师：分析上述三个反应的生成物氯化钠、氯化钙和硫酸钠，它们在组成上有什么共同点？

生：它们都是由金属离子和酸根离子构成的。

师：对！我们就把这一类由金属离子和酸根离子构成的化合物称为盐，盐在水溶液中能解离出金属离子和酸根离子。

师：以上三个化学方程式有什么共同点？

生：都是酸和碱发生反应生成盐和水。

师：很好！我们把酸和碱发生反应生成盐和水的这一类反应叫做中和反应。

【案例二】《离子的形成》教学片段

教师先讲述：在化学反应中，金属元素的原子一般易失去最外层的电子，非金属元素的原子一般易得到电子，形成稳定结构，从而分别带上电荷。我们把带电荷的原子叫做离子。像钠离子那样带正电荷的原子就叫阳离子，写做 Na^+；像氯离子那样带负电荷的原子就叫阴离子，写做 Cl^-。请同学们看课本中的小字部分，由几个原子形成的集团带有电荷也叫离子。什么叫原子形成的集团呢？是几个原子结合在一起，它们常作为一个整体参加反应，如 CO_3、NH_4、SO_4、NO_3 等，它们得失电子后变成离子，分别写做 CO_3^{2-}、NH_4^+、SO_4^{2-}、NO_3^-。

然后，教师让学生在黑板上画出钠原子和氯原子的结构示意图，对照图讲解原子得失电子变成离子的过程，并画出离子结构示意图。接下来继续讲述：Na^+ 和 Cl^- 由于所带电荷不同，相互间会产生静电引力使它们相互吸引，但由于核与核之间、电子与电子之间存在斥力，又使它们相互排斥，当引力与斥力达到平衡时，就形成了氯化钠。像氯化钠这样，通过静电作用而形成的不带电性的化合物称为"离子化合物"。接下来，教师又举了氯化镁的例子，详细介绍了离子和化合物的形成过程，得出由活泼金属和活泼的非金属形成的化合物基本上都是离子化合物。然后，设问：像 HCl、H_2O 这样的化合物又是如何形成的呢？接着简单介绍了共价化合物的概念及共价化合物的形成。

诊断分析

在案例一中，教学的基本流程是：教师演示实验—根据实验提出问题—学生讨论—教师归纳总结—得出结论。表面上看是问题层层推进、师生互动，而实质上演示实验只是被教师当做"活动的图片"，问题的设计未能考虑学生的实际情况。这样的知识呈现方式忽略了本节课的教学目标——通过实验探究得出"酸和碱之间发生了什么反应"的结论。这种教师讲学生听、教师做学生看、教师归纳学生记忆的陈旧教学方式违背了学生的认知规律，未能体现新课程的理念。教师重视的是知识的最终结论，而忽略了得出这一结论的科学探究过程以及科学方法和化学思想的渗透，不利于学生的自主学习。同时，教师对教材中氢氧化钠与盐酸反应的微观示意图视而不见，未能对其进行开发利用，错失了对学生进行"从宏观到微观，从表象到实质"的思维能力的训练机会，未能很好地突出重点和突破难点。

在案例二中，教师讲得口干舌燥，很辛苦；学生听得云里雾里，很吃力。究其原因，是因为教师未能很好地把握新课程的要求，未能考虑到学生的思维仍以形象思维为主，没有深入分析和研究教材，重难点把握不够，尽管用的是新教材，但教学中依然是"穿新鞋走老路"，仍用老教材的思路与方法去进行教学，偏离了新课程的要求。本教学片段中，教学的重点应是离子的形成及离子符号的书写和意义，至于离子化合物和共价化合物的相关知识点已大大弱化，教材中仅仅简单介绍了氯化钠形成的过程，而离子化合物的概念和共价化合物根本没有出现，与旧教材相比，内容删减了。教师将原子团的概念与离子的概念和形成放在一起是不合适的，增加了学生理解离子形成的难度。可以在下节课中学生对离子的概念已充分理解的基础上，教师再引出原子团的概念，指出带电的原子团也叫离子，这样就分散了难点，学生理解起来自然顺理成章、水到渠成。对于难点的突破，教师采用讲解和板演的方法也显得单调乏味，若采用展示教材中的卡通插图、制作动画、对得失电子前后的情形进行对比等方法会更为形象直观，符合学生的认知特征和心理特点。总之，这种对新课标理解不透、游离于教材之外的做法是不可取的。

【案例三】《酸和碱之间会发生什么反应》教学片段

师：如何确定酸或碱被反应掉了？

生：利用酸碱指示剂来进行判断。

师：利用桌上所提供的仪器和试剂进行方案的讨论和设计。（所提供的仪器和试剂：50mL的小烧杯、酚酞试液、紫色石蕊试液、氢氧化钠溶液、稀盐酸、胶头滴管、玻璃棒。）

（学生讨论后积极发言。）

生1：先取少量稀盐酸于烧杯中，滴加紫色石蕊试液，再加入氢氧化钠溶液看颜色变化。

生2：我觉得用酚酞试液较好。

生3：应该先加氢氧化钠溶液，后加盐酸。

……

在学生踊跃发言时，教师提出以下几个问题引导学生进一步地探究"选用哪种酸碱指示剂比较好？""先加酸还是先加碱？""加酸时是一下子加入还是用滴管慢慢滴入？""为什么要用玻璃棒不断搅拌溶液？""红色恰好消失说明了什么？"等问题，最终得出合理方案并进行实验。

师：反应前盐酸和氢氧化钠在溶液中分别以什么形式存在？仔细观察图（如图1-1），从图中你发现了什么？

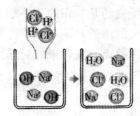

图1-1 盐酸和氢氧化钠反应微观示意图

生4：我发现了钠离子和氯离子没有发生改变，而氢离子和氢氧根离子消失了。

生5：氢离子和氢氧根离子结合生成水分子。

师：图中反应后的溶液实际上是什么？

生6：氯化钠溶液。

接下来，教师引导学生得出盐酸和氢氧化钠中和反应的概念及反应的实质。

【案例四】"探究影响固体物质在水中溶解限量的因素"教学片段（缪徐老师设计）

（1）学生猜想影响固体物质在水中溶解限量的因素（从溶质的种类、溶剂的多少、温度的高低三方面提出猜想）。

（2）教师讲述：由成语"水涨船高"悟出哪点猜想是正确的？（"溶剂的多少"这一猜想）怎样知道另两个猜想是正确的？（用实验验证）影响溶解限量的因素有多种，我们设计用实验验证某一因素影响的结果时，应注意什么问题？（注意变量的控制）如要探究溶质种类对溶解限量的影响，须要改变的因素是什么？必须控制其不变的因素又是什么？（溶质的种类、溶剂的质量和温度）要探究温度对溶解限量的影响，又要注意什么？（温度改变，溶质种类和溶剂质量保持不变）。请同学们设计两个实验方案。

（3）学生设计探究实验方案 1、2（探究实验 1 中，提供给学生的药品是硝酸钾和熟石灰各 1g；实验 2 中，提供给学生的硝酸钾有三袋——1.5g 的一袋，3g 的两袋；每次用到的水都是 5mL）。

（4）实验方案汇报交流与点评，学生完成实验。

实验 1 说明了溶解限量受溶质种类的影响；实验 2 中由 3g 硝酸钾在 5mL 冷水和热水中溶解现象不同，说明了溶质的溶解限量受温度的影响。

（5）反思评价：探究实验 2 的过程中有同学将所提供的三袋硝酸钾全用完了，观察到的现象是 7.5g 硝酸钾在 5g 热水中也能全部溶解。由此，你们有什么新发现？（硝酸钾的溶解限量随温度升高而增大，且增幅较大。）

专家建议

学生探究能力的培养和思维能力的提高，科学方法和化学思想的渗透，不是仅靠教材中某一个章节的教学就能体现的，而应贯穿始终，体现在教学的方方面面，包括实验、文字、插图等，更重要的是取决于教师对教材内容的分析与把握以及对学情的分析。在案例三中，教材在课题一就已为课题二的探究提供了"先行组织者"（即紫色石蕊和酚酞这两种指示剂遇酸或碱的变色情况及氢氧化钠和盐酸溶液的溶质微观示意图），教师在此基础上提出实验设计以及反应前后的微观比较符合学生的已有知识水平，加上教师适时的引导，使学生的思维始终处于"愤""悱"状态。在案例四中，教师不仅挖掘了教材中的探究素材，还自觉挖掘了教材中科学方法的教育因素，努力寻找知识与方法的结合点，将科学方法的教育渗透其中。案例中，从猜想到得出结论，教师渗透了进行探究的一般过程，并从其中提炼出了科学研究的方法——控制变量法。这样的训练使学生的思维更加深刻、有序、敏锐，不仅掌握了相关的概念和结论，而且体验了概念和结论的形成过程，感受了化学的独特魅力所在。正是这种基于对教材的正确分析与把握的教学设计，既紧扣了教学目标，又顺应了学生的知识经验，自然能取得令人满意的教学效果。

在新课程背景下，教师如果对教材的理解发生偏差，必将导致教学目标定位发生偏差，不能很好地落实新课程的理念。那么在新课程背景下如何分析教材，把握教材？

1. 首先要研究教材，理解教材，领悟教材的编写思路和意图。只有研究教材才能做到理解教材并领会教材的编写思路和意图。新课标实验教科书采用了学科与社会二者融合的方式，无论是知识点的编排顺序还是内容及其难度都与老教材有所不同，如对人教版教材有关溶解度计算、离子化合物和共价化合物、常见酸碱盐的电离方程式等内容作了删减；有些内容的难度降低了，有些内容的要求实际上提高了。如"物质构成的奥秘"单元，从"物质的微粒性"高度来选择和组织内容，从帮助学生形成"微粒观"的角度来看，较之大纲"了解""常识性介绍"的要求有所提高。再如教材中的"活动与探究"，该栏目是为了突出学生的实践活动，充分发挥学生学习的主体性而设置的，而实验则是学生学习化学、实现科学探究的重要途径，观察、调查、资料收集、阅读、讨论、辩论等也是积极的学习方式，而且这些活动本身就是化学课程内容的有机组成部分，也是全面实现化学课程目标的基本保证。以《探究金属的化学性质》为例，如何创设情境展开探究式教学？三维目标是什么？如何进行教学设计？等等，这些问题都值得广大化学教师认真去研究和思考。因此，领悟教材的编写思路和意图，是教师分析和把握教材首先要做的功课。

2. 要研究教材，构建知识网络，把握教材的知识体系和深广度。在新教材中，由于理论性知识和知识的逻辑性相对弱化，教师只有通过研究教材，构建知识网络，把零散的知识串成线、连成网，才能使知识条理化、系统化。只有这样，教师才能站在高处纵观全局，知道某课题在整套教材知识结构体系中的作用和地位，备课时才能做到瞻前顾后，不至于"超前"或"滞后"。通过研究教材，教师才能把握教材的深广度，根据教材所呈现的内容思考：学生已经具备怎样的"前科学概念"或化学知识？教材的重、难点在哪里？新旧知识间有多大的差距，学生思维的瓶颈在哪里？要想获得新知，掌握新知，教师需要给学生的思维铺设多少台阶、多高的台阶？教师只有在新课程标准的指导下，研究教材和学生的具体实情，才能真正把握教材的深广度，在教学中做到"游刃有余"。譬如案例三中，中和反应的微观实质分析是建立在学生已掌握离子概念的基础上的，教师借助插图加以引导，最终得出中和反应的实质是氢离子和氢氧根离子结合生成水而钠离子和氯离子在反应前后没有发生变化的结论。这样的微观探秘为学生后面学习并理解复分解反应的条件奠定了基础，教师充分利用了教材知识点"螺旋式编排"的特点，符合学生的认知规律。

3. 要根据情况合理地开发演绎教材，用好用活教材，不能简单地"克隆"教材。面对新课程，"照本宣科"早已不合时宜；同样，完全脱离教材的教学也会成为"无源之水"，当然是不可取的，教材仍然是教与学的主要依据。在教学实践中，教师应充分利用教材提供的静态的教学资源，如文字、插图、资料、家庭小实验和习题等，根据学生的需要和教学的实际情况，创造性地使用教材，使教材成为一种动态的、生动的课程资源，这是值得每一个化学教师探索的重要课题。譬如，人教版教材中关于二氧化碳与氢氧化钠的反应涉及文字很少，且该反应无明显现象，教师可以将此知识点设计成科学探究"如何设计实验证明二氧化碳与氢氧化钠发生了化学反应"的形式，然后从思路的分析、方案的设计与评价等方面加以引导，这样的处理不是将教材内容直接地呈现出来，而是让学生自己去体验过程和发现结论。再如，新教材插图知识面广、趣味性强，与文字相映成趣，其丰富的内涵已经成为编制试题的好素材，它所承载的知识、能力、情感价值等都值得教师去认真挖掘。案例三中的教材插图形象生动，教师若加以开发利用，将会有效地培养学生的观察能力、想象能力和分析能力，使其学会用微粒的观点学习化学。总之，教师在教学中根据学生和教学实际，将教材内容或直接呈现，或合理地开发演绎，或将知识点分散与整合，或适当补充与舍弃，从而实现化学新教材的多种功能，促进学生学习和发展。

拓展研讨

1. 如何开发教材中的情感因素？
2. 结合所教学生的实际状况，你认为现今使用的教材中有哪些内容需要整合？

1.2　如何开发和利用教学资源

【案例一】《化学肥料》教学过程简述

师：同学们，今天我们学习课题2《化学肥料》。人需要营养，农作物也不例外，也需要营养，如碳、氢、氧、氮、磷、钾、钙、镁等，其中氮、磷、钾需要量较大，因此氮肥、磷肥、钾肥是最主要的化学肥料。先请同学们把教材浏览一遍，然后填充表1-1。（教师投影。）

表1-1　主要化学肥料表

肥料种类	主要物质名称	对植物生长的作用	缺乏时的症状
氮肥			
磷肥			
钾肥			

（学生看书填表。）

师：除了上表中所列的三种主要化肥外，还有一类化肥同时含有两种或两种以上的营养元素，如磷酸铵和硝酸钾等，这样的化肥叫复合化肥。这类化肥的特点是能同时均匀地供给作物几种养分，充分发挥营养元素间的相互作用，有效成分高。请同学们分析磷酸铵和硝酸钾这两种复合化肥分别同时提供了哪些营养元素。

生：磷酸铵同时提供了氮和磷两种营养元素，硝酸钾同时提供了钾和氮两种元素。

接下来的时间，教师继续讲解了化肥的简易鉴别，对照教材的两个表格，边讲边让学生记下答案，最后，初步归纳总结了区分氮肥、磷肥和钾肥的步骤和方法。

【案例二】《水的净化》教学过程简述

教师首先展示两瓶水，一瓶是蒸馏水，一瓶是浑浊有异味的河水。复习纯净物和混合物知识，指出河水中不仅有不溶性的杂质，也有可溶性的杂质，然后设问：如何将河水中的杂质去除使水净化呢？教师演示以下几个实验：

（1）向河水中加入适量的明矾，用玻璃棒搅拌，静置一段时间后观察（同时讲解静置沉淀和吸附沉淀）。

（2）向河水中滴两滴红墨水，加入活性炭，搅拌后静置。

（3）做过滤器，将（2）中的水进行过滤（同时讲解过滤和吸附原理）。

设问：实验（3）中过滤所得的水是纯净物吗？引出蒸馏操作。至此，净化水的四种方法（沉淀、吸附、过滤、蒸馏）均已介绍完毕，接下来再介绍硬水和软水，完成相应练习。

【案例三】《制取氧气》教学片段

一位教师在讲氧气的实验室制法时，将学生分成几组，采用先讲后实验的方法进行教学。在学生实验前，教师反复强调实验室的要求和实验的规范，实验过程中，教师不停地巡视。但是，也许是初三学生刚接触化学实验而充满了好奇；也许是学生天生好动调皮，结果事与愿违，实验过程中出现了以下一些"意外"：

（1）两位学生在做二氧化锰催化分解过氧化氢溶液时，偷偷地将不知从哪儿找来的红砖粉末儿、水泥块儿、铅笔芯甚至是指甲、碎头发分别放在装有过氧化氢溶液的试管中，他们惊喜地发现，有些居然像二氧化锰那样使反应速度加快！正当这两名学生沉浸在成功的喜悦中时，"不幸"被老师发现了……

（2）一位学生做氯酸钾加热制取氧气时，向其中加入的不是二氧化锰而是高锰酸钾固体……

（3）加热高锰酸钾固体制氧气时，用排水集气法收集了一瓶气体后，一位学生先将酒精灯撤去，准备拿出导管时，意外却发生了……

（4）……

对以上出现的情况，教师大为不悦，责备学生调皮，上课不认真，无组织纪律性。（1）中的两名学生下课后还被"请"到了办公室，第二天交了份检查才算罢休。

诊断分析

《化学肥料》部分新教材增加了"不合理使用化肥造成的污染""我国持续农业运动的主要内容""氮肥、磷肥和钾肥的初步鉴别"等内容，课标对化肥的要求从"选学"提高到"知道"。在案例一中，教师的处理方法是将"常见化肥的种类和作用"和"化肥的简易鉴别"专门挑出来，让学生在书上找答案，记答案，一节课轻松地解决了化肥这部分的主要问题。在案例二中，教师的教学思路不可谓不清晰，重点不可谓不突出，但和案例一一样，看似高效，却只注重了结果性学习目标而忽略了体验性学习目标。究其原因，是因为教师对课标理解不够，单一地使用教材的部分内容，未能多途径地挖掘教学资源。关于化肥的学习方面，教师应鼓励学生通过其他途径，如参观化肥厂、进行农村实地调查、请农业技术员讲座、上网查阅资料和自己动手实验等方式多渠道获取知识。而关于水的污染和净化方面，学生有一定的生活经验，教师可以将下一课题《爱护水资源》中的一些知识与本课题的知识相互整合，进行单元教学设计。同时因地制宜地开发丰富的生产、生活资源，拓展课程资源，系统地组织学生进行自主合作学习。比如，教师可从网上信息资源、自来水厂、自来水水源、自然环境水域及家庭用水等方面指导学生开展调查，采用替代品进行家庭小实验，等等，这些都是对课程资源进行很好的开发利用。

在案例三中，教师对课堂中出现的小插曲的处理过于简单，有失艺术性。教师缺乏正确的教师观和学生观，认为教师就是权威，学生必须按照教师的要求不折不扣地完成任务，不可节外生枝，不可自以为是，否则就会招来责备，殊不知，这样的结果只会导致师生间关系的疏远。更为重要的是，教师扼杀了学生的想象力和敏锐的观察力，掐灭了学生创造性思维的火花。著名化学家罗伯特·波义耳实验时不小心将盐酸溅到紫罗兰花瓣上，惊奇地发现花瓣上出现了红点点，他对这一意外进一步地探究，最终获得了成功。如果这位教师对"意外"和"错误"包容一些，换一个角度，挖掘其中隐藏的教学资源，合理地加以利用，不仅使学生对催化剂的概念加深了理解，学会了实验探究的方法，而且使师生关系更为和谐，说不定还会培养出第二个罗伯特·波义耳呢！

【案例四】有关二氧化碳的探究小实验

何如涛老师在 CO_2 的教学中，布置学生进行如下家庭小实验：

（1）请同学们用家庭中的废旧物品代替实验室器材，用家庭日常用品代替实验用品制取 CO_2（由学生先设计实验方案，教师审阅后再进行实验）。

（2）用矿泉水瓶收集用家庭代用品制取的 CO_2 气体，验证 CO_2 气体的溶解性。

（3）自制澄清石灰水，验证人呼出的气体中含有较多的 CO_2 气体。

同时，教师还开放实验室，鼓励学生尝试他们想做的实验：

（1）有的学生猜想 O_2 能用排水法收集，CO_2 是否也能用排水法来收集呢？经过实验，发现 CO_2 居然也能用排水法收集。

（2）有的学生将 CO_2 气体通入澄清石灰水中，澄清石灰水变浑浊。当继续通入 CO_2 气体后，发现其居然又变澄清了。

（3）有的学生向已经变浑浊的石灰水中滴加稀盐酸，惊奇地发现其又变澄清了。

（4）有的学生把刚生成的 CO_2 气体直接通到用紫色石蕊试液浸泡过的干燥小花上，结果，干燥的小花变红了。

……

对于学生在实验过程中出现的这些问题，教师鼓励学生先自己思考，查阅资料，然后再讨论。

【案例五】《二氧化碳的性质》教学片段

倪海莹老师在讲授 CO_2 不支持燃烧、密度比空气大的性质时，请张强同学做蜡烛自下而上熄灭的实验，结果蜡烛居然自上而下地熄灭！教师微笑着让他再做一次，没想到，第二次两支蜡烛都不灭！张强同学因尴尬而涨红了脸，教师拍拍他的肩膀示意他回座位，迅速在脑海中调整了思路，对大家说："刚才这两种结果正是老师需要的，张强还帮了我一把呢！现在我也来做一次，大家仔细观察，有何不同？"这时，教师加了一片玻璃片重复实验，同学们终于看到蜡烛自下而上熄灭。

师：为什么有三种不同的结果？

生1：手法不同，张强没有沿着烧杯内壁往下倒。

师：好！为什么只差一点儿就有不同的结果呢？

生1：……

师：请一位同学把手放在蜡烛火焰的上方，有何感觉？

生2：烫……哦……我知道了！

生2：张强第一次是在靠近蜡烛一侧把 CO_2 快速倒下去的，高蜡烛周围充满了 CO_2，所以它先灭；第二次倒得太慢，气体遇高温飞走了，所以不灭；而老师用玻璃片挡了一下，又远离火焰一侧……说明 CO_2 密度比空气大、不支持燃烧。

师：密度一定比空气大？

生3：哦！是常温下密度比空气大。

生1：CO_2 气体常温下密度比空气大，沉在杯底，像水一样越积越多，遇热会膨胀使密度减小。

生4：难怪发生火灾时要猫着腰低着头跑，原来有害气体是烫的，密度小往上升。

专家建议

新课程倡导"注意从学生已有的经验出发，让他们在熟悉的生活情境中学习化学"。因此，学生的现实生活是非常重要的课程资源。在案例四中，教师充分挖掘了乡土资源，如用醋酸代替石灰石、熟石灰和盐酸，用矿泉水瓶代替集气瓶等，既解决了农村实验器材短缺学生做不了实验的问题，又培养了学生动脑设计实验、动手做实验的能力。同时，教师还充分利用实验室的资源开展丰富多彩的化学实验，满足了部分好奇心强、求知欲旺盛的学生的需要，使学生的积极性与创造性得到最大限度的保护。学生在自己做实验的过程中所遇到的新问题本身也是一种非常好的教学资源。对新问题的思考和讨论不仅使其体验了探究过程，还学会了一些基本研究方法，培养了热爱科学、勇于创新的精神。

在案例五中，教学中出现的一些非预设的突发事件往往被教师所忽视，有时，教师甚至会不知所措，更有甚者还去责骂学生。殊不知，教学中的突发事件其实是非常重要的课程资源。张强同学两次实验均未成功，教师不仅未责怪他，还利用教学机智引领学生进入一片新的天地，使"意外"塑造出精彩，不但消除了其不利因素，保护了学生的自尊心，而且启迪了学生思维，收到了意想不到的效果。课堂的精心预设固然重要，但同样重要的是教师运用机智捕捉生成性的课程资源，将教学中的"错误""意外"转变为学生探究问题的情境，构建动态的课堂教学，从而使课堂更加精彩纷呈。

在教学中，教师究竟应该如何开发和利用教学资源呢？

1. 发挥教师资源的积极作用，提高开发课程资源的意识与能力。教师资源是一种重要的教学资源，其作用现在已被不断地更新和完善。作为教师，应充分发挥教师资源的服务作用，营造积极的课堂氛围，协调好学生学习中的各种关系，解决学生学习中的困难，做学生学习的促进者和学生学习能力的培养者。同时，教师应加强学习，深刻领会新课程改革的精神实质，转变观念，清醒地认识到教材是最重要的课程资源，但不是唯一的资源。教师应对教材进行深入挖掘，用好用活这一资源。同时还要多动脑，积极开发和扩大课程资源范围，努力提高开发课程资源的意识和能力。

深入挖掘教材或以身边的物质、学生新旧知识的生长点为切入口，寻找适合探究的课题，积极开展探究式的教学是开发课程资源的一条有效途径。譬如，关于空气中氧气含量的探究，难道只有红磷才可以吗？白磷、镁、硫、铁丝、木炭等能否代替红磷？设计一个简单的对比实验来探究盐酸中哪一种粒子能使紫色石蕊试液变红，说出实验的步骤、现象和结论；再如，已知铜在潮湿的空气中也会生锈变成碱式碳酸铜（铜绿），对照教材中铁生锈条件的探究实验，设计实验对铜生锈的条件进行探究，等等。这些探究题材立足教材而不拘泥于教材，忠于教材而不盲从于教材，只要教师善于挖掘这些非常好的教学资源，运用于实验课、新授课、实践活动课、复习课，甚至习题课中，必将有效地促进学生的学习。

2. 积极开发和利用学生资源。苏霍姆林斯基说过：学生是教育最重要的力量，如果失去了这个力量，教育也就失去了根本。因此，学生不仅是教育的对象，也是重要的教育资源。化学课堂教学中的学生资源是指在教学中来源于学生的、通过师生互动或生生互动而生成的资源，包括非预设性的学生的问题或回答，或课堂中突发的事件，或学生的错误等。它具有动态性、生成性，是非常丰富的，值得教师去寻找契机，当做资源来利用。在案例四中，张强同学两次实验都未成功，可以说是一种非预设中的"意外"，也可以说是一种学习的"错误"，教师包容了这种"错误"，合理地利用这一资源重新设计教学，有效地激发了学生的求知欲，激活了思维。须要指出的是，教师要加强学习，提高自己灵活处理事情的能力，全面地了解学生，包括学生已有的生活经验、兴趣爱好及已有的知识水平等，由此才能确定利用学生资源的方式和时机，使捕捉到的这种生成性的教学资源绽放精彩，教学"柳暗花明又一村"。

3. 积极开发和利用校外课程资源，使校内外课程资源有机整合。如果说教材、实验室等属于校内课程资源，那么学生的现实生活及工厂、农村、科技馆、网络等则属于校外课程资源。教师不仅要充分利用好校内课程资源，更要看到校外课程资源的丰富性、生动性、直观性。如各种废旧材料、自然界的水、所接触的能源矿产资源、化肥（农药）、环境污染以及学生的家庭生活经验（如洗涤剂、调味品）等等，这其中蕴藏了多少化学知识！现行教材的编写十分注重化学与生活、生产的联系，教师要善于把这些丰富的校外资源渗透到化学教学中，将校内外的课程资源加以有机地整合，让它们成为学生认识物质性质的活教材，使之更好地服务于教学。譬如，学生在家中，由发酵甜酒时温度升高实实在在地感受到了缓慢氧化的放热；利用家中物品，自己动手做小实验——鉴别食盐和面碱，试一试有几种方法；学甲烷时教师组织学生参观沼气池的建设和使用；通过上网查资料、实地调查、动手实验等方法了解当地水污染的状况；对自家的庄稼先诊断后施肥，等等。总之，课程资源无处不在，只要教师具备一双慧眼，用心去寻找，不仅会拓展学生的视野，还会将理论与实际紧密结合起来，使化学生活化、社会化，学生乐学、会学。

拓展研讨

1. 在酸、碱、盐的教学中，举例说明你是如何开发和利用教学资源的。
2. 你曾经在教学过程中捕捉到哪些动态的、生成性的资源？试举一两例。

1.3 如何帮助学生自主建构知识体系

候诊案例

【案例一】《化学式与化合价》（人教版九年级化学上册）教学过程简介

(1) 教师讲解什么是化学式：用元素符号和数字的组合表示物质组成的式子叫做化学式，如 O_2、H_2、H_2O、HCl、HgO 等。表示每种物质组成的化学式只有一个。

(2) 以教材中的图 4 - 11 为例，说明化学式 H_2O 的意义。

(3) 讨论：符号 H、$2H$、H_2、$2H_2$ 各具有什么意义？

(4) 介绍单质化学式的两种写法："A"型和"A_2"型；化合物（只研究两种元素组成的化合物）的写法原则是"读写顺序相反"。

(5) 由化学式引出化合价，指出化合物中元素正负化合价代数和及单质的化合价和都为 0。

(6) 化合价的实质是元素在形成化合物时表现出的化学性质，取决于原子最外层电子数。

(7) 介绍关于化合价的顺口溜，尝试记忆。

(8) 讲解如何确定化合物中元素的化合价。

(9) 讲解如何根据化合价书写化学式，并适当练习。

【案例二】《碳和碳的氧化物》（人教版九年级化学上册）复习课教学过程简介

教师在复习时采取了设问法，设计的具体问题如下（学生的回答略）：

(1) 碳的单质有哪些？它们各有什么不同的物理性质？为什么会有这些差异？

(2) 为什么碳在常温下化学性质稳定？温度升高后，碳的化学性质如何？

(3) 实验室制取气体的装置要考虑什么因素？实验室和工业上如何制取 CO_2？

(4) CO_2 有怎样的物理性质和化学性质？分别用什么实验加以验证和说明？

(5) CO_2 有哪些用途？温室效应是如何产生的？危害有哪些？如何防治？

(6) CO 化学性质如何？

(7) 以碳和一氧化碳为例，说明什么是氧化反应、还原反应、氧化剂和还原剂。

(8) 写出以上复习过程中涉及的化学方程式，并记忆，看谁记得又快又好。

最后，再当场完成一张涵盖第六单元基础知识的小练习。

诊断分析

在案例一中，课的类型是新授课，该教师是一位教材的忠实拥护者，按部就班，无一遗漏当然也无一处背叛教材。但是，教材是按照从"分子—原子—原子结构—离子—化学式—化合价"这样一条主线编排的，符合知识的逻辑顺序但不太符合学生的认知顺序。教师未能从帮助学生进行有意义的知识建构角度来进行教学的设计，缺乏对教材的整体把握和驾驭能力，机械地"教教材"，未能认清知识点的相互联系，教学时不注重知识的形成过程，造成学生难以使已积累的对某些物质的宏观认识同他们对原子的最外层电子得失（或偏移）以及电子得失（或偏移）与化合价的内在联系等微观特征的认识直接互现，使新知识无法与原有认知结构中的知识实现同化；学生不能很好地理解"化合物中元素正负化合价代数和为0及单质的化合价为0"和"化合物是呈电中性的"真正的内涵，也不能理解为什么要根据化合价书写化学式，致使"数"与"性质"之间、"数"与"符号"之间联系中断，学生学习感到吃力也就在所难免了。

在案例二中，课的类型是单元复习课，该教师采用的方法是设问和练习。以一系列的问题为主线贯穿始终，几乎涵盖了本单元所有知识点，一问一答，看似热闹，其实问题的设计仍停留在简单的知识重复与罗列层次上，地毯式的按教材梳理一遍知识后，教师还安排了类似于默写的练习，一节课上得索然无味。教师未进行整体的单元教学设计，未整体安排新授课的教学及该单元的复习，对引导学生并帮助学生自主地建构知识体系的重要性领会不够，导致存储在学生头脑中的知识是零散杂乱的，而非一个个的知识块，学生在提取这些知识的时候就不能做到"牵出一点拖出一串"，学生掌握的仍然是一堆零散的知识，今天记住了明天又忘了。更有甚者，不是在理解的基础上记忆知识而是机械地记忆，如部分学生记忆这部分方程式时按照字母顺序从左到右地记，背得很辛苦，仍然常常张冠李戴，令人哭笑不得，将"学化学"变成"背化学"。这样的教学只是教给了学生陈述性的知识而未教给学生策略性的知识，最终使学生知识掌握得不牢固，能力提升有限，过程与方法、情感态度与价值观的体现和落实不到位，浮于表面或变成一纸空文。

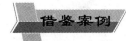
借鉴案例

【案例三】《化合价与化学式》（人教版九年级化学上册）整体教学思路

1. 给出 1～18 号元素的原子结构示意图（按周期表顺序排列）—引导学生观察，找出排列特点—按性质不同，元素可分成三类—分别找出各类元素的原子最外层电子数的特点—分析元素化学性质特点（是否稳定）—化学变化中原子变化情况（阴阳离子的形成）—元素形成化合物时表现出的化合价—化合价的确定（具体以离子化合物为例，列举 Na、Mg、Al 分别与 Cl_2 反应后形成化合物中各原子个数比特征，引出化合价及化合价数值的确定，在此基础上再进行化合价的记忆和化学式书写的教学）。

2. 在介绍了化合价后，教师从复习"分子、原子、离子"的基本概念出发，寻求各概念间的内在联系，在同化和顺应中使学生构建完整的知识体系，形成"点、线、面"的整体知识系统（如图 1-2）。

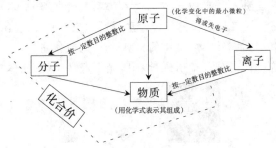

图 1-2　部分化学知识完整体系

【案例四】CO_2 知识网络图的形成历程（人教版九年级化学）

在第六单元《碳和碳的氧化物》的复习课上，教师在黑板上写下了呈三角形分布的三种物质：C、CO、CO_2，请同学们按照事先准备好的拟人化的讲稿进行演讲，分别介绍各自的性质、用途等。其中一位同学的《孪生两兄弟——金刚石和石墨》的寓言式的演讲获得了大家的赞赏。接下来教师指出：这些物质的性质及用途描述中有无相互"侵权"（即与其他物质的相互联系）？学生迫不及待地在黑板上标出"→"，并标明了反应条件。另有学生称：要叙述碳单质的化学性质就无法避免涉及 CO、CO_2，同样，要叙述 CO_2 的性质同样无法避免涉及 C、CO、$CaCO_3$、H_2CO_3，结果在黑板上又添加了两种物质，并标上了"→"和反应条件，绘制出了碳和碳的氧化物的部分知识网络图（如图 1-3）。

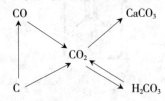

图 1-3　碳和碳的氧化物的部分知识网络图

在第七单元的教学中，教师又引导学生在已有网络图的基础上添加了 C_2H_5OH、CH_4，学习了酸、碱、盐的化学性质后又添加了 Na_2CO_3、$NaHCO_3$ 等物质，第十二单元添加了 $C_6H_{12}O_6$，最终绘制出了一张完整的与 CO_2 相关的知识网络图（如图 1-4）。

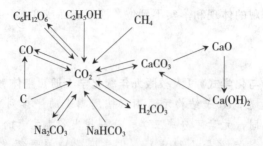

图 1 - 4 与 CO_2 相关的知识网络图

【案例五】《自然界的碳氧平衡》（人教版九年级化学）教学简要设计

过程一：自然界中 CO_2 的产生和 O_2 的消耗。

教师提问：

（1）大气中的 CO_2 气体是如何产生的？

（2）含碳的燃料主要有哪些？试写出 C、C_2H_5OH、CH_4 充分燃烧的化学方程式。

实验设计一：如何证明人呼出的气体比吸入的空气含较多的 CO_2？（方案略）

实验设计二：如何设计实验来探究各种活动场所的空气中 CO_2 含量的多少？（方案略）

过程二：自然界中 O_2 的产生和 CO_2 的消耗——光合作用。

实验设计三：如何设计实验来证明绿叶在阳光下吸收 CO_2 气体？讨论后的方案如下：

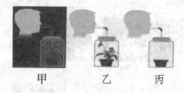

图 1 - 5 绿叶在阳光下吸收 CO_2

按图 1 - 5 所示，甲放在黑暗处，乙、丙放在阳光下，几小时后，小心向三个装置中注入等量的澄清石灰水，振荡、观察。（解释略）

实验设计四：如何设计实验探究生成的气体呢？

提供仪器和用品：水草、大烧杯、漏斗、试管、木条、酒精灯、火柴。设计一套检验光合作用产生何种气体的装置。设计装置如图 1 - 6。

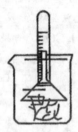

图 1 - 6 检验光合作用产生气体的装置

问题探究：略。

过程三：自然界的碳氧循环与平衡。

动画展示：自然界的碳氧循环。

接下来指出：现在碳氧平衡已遭到破坏，大气中 CO_2 气体含量逐渐上升导致了温室效应（温室效应复习略）。

在案例三中，化合价概念的教学在新课程中已淡化，教材将化合价放在离子之后成一独立课题，虽难点分散，但人为拆开了"化合价"与"分子、原子、离子"间的联系，同时为使学生加深理解，有必要让学生知道化合价是如何确定的。教学从原子结构示意图入手，逐步深入分析，最终引出化合价和化学式，目的是让学生明白，离子所带电荷数、化合价与元素原子的最外层电子数是有联系的，而化学式的书写与化合价又是密切相关的，加深了学生对"化合价"与"分子、原子、离子"间的联系的理解。因此，学习不要死记硬背，要寻找知识间的联系，这样才有利于学生通过意义建构的方式掌握知识。

在案例四中，复习"碳和碳的氧化物"不是采取传统的知识罗列形式，而是采用学生喜闻乐见的拟人化的演讲形式，这样更易调动学生学习的积极性，使复习不再枯燥乏味。更值得赞赏的是，教师通过评判物质间有无"侵权"行为，帮助学生自主发现物质间的联系，将单一知识串成线再连成网，并且随着学习的深入，不断寻找新旧知识的连接点，将知识网越织越大，让知识像树一样慢慢生长，从小幼苗直到长成参天大树。

在案例五中，由于教材中与"碳、氧"元素有关的知识点较多，主要有 CO_2 与 O_2 的性质、制备、检验，自然界的碳氧平衡及实验中的设计与评价等，这些知识点分散在各个章节，如何把这些零碎的知识整合起来，串成一条线而不拘泥于传统的模式，更好地体现新课程的要求呢？教师对此进行了单元教学设计，以"自然界中 CO_2 产生 O_2 的消耗—自然界中 O_2 产生 CO_2 的消耗—自然界的碳氧循环和平衡"为主线，层层递进，逐渐展开复习和知识的建构，从化学与社会生活的结合点入手创设情境，将问题的探究、实验的设计、知识点的复习穿插其中，做到"于细微处探秘，在综合中建构"，培养学生理论联系实际、分析解决问题、建构系统知识的能力，有效地达成了三维目标。

那么，究竟应该如何帮助学生自主建构知识体系呢？

1. 认真分析研究教材，把握教材的三序结合和教学的三维目标，提升对教材的驾驭能力。教材是按照学科知识的逻辑顺序、学生的认识顺序和心理发展顺序三者合理结合的原则来编排的，即知识体系建立在学生学习发展的基础之上，它是培养学习能力与方法的载体，是实现三维目标的基石。教师若要明确学生每一个知识增长点所在，就必须自己先建构学科知识体系，这样才能很好地驾驭教材并帮助学生建构知识体系。在分析教材时，要重视新内容与学生已有知识间的联系，以及在今后的学习中有哪些运用和发展。如人教版教材体现了 O_2 和 C 物质这两条非金属知识主线和一个金属体系，两条非金属主线几乎贯穿了整套教材，其中第二单元是 O_2 知识最集中的章节，第六单元是碳物质最集中的单元。教师应该从达成三维目标出发，挖掘丰富的教学资源，前后呼应，统筹安排，不断寻找新知和旧知的结合点，在探究中巩固和发展这两条非金属知识主线，从而加快学生知识体系的形成。

2. 变革教学模式和方法，展示知识的形成过程，引导学生自主建构知识。建构主义学习理论强调以学生为中心，学习是通过意义建构的方式获得知识（"意义建构"是指把握事物的性质、规律及事物之间的联系），学生是进行信息加工的主体和意义的主动建构者，教师则是情景的主动创设者，是协作的周密组织者和高级伙伴，是会话的积极引导者。例如"铁生锈条件的探究"，教师可以通过展示锈迹斑斑的铁板、链条或相应的图片，设问为什么会造成如此状况，以此创设事实情景和问题情景，引出探究课题。再由学生对生锈原因进行假设，然后分别设计实验方案，进行实验，分析现象，最终得出结论。其中关键的一步是实验方案的设计，即设计过程中对比思想的渗透和控制变量法的习得，"过程与方法"这一教学目标能否很好地实现与教师的组织和引导密切相关。因此，教师必须采用全新的教学模式和教学方法，尽可能展示知识的形成过程，通过师生、生生间的协作和交流，从不同侧面和角度促进学生知识的主动建构。

3. 尝试单元教学设计，将零散知识条理化，帮助学生自主建构知识体系。这里所说的单元不是教材或教学的基本单位，而是一个相对完整的教学过程、一个教学系统，可以由若干节具有内在联系的课组成。进行单元设计能够衡量教师对教学和教材的驾驭能力，较好地落实三维目标，教师应跳出教材的单元，将其合理地转化、重组或重新构建教学单元。如"碳和碳的氧化物""酸、碱、盐""初中化学实验与压强变化""水资源的污染及净化"等都可以构建单元教学。以"初中化学实验与压强变化"为例，在总复习阶段，教师可以让学生先自己总结哪些实验与压强变化有关，并对原理加以分析，然后在教师引导下，从检查气密性、判断是否发生反应、溶于水是否吸（放）热、测定气体含量等不同角度加以目的性总结，或从气体分子数变化、温度变化、体积变化等原理性角度加以总结，等等，使"教教材"变成"用教材教"，从而帮助学生自主建构知识体系。

4. 勤总结，善对比，对知识进行系统整理，构建知识网络。认知的规律是循序渐进的，任何新知的获得都是学习者利用自己原有的认知结构中的有关经验去同化（扩大"相似块"，建立连接点）、顺应（消除"结构差"，建立生长点）当前的认知内容。所以，教师要善于将知识总结归纳，运用对比分析，全面了解概念间的区别和联系，避免认知中的泛化，按知识的内在联系进行系统整理，帮助学生形成知识网络。例如"化学反应基本类型"，刚接触化学不久就学到了"化合反应"和"分解反应"，金属单元出现"置换反应"，酸、碱、盐部分出现"复分解反应"，学生只有通过对概念的内涵和外延加以分析比较，在不断地总结和对比中才能逐步掌握"化学反应基本类型"，完善知识体系。

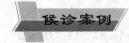
拓展研讨

1. 以酸、碱、盐的性质教学为例，说明你是如何帮助学生自主形成知识体系的。
2. 请设计一幅有关"O_2"的知识网络示意图。

1.4　如何把握不同内容的教学特点

候诊案例

【案例一】《推断物质的组成》教学片段

师：什么是质量守恒定律？请一位同学说一说。

生：在化学变化中，参加反应的各物质的质量总和等于反应后生成的各物质的质量总和。

师：好。谁能说一说质量守恒定律的微观实质是什么？

生：是因为反应前后原子的种类、数目、质量没有发生改变。

师：很好！在实际应用中，我们以质量守恒定律为理论依据来进行相关的计算。请同学们看这样一道例题：某物质完全燃烧消耗氧气 9.6g，生成 8.8g 二氧化碳和 7.2g 水，通过计算来确定该物质的组成元素是什么。请同学们自己先讨论、演算。

同学们小声议论，只有几位同学在演算，更多的同学眉头紧皱，不知该如何解答。几分钟后教师只得详细演算一遍，仍有同学似懂非懂。

【案例二】《怎样进行过滤操作》教学片段

在进行水的净化教学时，教师想在一节课时间内完成水净化的四种常用方法（吸附、沉淀、过滤、蒸馏），什么是硬水、软水以及硬水的软化和硬水、软水的鉴别这些内容的教学。教师对本节课的实验与探究进行了如下处理（以过滤操作为例）：

师：所谓过滤，就是把固体和液体分离出来的一种物理分离方法。请同学们看书上的图，看看过滤器是如何做的。

学生看书回答略。

师：做好过滤器后，要用水湿润滤纸，然后用玻璃棒轻压，使之与漏斗之间不要有气泡，请同学们在书上画下来。这样做的目的主要是加快过滤速度。

师：过滤器做好后，如何进行过滤操作呢？实验过程中须要注意哪些问题呢？

教师板书实验注意事项"一贴、二低、三靠"的具体内容，学生埋头记笔记，班级很安静。

师：谁能不看笔记复述以下操作要点？

生 1 复述，生 2 补充略。

师：他们说得很好！由于时间关系，实验就不做了。接着，教师进行了下面的教学……

诊断分析

案例一中，教学内容是通过计算推断元素化合物的组成，教师从复习质量守恒定律和微观实质入手，再引出计算，教学顺序是无可厚非的，但是最终的效果仍然差强人意，这是为什么呢？主要原因在于教师对本课题具体计算内容的选择不符合学生的知识水平和心理特征，未能体现层次性、阶段性，不符合循序渐进的原则，没有给学生的思维架设台阶，即教学讲究一步到位，未能考虑到这是较难的题目，没有根据其内容特点进行教学设计。比如可以设计这样三个台阶：（1）生物的呼吸作用表示为：有机物＋氧气→二氧化碳＋水＋能量，试推断该有机物的元素组成。（2）3.2g 某物质完全燃烧，生成 8.8g 二氧化碳和 7.2g 水，求这种物质的组成元素。（3）6.4g 某物质完全燃烧，生成 8.8g 二氧化碳和 7.2g 水，求这种物质的组成元素。以上三个台阶是逐步深入的，教师只须适当引导，即可使学生"一跳便摘到桃子"，最后再引出案例中的例题，就会使问题迎刃而解。

案例二中，看起来一节课的课堂纪律良好，教学的容量很大，学生记忆知识情况也很好。但是该教师的教学设计过于简单，未能在新课程理念的指导下很好地把握不同教学内容的特点，然后再据此进行设计。本节课的内容主要是概念和实验，实验是本节课的重头戏，有四大净化水的方法和硬水、软水的检验，教师采取的是"嘴上说、黑板上谈"的方法，看似高效，但是这种空洞的说教和死记硬背的方法未能激发学生的学习兴趣，不利于学生实验技能和探究能力的提高，也未能突出实验及探究这一重点，课堂纪律虽好但过于沉闷。教师可以将本课题分为两节课来完成，第一节课先讲四种净化水的方法，事先准备好实验仪器和用品，放手让学生去做。关于过滤，除了动手实验，还可以设计如下问题进行探究：为什么要"一贴、二低、三靠"？如果不这样做会导致什么后果？按要求过滤两遍后滤液仍然浑浊可能是什么原因造成的？经过过滤后的滤液是纯净物吗？为什么？在家里你可以利用什么物品来代替滤纸和漏斗进行操作？等等。通过动手操作和探究，学生兴趣盎然，思维敏捷，提高了实验基本操作能力，还体验了过程，掌握了方法，必将有效地达成三维目标。

借鉴案例

【案例三】《初步认识酸》教学片段

教师先让学生回忆在石蕊试液中吹入 CO_2 后试液变红的原因，并追问还有哪些已学过的物质也会使石蕊试液变红。

生：醋酸。

师：酸是什么？举例说明你认为生活中哪些物质是酸。为什么说这些物质是酸？

生：食醋、果汁、柑橘、柠檬……因为这些食物有酸味。

实验与探究一：在以上物质的溶液中分别滴入石蕊、酚酞试液，观察颜色的变化。得出结论：酸的溶液都可以使石蕊试液变红，酚酞试液不变色。

师：稀盐酸、稀硫酸溶液显酸性吗？你能检测出来吗？

实验与探究二：学生向溶液中分别滴入石蕊、酚酞试液，观察现象。得出结论：盐酸、硫酸、醋酸的溶液都显酸性。

师：以盐酸为例，溶液中有 H^+、Cl^- 和水分子，究竟是哪一种微粒使石蕊试液变红？请加以假设并设计实验进行探究。

同学们积极思索并提出不同猜想，在老师引导下得出如下方案：

实验与探究三：（1）在 NaCl 溶液中滴加石蕊试液，看是否能变红；（2）在稀硫酸溶液中滴加石蕊试液，看是否能变红。（由于这两种溶液中均有水分子存在，故不需要做在蒸馏水中滴加石蕊试液的对比实验）通过实验及其分析，生恍然大悟，明白了"盐酸、硫酸、醋酸都能使石蕊试液变红的原因是因为它们的溶液中都有共同的 H^+"……

【案例四】《根据化学方程式的简单计算》教学片段

教师展示了带来的一个氧气袋，问如何求得这袋气体的质量（体积约为2L，标准状况下氧气的密度是 1.429g/L）。同学们很快就计算出袋内气体的质量约为2.86g。假设这些气体都是由高锰酸钾受热分解得到的，需要多少高锰酸钾？同学们积极参与讨论，教师巡视，然后将具有代表性的三种做法加以展示，并请学生评价。（三种做法分别是：第一种是教材中的做法；第二种也是教材的做法，但不同的是方程式写错了，$KMnO_4$ 前未写上2；第三种是通过分析方程式求出的。）

生1：我觉得第一种做法较好，直接利用化学方程式中各物质间的质量关系，通过设未知数、列比例式就可以解出答案。第二种做法其实和第一种一样，只是方程式没配平。至于第三种做法，我没看懂，但结果和我算的一样，都是28.24g。

生2：我是这样做的，当我分析方程式后，发现根据方程式可知每8个氧原子，其中只有2个形成了氧分子，我先算出2个氧原子在2个 $KMnO_4$ 微粒中的含量，再用 O_2 质量除以这个含量即可。

生3：结果不对！结果应该大于 28.24g，因为实验有误差。还有，一开始的气体不纯，是不能收集的，所以只需要 $KMnO_4$ 的质量大于 28.24g。

教师及时表扬了这几位同学勤于动脑，也肯定了他们的说法，指出这里所算的质量实际上是理论值。在定量研究中，像第一种方法称为根据方程式的计算。为了准确算出结果，还要注意规范计算格式，大家能否试着总结一下解题步骤和解题注意点呢？

同学们积极讨论，在老师引导下总结出如下步骤：设、写、算、列、解、答。其中尤其要注意的是不要写错方程式以及计算物质相对质量总和时不要忘记乘以计量数⋯⋯

专家建议

在案例三中，教学内容主要是概念和元素化合物的性质及科学探究，科学探究渗透在概念和元素化合物的教学中。教师并未秉承传统做法，即从酸、碱、盐的电离方程式入手，从离子角度建立酸、碱、盐的概念，再从离子角度认识它们的通性，而是在正确把握新课程标准和新教材的基础上，淡化了酸的概念。教学时，首先以碳酸和醋酸的性质作为"先行组织者"，再把学生引入具体的生活情境，以身边的物质为切入点，把握学生已有的关于酸的"前科学概念"，通过科学探究手段逐步使学生掌握"酸"的特征，初步形成酸的概念，但又不是明确的、严密的概念；同时，教师将概念的教学与性质教学及科学探究有机地整合起来，通过探究获得"盐酸、硫酸、醋酸是酸，由于它们的溶液中有共同的 H^+ 而具有都能使石蕊试液变红的性质"的知识，并掌握对比和控制变量等科学研究的方法。这样的教学既激发了学生学习化学的热情，又有效地达成了三维目标。

在案例四中，教学的内容主要是根据化学方程式的简单计算。以往授课一般是采用学生先自学例题，然后教师总结和归纳解题的步骤、格式及注意点，再让学生按照一定的格式完成不同类型的习题并加以强化训练。由于此种方法老套，过程僵化，学生仅限于机械地接受和模仿，导致兴趣不浓，看到计算题就会产生恐惧感，更有甚者干脆放弃该类试题。但本案例中这位老师改变了原有教学模式，通过创设教学情境调动了每位学生的积极性，鼓励学生用多种方法自己解决问题，三种代表性的做法中还故意放了一种错误做法，目的在于挖掘这一"错误"资源，于分析讨论中使解题的关键得以突出，难点得以突破，帮助学生在思维的不断碰撞中自己主动地建构知识。这种将探究渗透在枯燥乏味的计算教学中的做法，使学生从机械的题海中解脱出来，有利于培养学生的发散思维和创新思维。

初中化学内容从知识体系的角度看主要包括化学基本概念和原理、元素化合物知识、化学实验和科学探究、化学计算这四大块。在新课程理念下，教师应该如何把握不同内容的教学特点呢？

1. 研究课标和教材，理解不同教学内容的要求，为教学"指路引航"。在新课标中，明确提出化学概念教学不要过分强调定义的严密性，要注意概念形成的阶段性、发展性和学生的可接受性，这主要是由于传统教学中许多概念超出了学生的理解能力，增加了学生负担，但并不意味着要求降低，如"物质构成的奥秘"单元，概念要求虽低了，但从帮助学生形成"微粒观"的角度来看甚至还提高了要求。如何把握深度，这需要教师去学习研究。例如，在教学中开始出现酸类物质时，不要急于给"酸"下严格的定义，只说明"像硫酸、盐酸这样的化合物属于酸"即可；元素化合物知识教学要重视基础性和实用性，注意联系实际，纠正传统教学中让学生死记硬背的简单做法。例如，"碳和碳的氧化物""酸、碱、盐"的教学。化学计算教学要让学生体会从量的角度研究物质及其化学变化的意义，避免烦琐的数学运算。化学实验技能教学要从实际出发，有计划、有步骤地在学生的实验活动中予以落实，防止形式主义或过高的专业化要求。作为教师，如果没有深刻领会新课程的理念，就不可能真正理解不同内容的编排特点及教学要求，难免会出现重走老路、自降要求、越位等教学问题，或加重学生负担或使学生产生厌学心理，不能有效达成三维目标，从而使新课改浮于表面，收效甚微。因此，教师必须要加强学习和研究，用新课标给自己的实际教学点亮指示灯，为教学"指路引航"，不至于偏离方向。

2. 开展教学研究，把握不同内容的教学特点，为教学"量身定做"。不同的教学内容在教学的具体实施时应采取不同的教学方法和手段，这是由它们的特点决定的。以概念的教学为例，新课标减少了具体的定义性概念，降低了记忆要求，在教学中，对学生难以理解的抽象的概念，教师可以采取降低概念建立的门槛，按照课标要求和教材的呈现顺序逐步深化，如"元素"，在学生刚接触化学时就引入这一名词，让学生知道"元素"是万物的基本组成要素，就像 26 个字母可以组成无数英文单词一样，然后再通过氧气、水、氢气等具体物质的学习以及物质微观构成的分析进一步认识元素。也可以从身边物质及熟悉的生活经验出发寻找概念的切入点，如案例三中酸以及后继的碱和盐概念的教学；对学生已有的"前科学概念"，如燃烧、合金、溶液等概念的教学，有意识地制造冲突，通过实验、类比、归纳等方法在解决冲突中形成概念。教学中还应积极开展实践探究活动，在学生获得感性认识的基础上形成概念，如"分子"概念的建立，可以通过微观示意图、Flash 动画、模型、实验等形象直观的手段帮助学生建立抽象概念。

3. 渗透过程及方法，重视科学探究，使教学"锦上添花"。新课标一方面强调科学探究是一种重要而有效的学习方式，另一方面将科学探究作为义务教育阶段化学课程的重要学习内容，旨在提高科学素养，培养科学探究能力。不同的教学内容都是落实"过程与方法"的重要载体，要注意提炼其中蕴藏的方法要素，教学中应尽可能创造条件，多开展体现学生自主性的探究活动，让学生亲身经历丰富的探究活动。问题可以来自书本，也可源于实际生活，活动可包括实验、调查、讨论等多种形式。计算教学中也可以展开探究教学，如上述案例四。酸碱发生中和反应这一元素化合物知识点的教学，可以挖掘教材实验的探究素材；如实验的操作顺序和试剂的用量及仪器的选择，还可以挖掘教材插图进行微观探究，甚至还可以设计"万一忘记滴加酚酞指示剂，如何确定反应后溶液中的溶质"这一探究主题，它涉及提出问题、猜想与假设、制订计划、进行实验、收集证据、解释与结论、反思与评价、表达与交流等要素，这不仅有利于知识的掌握，还激发了学生学习的兴趣，增进了对科学的情感，可使其更好地理解科学的本质，学习科学探究的方法，初步形成科学探究能力。

拓展研讨

1. 以元素化合物知识较为集中的《碳和碳的氧化物》单元为例，说说你是如何把握这部分内容的教学特点的。

2. 试以有关溶液的计算为例，说明你是如何根据其特点进行教学设计的。

教学设计

　　所谓教学设计，就是指教师在学科教学过程中，依据教学的一般原理和教学内容、目标的要求，结合自身的经验、特点，从学生知识、能力状况的实际出发，对各种教学要素进行统筹整合，制定教学方案的过程，也就是人们通常所说的备课。作为课堂教学的前奏，教学设计对于保证课堂教学活动的顺利进行，提高课堂教学的质量、效率，有着至关重要的作用。

　　学习的人、学科内容与结构以及与教学目标对应的教学方法，这三个方面通常被称为教学设计的三个要素。我们以为：设计者在权衡这三个要素时，最重要的是要抓住"教"和"学"这两个关键举措。所谓设计"教"，就是在进行教学设计时，要考虑到教学方法的设计是否符合教学内容的特点；是否符合学习者的认知基础和兴趣特点；课堂教学目标是否符合"三维目标"的整合要求，即教学的过程与手段是否最佳最优化……在设计每个教学环节时要多问自己："这样设计行吗？还有没有更恰当的设计？"最要紧的是要仔细推敲："这样的教有利于学生的学吗？能够促进学生主动发展吗？"所谓设计"学"，就是在设计时要"预测"学生，要充分了解学生的需要以及不同学生之间的差异所在。不考虑学生对于教师提出的问题或安排的活动可能做出的反应，不做好相应的应对举措，教师就是心中没有学生，至少没有全体学生。教师针对课堂中可能出现的不同情况，选择不同的预案，这样，就不会因学生"节外生枝"而手忙脚乱，努力使精彩成为"预约"。其实，教师的教学睿智在不断的预约中产生，世上没有天生的睿智。

综观国内外有关教学设计的研究，不外乎有两种流派：以"教"为中心的设计理论和以"学"为中心的设计理论。我们认为，新课程背景下的教学，教师和学生的地位、作用和传统教学相比已经发生了很大的变化，教师由知识的传授者、灌输者已经逐步转变为学生主动建构认知的指导者、帮助者、促进者。因此，教师应当在教学过程中采用全新的教学模式、全新的教学方法和全新的教学设计思想。也就是说，在教学实践中老师们要更多地关注以"学"为中心的教学设计理论，无论是设计"教"还是设计"学"，都应站在学习者的立场上去思考问题，并想方设法帮助其解决问题。

尽管教材是课程专家和一线教师智慧的结晶，但它仍是依据于一般学生的认知水平和共性的社会生活素材来编制的，它更多考虑的是教材的普遍适用性，无法也不可能顾及到不同学生的不同需求，即缺少特定性与具体性。因此，教师要根据自己对教材的理解、对学生基本现状的掌握进行教学设计，并创造性地利用好教材，通过精心设计来"二度开发"教材。然而，审视教师进行教学设计的现状，不难发现，一些教师已经走入设计的误区：有的教师满足于优秀教案集中的现成教案，抄下来，改一下，就成了自己的教案，而且从不觉得有什么不对！这种不深研教材和琢磨学情的教学设计，当然也就没有教学的针对性，课堂效果必然低下。有的教师还会把几篇现成"优秀教案"中的"精彩环节"拼凑起来，自认为这样的教学设计就是集众人之智慧，教学效果肯定会不错。可是在实际教学中，常常因不得要领而处处碰壁。因此，通过教学设计，教师应该努力把化学材料所储备的静止、平面的化学知识转化为动态、立体的具有生命活力的知识形态。教学设计最关键的一点就是要针对学情，找准教学的起点，并采取各种手段，让不同学生都能得到不同但却充分的发展。成功的教学经验已经证明，低起点、小步子、快节奏、勤反馈是课堂高效的灵丹妙药。教学设计过程中还必须把新课程理念、教师的教学思想熔铸于教学行为的全过程，使师生之间教学相长，共同品尝生命成长的喜悦。总之，好的课堂教学设计是介于教学理论和实践操作之间的纽带。"凡事预则立，不预则废。"只有精心设计课堂教学，才能上出课改优课，才会有收获创新和生成精彩的可能。那么，在新课程背景下，教师需要哪些具体的教学设计技能？本话题试图通过怎样备学情，如何选择合适的教学方法，如何精心预设促进有效教学的生成，以及如何设计选取贴近学生实际的教学情境与内容这一系列问题的诊断和分析，提出一些对一线教师有启发并受欢迎的有益建议。

2.1 如何备好学情

候诊案例

【案例一】《分子和原子》（人教版九年级化学上册）教学片段

师：同学们，水和蔗糖等物质微观上是由分子构成的，铁、硅等物质微观上是由原子构成的。你们知道什么叫分子，什么叫原子吗？

生：分子是保持物质化学性质的最小粒子，原子是化学变化中的最小粒子。（一边翻书一边答，很多学生一脸茫然。）

师：你们知道分子、原子等微观粒子有些什么样的性质和特点吗？

生：不太清楚。

师：我们一起来阅读课本 50 页和 51 页上的内容，并理解分子、原子的性质特点。

（学生阅读理解。）

生：分子和原子的质量和体积都很小；分子和原子是在不断运动的；分子和原子之间是有间隔的。

师：我们通过实验来看一下分子、原子的这些性质。

演示实验：品红的扩散；活动与探究：浓氨水使酚酞试液变红；一定体积的乙醇和水混合，总体积小于两者原体积之和。

师：请同学们积极思考还有什么例子能说明分子在不断运动。

生：湿衣服晾干。

师：什么例子能说明分子间有间隔呢？

生：气体容易被压缩。

……

【案例二】《自然界的碳氧平衡》教学片段

师：如何证明人呼出的气体比吸入的空气含较多的二氧化碳？如何设计实验？

生：分别收集一瓶空气和一瓶人呼出的气体，向其中各滴入几滴澄清石灰水，并振荡。（见图 2 - 1）

盛装空气的瓶中无明显现象，盛装人呼出的气体的瓶中澄清石灰水变浑浊。说明人呼出的气体比吸入的空气含较多的二氧化碳。

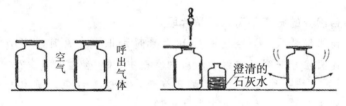

图 2 - 1

（本实验为书本实验，要求学生说出设计的依据、方法、现象和结论，注意语言表达的有序和准确。）

师：CO_2 不能供给呼吸，当空气中含量超过正常含量时会对人体产生不良影响，如何设计实验来探究各种活动场所（学校操场、刚下课的教室、周末的大卖场）的空气中 CO_2 含量的多少？

（提供信息：酚酞是一种指示剂，遇酸不变色，遇碱显红色；氨水是一种弱碱，氨水能和 CO_2、SO_2 等非金属氧化物发生化学反应。）

生：面面相觑，不知所措。

诊断分析

案例一中，教师在设计问题时显然是忽略了学生的认知水平。对分子、原子的知识，虽然在小学自然和初中生物课中接触过，但是，分子、原子究竟是什么样的粒子，学生缺乏准确的认识，学习本课题之前学生没有形成微观粒子的概念，空间想象能力较差。由于分子、原子既看不见也摸不着，所以，学生要真正建立明晰的分子、原子概念是较为困难的。因此，在教学设计时，应使教学过程与学生生活经验紧密联系，展开联想，形成对分子、原子等微观粒子的行为表象。通过情境教学、联想推理、实验、计算机辅助教学等手段，使抽象知识和实际体验相结合，使学生初步理解化学现象的本质，从五彩缤纷的宏观世界步入充满神奇色彩的微观世界，再反过来用微观世界的知识去解决宏观世界中的诸多问题，从而降低学习难度，让学生较轻松地掌握所学知识。

案例二中，设计实验证明"人呼出的气体比吸入的空气含较多的二氧化碳"，学生很容易就设计出来，因为学生有这方面的知识，是书本实验。教师应着重要求学生说出设计的依据、方法、现象和结论，注意语言表达的有序性和准确性。但"如何设计实验来探究各种活动场所的空气中 CO_2 含量的多少"，学生就不知所措了。在这里，老师没有真正了解学生情况，该设计对学生具有挑战性。初中学生所学到的化学知识非常有限，虽然教师给出了信息，其实学生根本不知如何用这些信息。而教师又没有给学生台阶，难怪学生只有面面相觑了。

上述问题，归根结底均在于备课过程中忽视了学生的学情，以至于教师花了很大的力气去"备教材、备教法"，但学生"并不领情"，教学效果差强人意。教学就像打仗一样，要知己知彼，不能光顾自己教什么内容，而不懂我们所面对的是什么层次的服务对象及对象之间的差异，否则就是盲目的教学。因此，教师要研究学生，备好学情，才能有效、机智地驾驭课堂。

借鉴案例

【案例三】《自然界的碳氧平衡》教学片段

师：CO_2 不能供给呼吸。当空气中 CO_2 含量超过正常含量时，CO_2 会对人体产生不良影响。如何设计实验来探究各种活动场所的空气中 CO_2 含量的多少？

（信息提供：酚酞是一种指示剂，遇酸不变色，遇碱显红色。氨水是一种弱碱，氨水能和 CO_2、SO_2 等非金属氧化物发生化学反应。）

师：（演示实验）向稀氨水中滴加酚酞，让学生观察现象。（酚酞试液变红）

生：（一位同学实验）用吸管向上述溶液中小心吹气，观察现象。（红色褪去）

师：红色为什么会褪去？

生：氨水被反应掉了，所以红色褪去。

师：氨水和什么物质发生了反应？

生：氨水和呼出气体中的二氧化碳发生了反应。

师：如果将空气通入滴有酚酞的氨水中，溶液是否也会褪色？

生1：会，因为空气中有二氧化碳。

生2：不会吧，因为空气中二氧化碳含量太少。

生3：可以的，多通点空气不就可以了。

师：非常好，同学们都能积极思考。的确可以用这样的原理来测定空气中二氧化碳的含量。再请同学们思考，你觉得使等量的氨水褪色，上课的教室和学校的操场相比哪儿的空气所用体积多？为什么？

生：操场。因为操场上的空气内二氧化碳含量少，而氨水量是确定的。

师：不错，我们应用什么仪器来测量空气的体积？

（学生展开讨论，觉得用针筒比较合适。）

师：如何设计实验呢？

学生又展开激烈讨论，最后得出如下方案：

用 50mL 的注射器，每次抽取 50mL 空气样品，然后注入到滴有酚酞试液的氨水中，如此反复操作，直到烧杯中溶液的红色褪去。可分别测定不同活动场所，如学校操场、刚下课的教室、周末的商场，空气使溶液红色褪去的抽气次数（可认为学校操场上的空气中二氧化碳的体积分数为 0.03%，见表 2-1）。装置如图 2-2 所示：

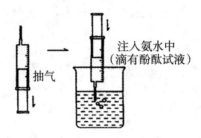

图 2-2

表 2-1

取样地点	抽气次数	CO_2 的体积分数
学校操场		0.03%
刚下课的教室		?
周末的大卖场		?

【案例四】《溶解度》（人教版九年级化学下册）教学片段

一、溶解度提出的背景

教师引入：我给大家讲个故事，题目是"食盐与硝酸钠的对话"。

有一天，食盐与硝酸钠在比谁的溶解能力强。食盐说："我溶解能力大，20℃时，在每 50g 水中最多可以溶解 18g。"

硝酸钠说："那有什么了不起。我也能够溶解在水中，10℃时，我在 100g 水中最多能溶解 20g 呢！"

食盐又说："你的 20g 是溶解在 100g 水里，当然我比你强。"

硝酸钠却说："但是你的温度比我高，我在 60℃时，50g 水中最多能溶解 55g。"

食盐说："那在 20℃时你怎么不说？"

硝酸钠说："那么，你在 60℃时是多少呢？"

……

究竟谁的溶解能力强，大家给它们评一评吧！

（学生讨论。）

学生 1：没法儿比。食盐与硝酸钠比较，没有一处共同点。

学生 2：我也同意。它们不在一条起跑线，没有可比性。

教师引导：怎样才能清晰地比较它们的溶解能力呢？

学生提议：在相同温度下，相同质量的水中，看谁溶解得多。

教师小结：这就是溶解度概念提出的背景。确定了温度与溶剂的量后，用一定量的溶剂里最多能溶解多少溶质来表示物质的溶解性的大小。

二、溶解度的定义

固体物质的溶解度：

1. 定义：在一定温度下，某固态物质在100g溶剂中达到饱和状态时所溶解的质量。（掌握定义四要素。）

2. 意义：例如，20℃时，氯化钠的溶解度为36g。表示在20℃时，100g水中最多能溶解36g氯化钠。

（教师组织学生练习。）

快速反应练习——判断对还是错（略）。

专家建议

教学设计首先要关注、了解教学的对象——学生。研究学生是我们有的放矢组织教学的有效途径。高估了学生的学习能力，则会使学生学习不堪重负，极易产生望而生畏的情绪；低估了学生的学习能力，则又会让学生产生浮躁、敷衍了事的不良习气。

案例三中，教师比较了解学生的学情，认为初三的孩子刚接触化学不久，要设计实验来探究各种活动场所的空气中 CO_2 含量的多少的确有难度。虽然给学生提供了信息，但学生不见得就会用这些信息。通过问题的层层引导，给学生的思维搭设"脚手架"，培养学生的信息处理能力和实验探究能力，从而使学生能用所学的化学知识来解决实际问题。

案例四中，教师设计教案时，考虑到溶解度是溶液这部分内容学习的主要部分，也是容易产生学习障碍的阶段，概念比较抽象，所以设计了合适的教学情景，很自然地引出溶解度这个概念。再由学生自己探索溶解度的含义，学会应用。而且让学生做一些快速反应练习，使学生切实掌握溶解度的定义。老师能很好地分析学情，依据学情，掌握重点和分散难点，对症下药。

那么，我们如何才能有效地了解学生的学情呢？可以从以下几个方面入手：

1. 了解学生已有的前科学概念。前科学概念，又叫日常概念，是指学生未经专门学习，而在同他人进行正常交往和个人积累实践经验过程中所掌握的概念。这些概念牢固地扎根在学生的知识结构中，对学生学习化学概念有着重大的影响。如果日常概念与化学概念的内涵基本一致，对化学概念的学习主要产生积极的作用。如在讲"纯净物"和"混合物"的概念时，学生一下就能理解其含义，是因为学生熟知的"纯净"和"混合"两个概念帮助学生理解了化学概念。但如果某些日常概念和化学概念的内涵不一致，就会产生干扰，影响学生对化学知识的理解和掌握。很多同学认为"水""冰水混合物"就是混合物，因为日常生活中碰到的雨水、河水、海水等均为混合物，总感觉冰和水是两种不同的物质。在学习"盐"的概念时，学生在生活中已经存在"盐"的概念，他们生活中的"盐"指的就是 $NaCl$ 一种物质，而化学中所说的"盐"是指"由金属离子和酸根离子构成的化合物"。对于这种情况，教师在教学中就要特别注意引导学生分清二者间的区别，重点讲清化学概念的内涵，以消除日常概念对学习化学概念所带来的不良影响。

2. 了解学生已有的化学基础知识。了解学生是否已掌握与所要学习的新知识相关的基础知识和基本技能，才能落实教学目标，较好完成教学任务。只有准确了解学生的学习现状，才能确定哪些知识应重点进行辅导，哪些知识可以略讲或不讲，从而抓住教学的真实起点，根据学生的实际情况设计教学环节。例如，教师让学生鉴别亚硝酸钠和食盐（已知亚硝酸钠的水溶液呈碱性，食盐的水溶液呈中性），这一问题在学生学完酸碱盐后是可以轻松解答的，因为学生已经具备了利用酸碱指示剂和 pH 试纸来区分溶液的酸碱性或酸碱度，尽管亚硝酸盐学生并不很了解，但是教师已经给予了信息提示，这样的教学是符合学生已有的化学基础知识的。再如，如何设计实验来证明 NaOH 与 CO_2 发生了化学反应？要完成这个问题，教师可引导学生从反应前后压强的变化角度或从检验反应后的生成物角度加以思考，学生必须具备 NaOH 与 CO_2 发生反应后气体压强变小，生成物 Na_2CO_3 能和盐酸反应放出 CO_2 气体，Na_2CO_3 能与可溶性钙盐和钡盐反应生成沉淀等相关化学知识。所以，教师在教学时必须了解学生的化学基础知识，才能在教学中做到有的放矢。

3. 了解学生学习中的困难和易错点。经常听到教师抱怨，讲了多少遍，还不会。其实老师要做到心中有数，摸准学生在哪些问题上"已知"，在哪些问题上"未知"，在哪些知识点的学习上有较大困难，哪些是学生易错的地方，而不要一味抱怨学生怎样怎样。比如在化学式的教学中，碳酸钠、氯化钠等就是学生非常容易写错的，而在书写方程式时，过氧化氢分解，铜与硝酸汞溶液的反应等，也是常出错的地方。在化学定义中，"复分解"反应又比较难掌握，学生会把反应 $2NaOH+CO_2＝Na_2CO_3+H_2O$ 也当成复分解反应，而没有真正理解互相交换成分。在溶液中，计算溶质质量分数时，算溶液总质量时，经常会忘了减去沉淀的质量、气体的质量等。老师在平时上课时，对学生的这些易错点或困难点要讲得非常清楚，然后有针对性地多练习，效果肯定会好得多。

4. 了解学生的思维特点。教师要有"学生般的思维"，身临其境，把自己当做学生，站在学生的立场思考问题。老师、学生是不同年龄阶段的人，他们的思维方法不同。如老师进行教学设计时，仅从自己的逻辑起点考虑，只顺着自己的想法和思路，习惯于以成人的眼界和视野代替学生的眼界和视野，往往就会脱离学生的认知水平。应了解学生的思维方法，把该方法用于教学之中，使学生易于接受教学内容。例如，在分子、原子、离子的教学时，由于学生对微观粒子缺乏感性认识，教师若未考虑到学生的思维仍以形象思维为主，采取空洞的讲解进行教学，就无法使学生在头脑中建立这些抽象概念。当然也不能理解这些概念，若采用打比方、展示模型、制作动画等直观形象的方法进行教学，将有利于学生的理解。另外，问题的提出要有梯度，不要呈现跳跃性，如上述案例三中的实验设计，必要时可给学生一些思维上的引导或搭设思维的台阶，让学生"跳一跳就能摘到果子"。

总之，学情具有客观性、动态性、可知性、可变性和多样性。教师要坚持以学生的发展为本，高屋建瓴，关注学情，了解学情，从而以学定教、顺学而导，使课堂真正成为民主的课堂、有效的课堂。

拓展研讨

1. 借班上课，如何较快了解学情？

2. 在教学设计时，如何既考虑"学优生"，又兼顾"学困生"？

2.2 如何选择教学方法

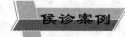

【案例一】《分子和原子》（人教版九年级化学上册）教学片段

师：同学们，水变成水蒸气，这是一个物理变化，在此过程中，水分子没有发生改变，水仍然是水，化学性质没有改变；再如品红溶于水，品红分子和水分子也都没有发生改变。由此我们可以得出什么结论？

生：发生物理变化时，物质的分子不会发生改变。

师：但是当水发生电解时，水又变成什么呢？请写出电解水的文字表达式。

（生回答并书写。）

师：水分子是如何变成氢分子和氧分子的呢？

（学生一脸茫然，面面相觑。）

师：分子是由原子构成的，一个水分子由一个氧原子和两个氢原子构成，一个氢分子由两个氢原子构成，一个氧分子由两个氧原子构成（见教材图 3 - 10）。电解时，水分子分成氢原子和氧原子，每两个氢原子结合成一个氢分子，每两个氧原子结合成一个氧分子（见教材图 3 - 12）。那么，在化学变化中，分子和原子有何区别？

生：分子可分而原子不可分。

师：有无前提条件？

生：哦！在化学变化中分子可分而原子不可分。

（师在此基础上再总结分子和原子的概念、化学反应的实质、分子和原子的区别。）

【案例二】《金属资源的利用和保护》（人教版九年级化学下册）教学片段

师：同学们，请观察老师这儿的三支试管：铁钉在干燥的空气中，铁钉在纯水中，铁钉同时与水和空气接触。这是一星期前预先准备的实验。说出实验的现象。

生：在干燥的空气中和在纯水中的铁钉几乎不生锈，与水和空气接触的铁钉生锈了。

师：铁在什么条件下容易生锈？

生：（分析、讨论）铁在潮湿的空气中和氧气反应，生成铁锈。

师：（引导讨论）根据铁生锈的原因，如何防止铁制品生锈呢？

诊断分析

化学教学方法是教师在教学过程中为了完成教学任务所采用的工作方式和学生在教师指导下的学习方式，合理地选择教学方法将有助于教学任务的完成和教学目标的实现。在案例一中，对初三学生而言，理解分子和原子是有一定困难的，因为如此抽象的概念以前并未接触过，如何根据学生的心理特征，将抽象的概念形象化，有效地帮助学生建立并理解分子和原子的概念、分子和原子的区别和化学反应的实质？这一问题是教师在进行教学设计、选择教学方法时必须考虑的问题。但在案例一中，教师采用的是单一的讲解和设问，学生对微观概念的理解仅仅依靠教师的讲解和教材的微观示意图，显然，这样不能很好地帮助学生建立分子、原子的模型并理解概念。本案例中，若教师在授课前介绍"分子是由原子构成的"这一知识点，然后引导学生讨论"水的蒸发"和"水的电解"过程中分子和原子的变化情况，再用多媒体动画展示两个过程，结合教师的讲解、学生的思考，通过对比得出实质性的区别和相应的概念。在这一过程中，讲解、讨论、对比、多媒体展示等多种教学方法的综合使用将有效地突破难点。

在案例二中，对钢铁锈蚀的探究采用的是传统的教学方法，即教师演示实验，学生观察实验，教师提出一个问题，学生就事论事。这样课堂效率也许较高，学生对知识点的掌握可能也不错，但是，本案例中教师是主角，学生是配角，未能体现学生的主体作用，注重的是结果性目标而忽略了过程性目标。原因在于教师对新课标理解不够，对本节课的目的把握不到位，相应使用的教学方法陈旧，未能深刻领会化学探究式教学法的重要性（详见案例四）。

借鉴案例

【案例三】《元素》（人教版九年级化学上册）教学片段

师：在我们书上列出了27种常见元素的名称和符号，同学们能否记下来呢？

生：很难记啊！

师：不用怕，记忆也要找规律。大家有没有发现元素中文名称和元素分类的关系？

生：我发现非金属名称的偏旁一般是三点水、气字头或石字旁，而金属一般是金字旁（除汞外）。

师：很好！关于元素符号，大家能否找到点儿方法帮助我们记忆？

师生交流，讨论，最后得出如下具体方法：

(1) 记住氢（H）元素，就能记住氦（He）元素和汞（Hg）元素。

(2) 记住氮（N）元素，就能记住氖（Ne）元素和钠（Na）元素。

(3) 记住碳（C）元素，就能记住氯（Cl）元素和铜（Cu）元素。

规律：

H（氢元素）$\begin{cases}\text{He（氦元素）}\\\text{Hg（汞元素）}\end{cases}$ N（氮元素）$\begin{cases}\text{Ne（氖元素）}\\\text{Na（钠元素）}\end{cases}$

C（碳元素）$\begin{cases}\text{Cl（氯元素）}\\\text{Cu（铜元素）}\\\text{Ca（钙元素）}\end{cases}$ A$\begin{cases}\text{Al（铝元素）}\\\text{Ar（氩元素）}\\\text{Ag（银元素）}\\\text{Au（金元素）}\end{cases}$

M$\begin{cases}\text{Mg（镁元素）}\\\text{Mn（锰元素）}\end{cases}$

F（氟元素）→ Fe（铁元素）   P（磷元素）→ Pt（铂元素）

S（硅元素）→ Si（硅元素）

除此之外，27种元素只剩下氧（O）、锌（Zn）、钡（Ba）、碘（I）、钾（K）5种元素，这样就不用死记硬背元素符号了。

接下来，学生以小组为单位进行比赛，看哪组同学记得又快又好。学生兴致很浓，积极参与，很快就记住了这些元素的名称和符号。

【案例四】《金属资源的利用和保护》（人教版九年级化学下册）教学片段

（提出问题）通过收集有关钢铁锈蚀造成经济损失资料，由学生自主提出问题：

(1) 如何防止钢铁生锈？

（2）钢铁为何会生锈？

（做出假设）学生依据日常钢铁生锈的经验及已有的化学知识，提出以下可能假设：

（1）钢铁锈蚀是铁与空气中氧气作用的结果；

（2）钢铁锈蚀是铁与空气中水分作用的结果；

（3）钢铁锈蚀是铁与空气中氧气与水分共同作用的结果。

（实验探究）分组，由学生讨论后设计实验方案验证假设。

例：某组同学设计以下对比实验。

（1）将第一支试管用酒精灯烘干，放入一枚干燥、洁净的铁钉，用橡皮塞儿塞紧试管口，使铁钉只与干燥的空气接触。

（2）在第二支试管中放入一枚铁钉，注入刚凉的蒸馏水，至浸没铁钉，然后在水面上注入一层植物油，使铁钉只与水接触。

（3）在第三支试管中放入一枚铁钉，注入蒸馏水，不浸没铁钉，使铁钉与空气和水同时接触。

（一星期以后。）

由学生观察、分析，得出结论：铁在潮湿的空气中最容易生锈。

（交流、讨论）提出钢铁防锈的合理建议。

【案例五】《CO_3^{2-}的检验》（人教版九年级化学下册）教学片段

老师从复习实验室制取CO_2的反应原理引入课题，学生书写方程式，引出如果要知道纯碱中是否含有碳酸根离子，应采取什么方法判断？

探究实验1：

（1）取少量纯碱于试管中，加入适量稀盐酸，将产生的气体通入澄清石灰水。

（2）用碳酸氢钠代替纯碱，重复上述实验。

学生思考所说明的问题，并在教师指导下书写方程式。

师：以上三个反应有何共同点？怎样检验某物质中是否含有碳酸根离子。（生答略）

探究实验2：检验水垢中是否含有碳酸根离子。（过程略）

师：在碳酸钙、纯碱、碳酸氢钠与盐酸反应的这一组实验中，相同的反应物是盐酸，称为该组实验的恒量，而另三种不同的反应物称为该组实验的变量。想一想，除了盐酸，生活中还有哪些酸？

生：硫酸、醋酸、柠檬酸等。

师：不同的酸能与相同的盐反应吗？请设计实验加以证明。（生讨论略）

探究实验3：将少量纯碱放入三支试管，分别加入稀硫酸、醋酸、适量的柠檬汁，将产生的气体通入澄清石灰水中。

师：上述实验说明什么问题？哪些反应物是恒量，哪些是变量？

生：不同的酸也能与相同的盐反应。酸是变量而盐是恒量。

师：由探究实验1和3，你得出了什么结论？

生：不同的含碳酸根离子的盐能与不同的酸反应产生使澄清石灰水变浑浊的气体。

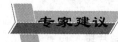
专家建议

教学方法是多种多样的，每种方法都有独特的作用，有一定的适用范围。究竟采取什么方法，取决于教学的实际。在案例三中，面对一大堆需要记忆的元素名称和符号，学生产生了畏惧情绪，觉得化学真烦人，学习化学的兴趣自然就降低了，即使花了时间去死记硬背，也不一定记得很牢固，而这位教师采用的"指导学习法"却收到了很好的效果。教师引导学生分析元素名称和符号的外在特征，然后加以分类、归纳、整理，让杂乱无章的零散知识变得有序，从而使这种有意义的记忆变得有序，做到了"记住一个引出一串"。最后，教师采用小组竞赛的方法充分调动学生的积极性，强化了记忆效果。

　　探究式教学是新课标所倡导的一种教与学的方式。在案例四中，教师采用的是"实验探究教学法"。该方法其实是由多种单一的教学方法综合成的一种教学模式，其流程为"提出问题—做出假设—实验—实验分析—得出结论"，充分发挥了实验的探究功能，使学生摆脱了"照方抓药"的实验模式，在实验中获得知识，学到技能，得到科学思维的训练。在案例五中，教学的设计可谓独具匠心，教师将实验的探究与讨论、分析与概括、科学研究的方法作为指导，来设计实验探究物质的性质，加强了对学生能力的培养。该案例中所采用的探究式教学方法符合新课程标准要求，收到很好的教学效果自然不足为奇，是值得广大教师认真学习和体会的。

　　在新课程的教学中，教师从原来的传授者变为参与促进者，角色转变了，相应的教学方法也要发生一定的变化。在新课程背景下，如何认识和选择合适的教学方法呢？

　　1. 认识到探究式教学是中学化学课程的重要教学方式。化学的教学方法经历了由简单的基本方法到复杂的综合方法乃至综合方法体系，由知识传承的方法到覆盖各教学环节的多种方法组合的发展过程。探究式教学以其未知性与问题性、发现性与探索性、过程性与开发性、主动性与互动性的综合，有利于三维目标的达成，从而在新课程背景下受到了前所未有的推崇。例如酸、碱、盐的教学，传统的教学方法更多地停留在"一支粉笔一张嘴"和反复的练习这样的层次，侧重于方程式的记背和通性的归纳，学生学得非常枯燥乏味。而新课程强调学生对酸、碱、盐的认识要建立在生活中对酸、碱、盐的体验和科学探究的过程上，比如自制酸碱指示剂；也强调学生知识的自主建构，比如酸的化学性质，教师可以在学生已有知识的基础上，通过类比和归纳的方法引导学生自己获得，而非教师直接地给予。这种应用"探究→体验→感悟→反思"的教学方法有利于学生知识的同化和内化。因此，教师要转变观念，加强学习，不要停留在过去单一的教学法上。如单一的讲授、实验、讨论、练习和参观等，不仅要认识到探究式教学的重要性，更要积极地付诸于实践。

　　2. 根据教学目标和学生情况合理选择教学方法。在新课程的课堂教学中，三维目标既是教学的出发点，又是教学的归宿。首先，根据教学目标和任务选择教学方法。如上《如何正确书写化学方程式》一课时，目的是使学生掌握正确书写化学方程式的步骤和配平化学方程式的一般方法，因而采用示范讲解和练习的教学方法。而在上述案例四中，为了让学生体验过程、领悟方法，教师采用了实验探究教学法。其次，学生的实际情况也是选择教学方法的重要因素。不同的学生，其知识储备不同、认知水平不同，对于不同的教学方法的适应能力也不同。例如，对刚接触化学课的初三学生来说，他们的化学知识尚少，学习化学的抽象思维能力较差，亦未经化学实验技能的训练。如刚开始对"蜡烛及其燃烧的探究""对人体吸入的空气和呼出气体中的 CO_2 含量的探究"，采用自主探究性学习就显得要求有点高，因为对学生来说，还没有这方面的知识，这时候，可采用指导探究性学习。教师的讲授、启发、指导和演示都可以融合在其中，而后随着学生化学知识的积累和思维能力的发展，就要着重培养学生的自主探究能力。但也不要以为新课程的教学中学生活动代替了一切教学方法，全部采用学生讨论、探究，认为只有学生动起来了，才体现新课程理念。除上述因素外，是否具有相应的教学条件（必要的实验设备、教学时间、教学环境），是否符合化学教学规律和原则，教学方法本身是否具有教育价值，等等，这些问题也是选择教学方法时须要考虑的问题。

3. 精心设计教学过程，合理优化组合各种教学方法。"教学有法，但无定法，贵在得法"。众多教学方法各有优势和不足，教师要根据学生的实际情况、教材内容的特点，善于把化学教学中的几大要素——启发、阅读、练习、讨论、讲解、总结、设疑、探索、开拓、评价有机串联起来，并根据各部分教学内容的特点，进行教学方法的优化组合，以期收到更好的教学效果。例如，CO_2 性质的教学中，可以设问"如何证明雪碧或可乐中的气体是 CO_2？"这其中涉及如何把气体导出、如何验证气体、如何设计这一实验操作等问题，设计好实验，做好以后再给出方程式。然后设问"久置的装有澄清石灰水的瓶子口为什么会出现白色固体？如何除去？"在学生的讨论分析下写出反应的化学方程式。这一过程的精心设计也包括了教学方法的优化组合，如设问、讨论、实验、讲解、练习等多种方法，用于这一探究过程也非常合理自然。因此，教学方法是否优化组合取决于教材的内容和学生实际，更取决于教师的教学设计。体现新课程理念的教学设计需要教学方法的优化组合，同时也为教学方法的优化组合提供了广阔的空间。

1. 如何理解"教学有法，但无定法，贵在得法"？
2. 以"金属的化学性质"教学设计为例，说说你在教学中用到了哪些教学方法。你是如何将这些方法进行优化组合的？

2.3 如何精心预设促使有效教学生成

候诊案例

【案例一】《二氧化碳制取的研究》（人教版九年级化学上册）教学片段
在进行反应用药品、反应原理探究来制取二氧化碳气体时，某教师给出 5 个反应：
A. 木炭在空气中燃烧；
B. 石灰石（主要成分为 $CaCO_3$）高温煅烧，得到氧化钙和二氧化碳；
C. 人和动植物的呼吸；
D. 石灰石（主要成分为 $CaCO_3$）和稀盐酸反应，生成氯化钙、水和二氧化碳；
E. 石灰石（主要成分为 $CaCO_3$）和稀硫酸反应，生成硫酸钙、水和二氧化碳。
师：实验室用什么药品制二氧化碳最佳？
生：由于 A、C 中产生的二氧化碳易混入空气，纯度不高，不选；二氧化碳能溶于水，不能用排水法收集，而 D、E 答案中产物均有水，二氧化碳会溶解在这些水中，收集到的二氧化碳少，所以不选 D、E 而选 B。学生回答这个问题时有理有据。一时间，教师神情紧张，满脸通红。停顿片刻，随便解释了一下，就转向了下一个问题。

【案例二】《仅仅是石灰水变质了吗？》教学片段
教师进行人教版下册"碳酸盐可与酸反应生成 CO_2 气体"教学时，把学生分组进行实验探究：（1）在 Na_2CO_3、$NaHCO_3$、大理石中分别加入适量稀盐酸，将产生的气体分别通入澄清石灰水中，观察现象；（2）在 Na_2CO_3 固体中分别加入适量的稀盐酸、稀硫酸、稀醋酸、柠檬汁，观察现象。正当学生操作、教师巡视之际，一位学生突然提出了一个问题："老师，我将气体通入澄清石灰水中，为什么观察不到变浑浊的现象呢？"这位老师不假思索就说："那一定是石灰水变质了，你别管了，接着做实验吧，现象中只要能看到有气泡产生就说明问题了！"全班无语，继续实验……

诊断分析

案例一中，根据提出的问题，教师的原设计思路是：根据"小资料"，学生会分析 A、C 中产生的气体纯度不高，不选；B 中反应条件较高，不选；对于 C 和 D，学生一般无法确定，再通过学生实验做出合理选择。课堂上，学生并没有按照教师的预设思路走下去。就学生的认知水平而言，学生的这种想法不无道理。二氧化碳能溶于水，稀盐酸和石灰石或大理石生成的二氧化碳在体系中能溶解多少，对二氧化碳的制取影响有多大，可以给学生以引导。出现如此尴尬局面的原因在于：教师未能认识到学生有自己的思考，他们的思维不是一成不变的，甚至是教师无法事先预料的。本案例中，教师事先对学生估计不足，由于"预设"不够，自然无法有效"生成"，且缺乏对课前精心预设重要性和预设内容的认识，认为只需要按照教师的思路进行就可以了，没有考虑到课堂教学是千变万化的，将会有许多意想不到的事情发生，学生的问题一旦不符合自己的设计意图，就不知所措。同时，这位教师对课堂突发事件的灵活处理能力不够，缺乏教学机智，未能从课堂中出现的这种动态的生成性资源中寻找契机，从而化险为夷，将"意外"转变成精彩。

案例二中，教师在备课时形成了标准思路，一旦在教学中出现了与其相悖的思路或意外情况，教师就给予否定或搪塞。难道仅仅是石灰水变质了吗？这样处理未免过于简单化，可能有几种情况：比如，可能是石灰水变质了；可能反应中用的是浓盐酸，挥发出的 HCl 气体随着 CO_2 逸出，把石灰水中的溶质反应掉了；可能产生 CO_2 气体的速度太快了，大量的气体通入石灰水中，反应生成 $Ca(HCO_3)_2$ 了，等等。除了第三种猜想学生须要查阅资料才能解决外，前两个猜想学生学到盐时已完全可以理解，教师完全可以据此展开讨论分析，适当地调整"预设"，促进教学的"生成"。然而，教师观念陈旧，认为一节课只要完成了"预设"，就算完成教学任务，不理解"预设"和"生成"是相辅相成的，只顾完成预设的任务，教学停留在教师的设想层次，只有"预设"而无有效"生成"。教师未能抓住课堂教学中学生提出的另类问题这一很好的"生成性资源"，更没有加以充分开发利用，无形中挫伤了学生的积极性，使学生的求异思维和创造性思维被人为地束缚和禁锢，从而使课堂缺乏生气和乐趣。

借鉴案例

【案例三】《质量真的不守恒吗？》（人教版九年级化学上册）教学片段

学生实验：碳酸钠与稀盐酸反应。

师：实验现象如何？符合你们的猜想吗？

生1：碳酸钠与盐酸反应质量减轻，是由于逸出了二氧化碳气体。

生2：如果把生成的二氧化碳气体收集起来，同生成物一起称量，天平是不是就平衡了？

师：理论上是，那怎样改进实验呢？

学生开始设计，将书上实验用的烧杯换成了锥形瓶，并系上了一个气球，重新实验，却惊讶地发现实验物反应后质量还是变轻了！是什么原因呢？学生自然想到了气体的浮力。有没有什么办法消除浮力的影响呢？这一问题留待学生课后探究。

学生实验：镁条燃烧实验。

生：我们所做的实验结果是增大的，但前面同学做出的结果是不变的。

师：还有没有不同的结果？

生：我们组的结果是减小的。

师：让我们一起来讨论思考一下，为什么会出现变大、不变、变小三种情况呢？

学生积极性很高，讨论分析。

生1：可能是没在密闭容器中进行，燃烧所需的氧气没称量。

生2：大家都没称，为什么结果会不同呢？

生3：可能与逸出的白烟有关系。有的逸出得多，有的逸出得少，我这坩埚钳上还沾有。

师：同学们说得非常好……

【案例四】探究"酸和碱反应后的溶液中的溶质是什么"教学片段

教师在教完"酸和碱之间会发生什么反应"的教材实验后，故意设问："实验过程中一定要加指示剂吗？"立即有学生说："当然，否则咋知道酸和碱什么时候正好完全反应呢？"教师继续追问："万一忘了滴加酚酞试液，你能确定反应后溶液中溶质是什么吗？"一石激起千层浪！教室里立刻炸开了锅，大家七嘴八舌纷纷发表见解，最后得出三种结果：可能是 $NaCl$ 或 $NaOH$、HCl 或 $NaCl$、$NaOH$。教师乘胜追击："如何设计实验来验证究竟是哪一种可能呢？请你按照桌上所提供的仪器和药品进行探究。"同学们兴致高涨，立即动手实验……

然后归纳总结所用到的方法如下：（1）取反应后的样品，分别滴加紫色石蕊试液/加入 Zn 粒/加入 CuO 固体等，若有相应现象，如溶液变红/产生气体/固体溶解等，则溶质中含有 HCl。（2）取样，分别滴加紫色石蕊试液/滴加酚酞试液/用吸管吹气后再滴石蕊（或酚酞）试液/加入 $CuCl_2$ 溶液，若有相应现象，出现如溶液变蓝/溶液变红/变蓝（或变红）/产生蓝色沉淀等，则溶质中含有 $NaOH$。（3）取样，滴加紫色石蕊试液/滴加酚酞试液，若均不变色，则溶质全是 $NaCl$。

这时，一学生提出异议：由滴加酚酞看无颜色变化得出溶质全是 $NaCl$ 是错的，并分析了理由，对此教师给予了肯定。另一位同学指出：用吸管吹气后再滴指示剂的方法判断溶质是 $NaOH$ 好像也不对吧？但说不出原因，对此教师亦给予了肯定，并布置大家课后查找这一问题的答案。

专家建议

案例三中，教材的编制意图就是与质量守恒反其道而行之，从另一侧面阐述质量守恒定律，有利于学生在质疑、反驳、争论中建构知识。教师在预设时，应站在学生的角度，了解他们困惑的焦点，教师要尽可能地将各种实验的结果及问题考虑周全，即进行充分的预设。在碳酸钠与盐酸反应的教材实验改进后又产生了新问题——有浮力的影响，要消除浮力的影响应重新设计较为复杂的实验。出于时间考虑，建议学生课后探究。在后来的镁条燃烧实验中，面对预设中的三种不同结果，学生认为产生了"意外"，一直处于"愤

"悱"状态。在教师营造的轻松氛围及耐心引导下，处于学生"最近发展区"内的问题得以顺利解决。

案例四中，按照一般教法，用实验和问题探究的方法讲完课本实验得出结论就可以了，但是教师并未就此罢休。之所以在讲完中和反应后继续探究"酸和碱反应后的溶液中溶质是什么"，主要原因在于教师对寻找时机培养学生科学探究能力和帮助学生自主构建系统知识的高度认识，而且知道学生对"反应后的溶质究竟是什么"以及"为什么只需检验酸或碱而不必检验盐的存在"会有疑惑，因而将这一问题的探究巧妙地设计进课堂教学，有效地突破了难点，突出了重点，达成了三维目标。其实在教师不经意追问的背后，折射出的是教师的勤奋和智慧，教师是在吃透新课标、教材和学生的基础上，课前进行了精心的预设。不仅预设了过程和方法，还预设了可能的生成，如实验用品的配置中教师特地放了吸管，料到学生会想到用吸管吹气，使 CO_2 与 $NaOH$ 反应生成 Na_2CO_3，由于学生存在思维定式，总认为盐的溶液是呈中性的，故用酸碱指示剂也可以。"欲擒故纵"吊足了学生胃口，既激发了学习兴趣，又为后继教学作准备，确实是一节精心预设下动态生成的好课。

那么，如何才能做到精心预设以促使有效生成呢？

1. 转变观念——"预设""生成"同样重要。课堂教学由于存在师生和生生的互动，因而不是一个封闭系统，教学不能拘泥于预设的固定的程序。作为教师，必须正确认识预设与生成具有同等的重要性，没有预设，也就谈不上生成；没有生成，预设就显得机械而单调。预设和生成作为一对矛盾统一体，共同存在于课堂教学中。教学过程是"静态预设"在课堂中的"动态实施"的过程，只有将预设和生成有机结合起来，合理预设才会精彩生成，生成不是对预设的否定，而是对预设的挑战——精彩的生成源于高质量的预设。有些生成教师是可以预见的，比如化学用语的教学，有些化学式学生总是要写错，常把 $NaCl$ 写成 $NaCl_2$、Na_2CO_3 写成 $NaCO_3$、He 写成 He_2；方程式则张冠李戴，教师在预设时就可以采取一些方法尽可能避免这种情况的出现。而有些生成教师却是无法预见的，例如讲授 $Ca(OH)_2$ 的化学性质时，一位学生突然拿出一种固体说："老师，这是从我家墙上剥下来的石灰，现在它究竟变成了什么？"问题一出，全班哗然，纷纷讨论起来。教师应该如何处理呢？是改变策略还是继续按原计划教学？无论采取哪种方法，有一点必须要强调的是：认识到学生提出这一问题的价值，肯定他勤于动脑的做法，不要因为打乱了教学程序而批评他。因此，教师要转变观念，修炼内功，认识到"生成"的重要性，细心地加以呵护，机智地进行处理。

2. 做足功课——精心预设保有效。"凡事预则立，不预则废。"在新课程标准下，我们不但要强调预设，还要改进预设，更多地为学生的学而预设，使生成更具有方向性、有效性。高质量的教学预设，既是教师经验的积累，也是教学机智的展现，教师可从目标预设、文本预设、过程及方法预设、生成预设等几个方面加以考虑。如学习酸、碱、盐的化学性质时，可以对久置于空气中的 $NaOH$ 溶液进行探究，学生可能的几种猜想中有一种是这样的：溶液中 $NaOH$ 和 Na_2CO_3 都有，Na_2CO_3 的检验较为简单，关键是 $NaOH$ 的检验，对如何排除 Na_2CO_3 对 $NaOH$ 检验的干扰，教师预想到学生会采用酸碱指示剂或 pH 试纸的方法，因而以此问题作为进一步探究的突破口进行了精心预设。可以设想，这样的教学对激发学生的兴趣、知识和技能的掌握、科学探究能力的提升会产生怎样积极的作用。总之，这种在课前做足功课，合理安排教学内容，灵活使用教学方法，为有效生成而精心预设的做法值得倡导。

3. 抓住契机——调节预设促生成。教学中，随着教学内容的展开、师生的思维发展及情感交流的融合，往往会有一些偶发事件或出人意料的想法，而这些常常是不由自主地突然而至。面对这些预设之外的内容，如果教师产生瞬间灵感，迸发出"智慧的火花"，充分发挥教学机智，突破原先教学预设的框框，捕捉临时生成资源中的有价值成分，及时整合到教学中，往往会取得意想不到的效果——"非预设生成"（事先没有预设，却有效促进了教学目标的形成）。比如，对化学实验异常现象处理得当，可以成为有效的教学生成，从中体验化学科学精神。在讲中和反应时，在 NaOH 溶液中滴加酚酞试液，溶液变红，再向其中逐滴滴加稀盐酸的实验中，有时把酚酞滴入 NaOH 溶液中时，学生会看到先变红了，但随之红色就消失了，这是为什么？教师可以引导学生通过课后查资料或实验等形式来探究这个问题。再如前面所提到的"石灰"事件，教师可以改变原先的教学预设，引导学生从提出猜想开始，逐步进行分析讨论，最后进行实验验证得出结论（课堂时间有限，可课后在实验室完成）。这样的安排可能并未完成预设的任务，但是对学生知识的灵活运用和能力的提高极为有利。

即使教师准备再充分，有再好的预设，也难以预料到课堂教学中出现的所有事件。因此预设要像中国画一样，既要突出重点，又要留有空白，为师生在学习过程中发挥创造性提供条件，让学生质疑问难，探究尝试，拓展开放，为每个学生提供积极活动的保证。同时教师应加强自身素质的提高，才会善于抓住这些契机，及时调整预设，充分应用自己的经验和智慧，沉着、冷静地解决这些问题，有条不紊地创造出精彩的教学情景。

拓展研讨

1. 分别列举一个你教学中"预设生成"和"非预设生成"的精彩片段。
2. 为了有效促进教学的动态生成，你如何理解预设应从传统的直线型程序设计转向板块型程序设计？

2.4 如何设计贴近学生生活的教学内容

候诊案例

【案例一】《化学使世界变得更加绚丽多彩》（人教版九年级化学上册）教学片段

教师布置学生阅读本节课文，并回答"什么是化学""化学有什么用""怎样学习化学"三个问题。

学生边阅读边找答案，然后教师请学生回答。有学生答："太奇妙了，化学创造了许多自然界中原本不存在的物质"；有学生答："我们的衣、食、住、行都和化学有关，所以我们要学好化学"……

教师随后要求学生把中国古代文明的化学工艺以及对社会发展做出重要贡献的科学家及其成就等内容在书上用重点符号画出，并告之学生这是历年中考中常出现的考点，让学生在几分钟内强化记忆与背诵。

【案例二】《溶液的酸碱性》和《溶液的酸碱度》教学设计

1. 溶液的酸碱性：教师介绍紫色石蕊试液和酚酞试液是初中阶段大家必须要掌握的两种酸碱指示剂，它们可以用来测定溶液的酸碱性。接下来教师演示实验，将这两种指示剂分别滴入稀醋酸、石灰水、盐酸、氢氧化钠溶液中，请同学们仔细观察颜色变化，并填写表 2 - 2：

表 2 - 2

	稀醋酸	石灰水	盐酸	氢氧化钠溶液
紫色石蕊试液				
酚酞试液				

学生在表格基础上归纳出结论：石蕊试液遇酸溶液变成红色，遇碱溶液变成蓝色；酚酞试液遇酸溶液不变色，遇碱溶液变成红色……

2. 溶液的酸碱度：酸碱指示剂只能用来测定溶液的酸碱性，要想知道溶液的酸性或碱性强弱可以使用 pH 试纸。教师接着展示并简介 pH 试纸，再详细介绍 pH 试纸的使用方法，并分别测定了稀盐酸、氢氧化钠、氯化钠三种溶液的 pH，稀盐酸约为 2，氢氧化钠约为 10，氯化钠约为 7。至于教材中测定生活中常见物质的 pH，教师考虑到所需时间较长，就直接给出答案让学生记下来。

案例诊断

案例一的内容是绪言，教学设计从条理性来讲是无可厚非的，依次解答了绪言部分最为核心的三个问题，并且及时在书上将这部分内容涉及的可能考点画下来并加以记忆，从应试教育角度讲也是合适的。但是，绪言部分内容的主要目的是将学生引进化学世界，认识到化学使世界变得绚丽多彩，更主要的是让学生认识到学习化学的重要性，激发学生学习化学的兴趣，从这一角度来看，这样的教学设计是不合适的。教师忽略了化学是一门与社会生活密切相关的科学，也是一门以实验为基础的科学，尽管教材部分内容与实际联系比较紧密，但那毕竟是书上死的知识。教师可以鼓励学生自己从生活中寻找化学，或从身边的物质出发，设计一些趣味实验，为学生打开学习化学的兴趣之门，让学生先到科学王国里游玩一番。比如实验：在紫色的高锰酸钾溶液中加入少量的橘子汁，振荡后居然变无色了！再如"写密信"等，这些实验现象明显，趣味性强，学生很惊奇，非常兴奋！这无疑极大地激发了学生的兴趣。孔子说："知之者，不如好之者；好之者，不如乐之者。"只有产生浓厚的兴趣才能产生学习、探究的动力。这位教师对照课本空洞的说教和紧扣考试的枯燥的记忆，不仅没有让学生感觉到化学的绚丽多彩，反而使其觉得枯燥乏味。

案例二中，教学的内容是溶液的酸碱性和酸碱度，教师难舍旧教材情结，只顾讲解"经典物质"和"经典方法"，对教材中与实际生活密切相关的"活动与探究""资料"视而不见，未能加以开发利用，没有从生活实际出发创设一定的情景，也没有挖掘生活中的化学探究素材，更没有将所学的化学知识加以实际应用，以演示实验代替学生的探究活动不利于学生思维的发展和能力的提升，这样的教学设计违背了新课标的理念和要求。教师完全可以在设计时增加这样一些内容加以探究：（1）布置学生利用植物的花瓣或果实自制酸碱指示剂，以盐酸、氢氧化钠溶液的颜色作参照，自己测定生活中的一些物质的酸碱性，如牛奶、苹果汁、洁厕灵等；（2）分组让学生动手测定橘汁、糖水、牛奶、唾液等生活中一些物质的 pH，然后汇报交流；（3）探究溶液酸碱度对头发的影响，等等。这些探究内容将学生的生活和化学紧密联系起来，不仅丰富了教学内容，而且令学生感受到化学无处不在，充分体现了"从生活到化学，从化学到生活"的理念。

【案例三】《另类煎鸡蛋》（人教版化学下册）教学设计

一位教师在讲授生活中常见的碱——氢氧化钙时，特地找来几十斤生石灰，事先吩咐学生自带生鸡蛋、不锈钢餐具及盐、油等调味品，同学们都非常兴奋，纷纷猜测：为什么要带这些物品？老师究竟想干什么？对化学课充满了期待。上午最后一节化学课还有约15分钟就下课时，谜底终于揭开了！教师让同学们利用生石灰与水反应放出的大量热来煎鸡蛋，而且中午吃饭还可以享用。这下同学们可乐坏了，兴致高涨，纷纷拿出准备好的鸡蛋及盐、油等调味品，在教师引导下开始操作……"我的鸡蛋熟啦！""我煎的鸡蛋好香啊！"同学们的欢呼声不断。一会儿就下课了，大家迫不及待地享用起自己的"另类煎鸡蛋"。

午饭后，同学们围住老师问这问那，一同学问："冬天超市里卖的'暖宝宝'为什么贴在身上觉得暖烘烘的？里面是不是也有生石灰啊？"另一位同学也大声说："老师，我在超市还买过'摇摇冰'，原理是不是与生石灰跟水反应放热相反，是吸热反应啊？"……对此，教师笑而不答，布置学生自己课后查找资料解决问题。

第二天上课，老师刚走进教室，几位同学就兴奋地告诉老师，他们已经找到答案了！

【案例四】《关于雪碧的探究》教学片段

师：同学们都喜欢喝饮料，比如雪碧。当打开雪碧瓶时冒出的气体是什么？

生：CO_2。

（教师简单介绍制汽水的过程，略。）

师：那为什么商标上不写 CO_2 饮料而写成碳酸饮料呢？碳酸从何而来？

生：是不是 CO_2 与水发生化学反应了？

师：有道理。如何设计实验来探究雪碧饮料中的 CO_2 溶于水有没有发生化学反应？

同学们积极思考并热烈讨论。最终设计了如下探究方案：

（1）取少量雪碧，于其中加入紫色石蕊试液；

（2）取少量水，在其中加入紫色石蕊试液；

（3）把浸有紫色石蕊试液的试纸晾干后放入 CO_2 气体的干燥集气瓶中；

（4）在滴有几滴紫色石蕊试液的水中通入 CO_2 气体；

（5）把第（4）步操作试管中的液体加热，将产生的气体通入澄清石灰水中。

……

【案例五】走进调味品的世界——"化学与生活"专题复习中关于"盐"的教学片段

问题1：市场上销售的食盐有加碘盐、加锌盐、加钙盐、加硒盐、加铁盐、加氟盐等等，这里的"碘、锌、钙、硒……"指的是什么？加入这些元素的目的是什么？

问题2：碘盐中所加的化合物是碘酸钾（KIO_3），其中碘元素的化合价是多少？为什么菜未熟时不宜加入碘盐，由此说出碘酸钾的一个性质是什么。

问题3:(信息)已知碘单质遇淀粉显蓝色，这可证明碘的存在。又知食盐中的碘酸钾与碘化钾在酸性条件下能发生反应生成碘单质。$KIO_3+5KI+6HCl=6KCl+3I_2+3H_2O$

请同学们从桌上提供的碘化钾淀粉试纸、白酒、食醋、面粉、自来水、白糖等中选择合适的试剂和用品检验桌上的食盐是否为加碘盐。

问题4：现有两瓶固体，一瓶是食盐，一瓶是厨房中常备的另一种盐——纯碱。

（1）利用厨房现有条件，如何鉴别这两种物质？

（2）若不仅仅局限于厨房条件，所用化学试剂任选，你还能想出几种鉴别方法？并利用实验桌上所给试剂及用品进行实验，写出有关反应的化学方程式。

问题5：我国西部盛产湖盐，湖水中不仅溶解了大量的氯化钠，还溶解了大量的纯碱，那里的人们"夏天晒盐，冬天捞碱"。表2-3是氯化钠和碳酸钠不同温度下的溶解度。

表2-3 溶解度

	0℃	10℃	20℃	30℃
氯化钠	35.7g	35.8g	36.0g	36.3g
碳酸钠	7.0g	12.5g	21.5g	38.8g

你能根据所学知识解释"夏天晒盐，冬天捞碱"的道理吗？

专家建议

在案例三中，教师巧妙地将生活与化学紧密结合起来，令人拍案叫绝！从来没有见过这样的煎鸡蛋！对生活中做饭使用的能源，学生一般只会想到煤气、液化石油气、柴草、电等，但是本节课不需要用到这些能源居然就把鸡蛋煎熟了，无疑使学生感到非常惊奇，激动兴奋之情溢于言表。学生恐怕一辈子也忘不了生石灰与水反应放出大量热，深刻理解了CaO、Ca(OH)$_2$的俗名为什么叫生石灰、熟石灰以及人们为什么把"CaO→Ca(OH)$_2$"的转变称为"煮石灰"。关于"暖宝宝"和"摇摇冰"的原理，教师笑而不答的目的是让学生自己去寻找答案，提高通过自主探究解决问题的能力。

案例四中，教师从现实生活出发设置一定的情境，将雪碧作为探究CO$_2$性质的载体，从其中提炼出蕴涵的化学知识，并将知识"镶嵌"在情境素材中，而非传统的脱离实际的空洞讲解。教师注重学生探究能力的培养，引导学生进行"CO$_2$与水是否发生化学反应"的实验设计，其中的（2）（3）（4）步实验采取对比方法，第（5）步则解释了"为什么雪碧叫碳酸饮料而不是CO$_2$饮料？"这一疑惑，让学生参与了科学探究的过程，使知识的掌握、能力的提高、方法的渗透等几方面并驾齐驱。

在案例五中，教师创设"走进调味品的世界"这一情境，用一系列的问题将生活中关于盐的知识串联起来，而非传统做法的简单知识罗列与重复教材。充分挖掘了生活中的化学知识，并用所学的知识去解决生活中的化学问题，体现了"应用性"和"探究性"。以问题3为例，由于所探究的内容超出了学生现有的知识，教师用提供信息给学生搭台阶的方式使学生顺利完成探究实验，有助于培养学生分析和处理信息的能力。再如问题4的鉴别，教师让学生从两方面加以考虑并尽可能多地提出方案，有利于学生发散性思维的培养和知识的建构。因此，如何在新授课和复习课中很好地体现"化学与生活"这一主题而不落于老套，本案例值得借鉴与思考。

那么，究竟应该如何设计贴近学生生活的教学内容呢？

1. 发现生活中的化学，以此为切入点，体现"情景性"。我们的日常生活和无处不在的自然现象蕴涵着研究物质及其变化的丰富素材。与生活相关的化学知识像珍珠一样散落在我们周围的世界里，如何发现并利用它们，并将其渗透到化学课堂教学中，是每位教师必练的基本功。情境的创设使化学知识不再乏味而高深，而是显得"平易近人"，使学生在心理上容易接受，更易发生知识的"同化"和"顺应"，也更容易将所学知识应用于实践。例如，讲解"水的污染和净化"时，教师可以让学生先去调查当地的水污染状况以及自来水是如何生产出来的等问题，以此创设事实情境；上课时教师先展示山清水秀的风景图片并播放舒缓的音乐，然后展示两瓶水：A 瓶是纯净水，B 瓶是有异味的浑浊河水，指出将 A 变成 B 是容易的，但是把 B 转变成 A 却不那么容易，为进行净化实验操作创设了实验情境；还可以联系生活设计一系列问题，如：怎样判断你家的井水是硬水还是软水？生活中用什么来代替滤纸和玻璃棒？等等，以此创设问题情境。因此，教师要善于发现生活中的化学，努力创设各种不同的情境，将化学知识"镶嵌"其中展开教学。

2. 提炼生活中的化学，渗透过程与方法，体现"探究性"。引导学生认识和探究身边的化学物质，了解化学变化的奥秘，是化学启蒙教育的重要内容。教学中紧密联系实际生活的目的之一是提供情景素材，搭建一个教与学的平台，教师不仅要善于发现生活中的化学，还要把隐藏在其中的化学知识提炼出来并展开进一步的探究，同时渗透过程与方法、情感态度与价值观。例如："燃烧和灭火"是生活中司空见惯的现象，每一位学生都能根据自己的生活经验说出一些内容，但是，从化学学科知识的角度来讲，学生头脑中的"燃烧和灭火"概念只是"前科学概念"，而非科学概念。如何让学生摆脱"前科学概念"的影响形成科学概念呢？引导学生用红磷和白磷从可燃物、氧气或空气、着火点三个方面进行实验探究，最后得出燃烧的概念和条件以及灭火的原理。（当然，初中阶段燃烧的概念并非很科学，随着学习的不断深入，燃烧的概念会不断发展）。再如"吸入的空气与呼出气体的探究"、案例五中"食盐和纯碱的鉴别"等等，这些都是与实际生活密切相关的化学知识，知识不是由教师直接呈现，而是以探究方式获得的，从而有效地达成了三维目标。

3. 挖掘生活中的化学，设计驱动性活动，体现"应用性"。为有效引导学生自主学习，教科书采用了任务驱动模式编写，要求学习者自己寻找答案，如完成实验类、讨论问题类和归纳小结类等。其实，不仅仅是在教材中，在日常生活中同样隐藏着很多的化学知识，总有一些教师或学生能用一双双慧眼去细心观察，认真思考，从中挖掘出值得探究的课题，将其设计成驱动性任务，利用所学到的知识或方法解决实际问题，体现应用性。例如案例三中"暖宝宝""摇摇冰"的探究；又如酸雨的形成和危害、水的污染、塑料的利与弊等内容可以设计角色扮演、辩论、真实任务模拟等驱动性任务；再如学习人呼出的气体及空气的成分时，教师引导学生探究竹子里的气体成分，竹子内是空的还是有气体？是空气吗？在讨论基础上进行如下实验设计：（1）证明竹子里有气体；（2）证明竹子里有氧气并测定含量；（3）证明竹子里有二氧化碳并测定含量，最后通过实验得出结论。这是一个实验型的驱动性活动设计。通过这一活动，学生不仅掌握了课本知识，培养了实验设计能力，而且认识到化学与生活的密切关系，感受化学的神奇，领会化学的奥秘。

拓展研讨

1. 以金属的化学性质为例，说明你是如何从贴近生活的角度来进行设计的。
2. 在教学中，你曾设计过哪些精彩的驱动性活动？试举出一两例。

话题二

情境导课

教学需要情境，已经成为教师的共识。现在的问题是：怎样创设情境？创设怎样的情境？这是大家关注的问题。首先，我们要准确理解什么是教学情境。教学情境就是指在课堂教学过程中，教师根据教学内容与目标，学生的认知水平和心理特征以及客观现实条件所创设的一种能引起学生情绪共鸣和心理响应的、对学生发展具有意义并起帮助和促进作用的教学氛围和环境。化学课堂应该是学生进行化学学习和技能训练的重要场所，教师之所以要营造良好的学习氛围，就是为了使学生易学、乐学，有兴致地学。没有情境就像小说没有情节一样，枯燥乏味。那么，怎样创设情境呢？情境创设有多种方法，情境的种类也各不相同，但是创设情境有一个必须共同遵守的原则，那就是情境创设三结合原则。（1）必须紧密结合教材的主题内容，具有针对性；（2）必须充分考虑结合学生现有的知识基础水平与兴趣特点，具有有效性；（3）所选取的材料或安排的活动，必须结合学生的生活经验，符合他们的年龄特征和心理特点。为了使情境产生最大的助教助学作用，还需要师生的激情参与，并选取有效的互动方式作为展开教学的载体。

《化学课程标准》教学建议中也明确指出：要紧密联系学生的生活实际，从学生的生活经验和已有知识经验出发，创设生动有趣的情境，引导学生开展观察、操作、猜想、推理、交流等活动，使学生通过化学活动，掌握基本的化学知识和技能……因此，化学教师的主要任务就是为学生设计好的学习情境，提供全面、清晰有用的信息，引导他们在教师创设的教学情境中开动脑筋，主动参与学习。目前，化学课堂上的情境创设尚存许多问题，主要表现在：（1）所创设情境缺少清晰的目的指向。（2）没有强烈的时代气息。（3）没有捉住文本要求与学生认知的冲突所在。因此，情境的解惑释疑，激发学生情绪共鸣的作用不大。（4）没有注意新旧知识的联系，等等。那么应该创设怎样的情境才能称得上是有效情境呢？建构主义强调，知识总是处在不断的发展之中，而且在不同情境中它们会被重新建构。学习不是简单的知识由外到内的转移和传递，而是学生主动建构、积极内化的过程，即通过新经验与原有知识经验的相互作用，来充实、丰富或改造自己的知识经验。所以我们力求创设使学生产生认知冲突、困惑、矛盾情绪体验的情境，架构起新旧知识的桥梁，促进学生积极主动地探究新知。根据我们的经验，有如下几种有效情境：巧设悬念互动情境、精彩对话情境、活动探究情境、师生互动情境、课件影视情境等等。情境没有固定程式，只有利用率高低的问题。总而言之，学习应与一定的情境相联系，要在实际的情境中展开学习，才能称得上有效学习。因为我们所创设的情境就是为了使学生原有的知识与所学新的知识很快地得到同化或整合。这种获取新知的方法，不但便于知识的保存，而且更容易习得方法，并将新知迁移运用到其他环境中去。创设生动有趣、有助于学生自主学习的教学情境，不仅可以激发学生的联想，唤起学生原有的知识和概念，将新旧知识联系起来融会贯通，还可以让学生更好地获取化学内容中的价值情感体验，因为文本知识已经主体化、形象化。不管是创设生活情境引出化学问题，还是设疑问难激发学习兴趣，或者是用探究实验导新课，以明确目标及动机，都必须紧紧围绕如下三个问题：（1）怎样创设情境？（2）创设怎样的情境？（3）如何最大程度地利用情境？下面就上述问题进行诊断与分析，建议与研讨，也许对你目前的困惑会有很好的启迪作用。

3.1　如何创设生活情境，引出化学问题

【案例一】《水的净化》教学片段

教师安排一个"定价格"的游戏：

师：在日常生活中，不同品质的水有不同的价格。下面我请三位同学上来与我配合一下。（请三位同学分别手拿贴有"浑浊的河水""自来水""××纯净水"瓶子的水样品展示在其他同学面前）接下来请同学们为这三种水定合适的价格，你们觉得这样的水，每吨价格定为多少合适呢？

生甲：河水还要定价格？它是免费使用的。

生乙：不对，居民少量用水是不收费的，但工农业生产大量用水还是要收费的。

师：那大家觉得河水的价格定多少算合适呢？

生：（热烈地讨论）0.5 元/吨。

师：那还有两种水呢？

生：（再次热烈讨论，由老师事先安排好的学生来回答）自来水 2.5 元/吨，纯净水

2000 元/吨。

师：（揭开了粘在黑板上的不干胶纸条，显示出了三种水的价格）这样的定价，大家还有什么疑问吗？

（定价引发了部分同学的疑义。）

生：前两种水的定价还比较合理，纯净水的定价太高了。（很多同学附和，都要"讨回公道"。）

师：有没有同学能来解释一下自来水为什么比河水的价格高，而纯净水的定价为什么又会那么高呢？

生：越干净的水其价格越贵，因为它要经过很多净化的过程。

师：对，从自然界的水到纯净水，需要经过很多的净化程序，今天我们就一起来了解水的净化。

【案例二】《二氧化碳和一氧化碳》教学片段

有关一氧化碳性质的引入。

师：同学们使用过煤炉吗？

生：（面面相觑）没有……听爸爸、妈妈讲过；电视里看到过。

师：哦，那有没有同学看到过用煤炉烧水呢？

生：（窃窃私语，纷纷摇头。）

师：那就让我们一起来看段视频吧！

（煤炉上层，蓝色夹杂着些许红黄色的火焰在不停地闪动着。一只水壶置于上方。不一会儿，水壶的底部滴下了数滴小水珠。随着水珠的滴下，火焰就向上蹿跃一下。）

师：大家都看到了视频中的现象。有没有同学来解释一下，为什么水滴下来了，火势反而更大了呢？难道水不能灭火？

生：（热烈地讨论）一定是水中溶解了氧气；是水与煤球中的成分反应产生了能支持燃烧的氧气；是它们反应产生了其他可燃性的物质……

师：大家说得都不错。不过，水中溶解的氧气的含量比较低，不足以产生如此明显的现象，以后大家学了气体的溶解度就明白了；水和煤球中的某些成分是会反应，但不会产生氧气，事实上，水在高温下汽化后产生的水蒸气与煤球中的单质碳反应产生了两种气态物质 H_2 和 CO。我们已经学习过 H_2 的化学性质，它是一种具有什么性质的气体呢？

生：可燃性！

师：（指着刚才视频中定格的现象）由此可见，CO 是一种具有什么性质的气体呢？

生：也是可燃性。

师：除此之外，CO 还具有一些什么样的物理和化学性质呢？我们一起来探究。

▎案例诊断

在引出化学问题时要与现实生活密切联系，让学生感受化学在日常生活中的作用，减少化学与人、与自然的隔阂，使学生学会用化学的方法分析问题，消除学生对"化学"与"学化学"的恐惧，但是同时要正确处理生活与化学的关系。以上案例中存在以下问题：

1. 情境创设与课题关系不密切，牵强附会，对学生已有生活经验欠考虑。化学的课堂，主要任务是进行化学领域的教学。创设生活情境是为了帮助学生在化学与生活之间建立起联系，引导学生在生活中发现化学问题，并逐步解决问题，从而获取、积累相关的化学知识，掌握并应用化学的思维方法。这样就能使学生对化学产生亲切感和真实感，体验到化学的乐趣和作用。因此，生活情境的创设必须与相关的化学问题紧密结合。案例一中，教师为了联系生活，可谓是"独具匠心"。安排了一个类似"幸运52"中的竞价游戏，首先来调节学生的情绪。然后利用竞价得到的价格差产生冲突，从而激发学生进一步探究化学问题的激情。应该说，这位教师结合学生的心理特征，利用游戏调节学生的学习情绪，使学生乐学，学得轻松。这样的方法从学生发展的一般角度来看，无疑是正确的，但对于本课题的内容来说，这样的情境创设似乎显得太牵强了。任何一个人都知道纯净水的价格远高于普通的自来水，这样的设计是否显得多余呢？其实教师也注意了日常生活中学生能遇到的问题，但整个设计还是把学生当成了一张"白纸"，对学生已有的生活经验熟视无睹，只重视教师的教，而忽视了学生的学。在一定程度上也导致学生产生疑惑：老师今天究竟要讲什么呢？这样的生活情境创设与本课之间的联系就不是很大了。况且，教师为了创设生活情境，导入新课所花的时间太多，取得的效果也不明显。联系学生的生活进行教学本来无可厚非，我想老师的初衷也在于此。但为了生活化而"生活化"，脱离了化学内容本身，用"生活味"来替代化学教学应具有的"化学味"，这样的做法是不可取的。"水的净化"，本来就是与学生生活紧密相关的内容，作为一节化学课，该深入挖掘其中的"化学味"，应着眼于"净化"的目的究竟是什么。难道"净化"的目的就是为了利润？我们绝不能把"生活化"简单地理解为"生动活泼，气氛热烈"，教师的工作重点应落在如何寻找恰当的生活素材以充分体现化学的思想、方法和精神上，只有这样才能真正发挥"生活"在化学中的作用，并促进学生对化学的学习。

2. 欠缺对学生生活经验的了解，教师的"权威"解释替代了学生的体验。在创设生活情境，引出化学问题的时候，应考虑的"生活"是学生的现实生活。应该说，现实生活中的很多内容都为化学教学中生活情境的创设提供了丰富的源泉。初三的学生通过十多年的学习和体验，可以说积累了比较丰富的生活经验。他们并不是空着脑袋走进课堂的，但也不是具备了与教师相同的生活经验的成年人。他们学习的有价值的化学应是与他们生活情境关系密切的化学，是学生"自己的化学"，让每一个学生都从自己的现实世界出发。化学教学只有结合学生的生活实际，使化学背景包含在学生熟悉的生活情境中，使学生有一种化学与生活很贴近的感觉，学生就容易以一种轻松的情绪走进课堂。但教师在创设生活情境的时候往往会比较"自主"，完全从自己的"生活"入手，在教学的时候自然就产生矛盾，结果自然是差强人意。案例二中，教师在创设生活情境时想当然地把自己的生活经验转嫁于学生。导入中虽然借助电教手段的作用，精心创设了情境来导入新课，弥补了一些学生生活经验的匮乏。但再好的视频也无法替代学生实际的生活经验，把教师的设计强行转化为学生的生活体验，这样的导入表面看上去很生活化，但却严重脱离了学生生活的实际。由于学生缺乏这样的体验，也就导致了与教师创设的情境无法产生应有的共鸣，最终发展成教师用"权威"的解释替代了本应由学生体验而产生的思维结果。另外，在此导入的设计中，教师的设计思想也不是很明确，很容易使学生产生一定的误解。姑且抛开学生不具备的实际生活经验不谈，就教师的"权威"解释而言，会让学生感觉，我们是不是要讨论"煤球中的成分与水的反应"？或"如何在生活中制取 CO"等等这样的歧义，导致情境的创设与课题实际的偏离，使人从整体上感觉到导入的拖沓。很多教师在创设情境时的目的是如何使自己教得更精彩，而忽视了学生的学。其实，教师在备课的时候应该把学生的状态备进去，这样就会避免重复劳动或无谓劳动，也能很好地为新课做好铺垫，很好地让导课与新课有机结合。

　　社会在发展，科学技术在进步，学生的知识面也在不断地扩大，教师不能用不变的眼光看待变化的教学对象，也不能想当然地认为自己的生活经验就是学生的生活经验。因此，生活情境的创设应紧密联系学生的生活实际，从他们已有的生活经验和知识背景出发。这一点似乎已成为广大教师的共识，但实际教学中，许多教师又会忽视。

借鉴案例

【案例三】《水的净化》教学片段

　　师：同学们，在日常生活中大家接触或使用过哪些水呢？

　　生1：太湖水、运河水、自来水。

　　生2：雨水、山涧水。

　　生3：蒸馏水、矿泉水、纯净水。

　　生4：还有下水道里排出的污水。

　　……

　　师：看来有关生活中的水大家已经知道了不少。那么，在刚才同学们提到的这些水当中，有哪些水是可以直接饮用的呢？

　　生：蒸馏水、矿泉水、纯净水。

　　师：为什么它们能作为直接饮用的水呢？

　　生1：因为蒸馏水、纯净水里面几乎不含杂质，对人体无害。

　　生2：矿泉水中还含有对人体健康有益的矿物质。

　　师：回答得都很不错。那么，这些水都是从自然界中直接获取的吗？

　　生：（纷纷摇头）不是。

　　师：那这些可以直接饮用的水是由什么水制得的呢？

　　生：是由自来水、山涧水、太湖水等经过处理得到的。

　　师：这样处理的目的是什么呢？

　　生：要除去这些水当中对人体有害的杂质。

　　师：很好。从含对人体有害或不利的杂质的水到对人无害或有益的水的过程叫做水的净化。这样的净化需要有哪些具体操作手段呢？今天我们就一起来了解一下。

【案例四】《二氧化碳和一氧化碳》教学片段

　　有关一氧化碳性质的引入。

　　师：同学们家里安装和使用的都是什么样的热水器呀？

　　生：太阳能热水器、燃气热水器、电热水器……

　　师：有没有同学来说说看，燃气热水器用的是什么燃料呢？

　　生1：我们家的热水器是接在煤气管道上的。

　　生2：我们家的接的是"煤气罐"。

　　师：嗯，那你们注意到这些燃气热水器都是安装在什么地方的呢？

　　生：在厨房里。

　　师：热水器主要是洗澡用的，为什么不把它安装在卫生间里呢？这样不是还可以节约一些材料吗？

　　生：不可以的，那样容易造成煤气中毒。

师：哦，原来是这样。那有没有同学知道煤气的主要成分是什么呀？

生：是一氧化碳。

师：其实呀，管道煤气中确实含有较多的一氧化碳，而所谓的"煤气罐"中并不含一氧化碳，但是在浴室相对密闭的环境中却能够产生一氧化碳。由此可见，一氧化碳具有一些什么性质呢？

生：有毒；能燃烧；没有颜色；有特殊气味……

师：一氧化碳是不是有同学们所说的这些性质呢？我们一起来探讨一下。

专家建议

课程改革的核心环节是课程实施，而课程实施的基本途径则是教学，因此教学改革是课程改革的必然。只有教学观念不断更新，教学方式不断改变，课程改革才会真正落到实处。《新课程标准》指出：化学课程"不仅要考虑化学自身的特点，更应遵循学生学习化学的心理规律，强调从学生已有的生活经验出发，使学生获得对化学理解的同时，在思维能力、情感态度与价值观等方面都得到进步和发展"。

良好的开端是成功的一半，在化学课堂中也是如此。在案例三中，教师很好地抓住了学生学习的心理机制和情感因素，从学生生活中的水入手，让学生处在一个熟知的生活情景中，从而激发其强烈的兴趣，使学生处于"愤""悱"状态；然后引导学生利用生活知识，从是否能做饮用水的角度对水进行分类，使学生进一步积极地展开思维；最后再通过从非直接饮用水到直接饮用水转变的思考，使学生的兴致再次被提升，保证整个教学活动的高效进行和有效落实。在课堂上，要求教师精心创设与化学问题密切相关的生活情景，为一堂课的成功铺下基石，收到事半功倍的效果。教学情境的创设必须针对教学目标、教学内容，必须与主题相关，并且具有趣味性，切忌盲目。创设教学情境的关键是选准新知识的切入点，设计梯度要合理，承前启后，有连续性，同时营造好的学习氛围，促使学生主动思考。

创设生动有趣的生活情境，让学生感受化学与生活的密切联系，从而对化学学习产生亲切感，并能逐步运用所掌握的化学知识来思考生活中的化学问题，从而感受化学的魅力，这样不仅可以提高学生化学学习的主动性、积极性和趣味性，而且可以增强学生化学知识的应用意识。在案例四中，教师以家庭热水器为线索，学生一下子就进入了状态；以正确安装方式为背景，又使学生融入到了教师精心创设的生活情境当中，兴致盎然；以为何如此安装的原理为突破口，从而有效地打开了学生的思维，为接下来的化学问题的解决奠定了良好的基础。因此，教师在创设生活情境，引出化学问题的预设时，要将生活情境建立在学生们生活的基础上，而不是老师的生活，也不等同于老师眼中的学生们的生活。所以，教师要在平时多观察学生的生活，积累一定的素材，从而了解学生相对真实的想法。我们要学会换位思考，以此来减少教师和学生之间的代沟，只有这样，教学中生活情境的设置才更真实有效。当然，创设生活情境，引出化学问题，这只是一堂课中的一个小部分，要充分考虑它为全课服务的作用，所以，教师也应该在创设生活情境引出化学问题中注重一定的策略。

一要注重关联性。首先，教师在教学中要考虑教学内容的需要，不要为了"生活化"而"生活化"，而应选取与教学内容密切相关的生活情境。如果偏离了这个方向，再好的生活情境也无助于教学的有效进行。就像关于水的价格问题，其实与水的净化之间没有很好的关联性，这样的生活情境就失去了创设的意义。此外，生活情境的创设必须要考虑学生的特点，要注重与学生现有的智力和知识水平的关联。在教学中，不同班级的学生完全可以采取不同的导课方式。如可采用直观的视频形式，也可采用联想、启发谈话等。如果教师有意识地注意这些方面，就会调动学生的积极性，收到较好的教学效果。

二要注重语言的启发性。好的生活情境的创设正是通过精心设置导言来激发学生的好奇心，引起学生积极的思维活动，从而使学生产生对新知识的强烈渴求。因此要多采用一些设问、反问的语气以及风趣、幽默的语言。如在比较氮气与稀有气体的用途时，可以这样设计：如果你是一位企业家，选择气体作为食品的保鲜剂，你会选氮气还是稀有气体呢？你选择的理由是什么呢？这比直接问学生它们的成本高低更易激发兴趣。

三要注重结合学生实际生活经验。学生能产生探究的欲望和认识的兴趣，在很大程度上是与自身生活经验密切相关的。因此，我们创设的生活情境必须从学生的生活经验出的，而不是我们想当然。像有关一氧化碳的引入中，煤球的使用，现在的学生已经不可能有这样的生活体验，这样的生活情境的创设又有什么必要呢？反而会造成冷场，不利于引出相应的化学问题。

总之，要从实际性、基础性、思考性、趣味性这四个维度来创设有效的教学情境。教师要以激发有效的兴趣为突破口，以掌握知识原型为引线，以运用化学思考为重点，合理选择情境素材，精心设计情境过程，机智掌控情境走向，课堂情境创设定能收到较好的效果。

拓展研讨

1. 作为化学教师，我们应该怎样把握生活问题与化学问题关联性的尺度？
2. 生活情境的创设是否应作为每节课必选的策略？

3.2　如何设疑问难，激发学习兴趣

候诊案例

【案例一】《空气》教学片段

师：在刚才我们进行的探究实验中，我们观察到了一些现象，有没有同学来说说看呢？

生：红磷燃烧，产生了黄色火焰和大量的白烟，过一会儿就熄灭了。

师：打开弹簧夹以后又观察到什么呢？

生：水沿着导管进入了广口瓶。

师：同学们有没有根据广口瓶上的刻度线仔细观察，进入广口瓶的水有多少？

生：大约五分之一。

师：再仔细看看，有没有达到五分之一的刻度呢？

生：还差一点儿。

师：那就要请同学们好好考虑一下，为什么水进入广口瓶的体积会小于五分之一呢？是不是书本上的结论存在问题呢？

【案例二】《氧气的制取》教学片段

师：在有些实验中，我们往往需要一些纯度较高的氧气，这时我们怎么办呢？

生：制取。

师：对，今天我们就和同学们一起来探究氧气的实验室制法。要制取氧气，我们首先要考虑化学药品的选择。有同学知道实验室可以选择哪些化学药品吗？

生：（迅速翻开书本）有过氧化氢、氯酸钾，还有高锰酸钾。

师：（学生边回答边写出它们的化学式）那为什么这些物质可以作为实验室制取氧气的原料呢？

生：（茫然，思考）……大概都有氧的缘故。

师：嗯，有些道理，是因为它们都含有氧元素，根据质量守恒，它们反应后才会产生氧气。那用过氧化氢或氯酸钾制取氧气的时候，还必须同时用到什么物质呢？

生：（赶紧看书）还要用到二氧化锰。

师：是不是因为它也能产生氧气呢？或者是因为它能使这些物质产生更多的氧气呢？带着这样的疑问，我们一起来做个对比实验，看看二氧化锰在这里究竟起到什么作用呢。

诊断分析

人们常说，没有兴趣的学习无异于一种苦役。兴趣是调动学生积极思维、探求知识的内在动力，也是引导学生进入宫殿的入门向导。所以要调动学生思维的积极性，发挥学生学习的主动性，就必须要培养学生的学习兴趣。因此，在教学过程的各个阶段尝试精心设置一些"悬念"，以创设"问题情境"，就能很好地激发学生在获取知识过程中的好奇欲望，达到调动学生学习兴趣的效果。但如何设疑、问难，把握好设疑问难的程度与层次，很需要深思。在以上的案例中就存在着这样的一些问题。

1. 设疑问难要求太高，缺乏相应的层次。课堂设疑问难，创设问题情境的目的在于有效地促使学生产生渴望与追求，激起他们学习新知识的欲望，从而吸引学生注意力，激发其听课的热情。因此，教师设置的问题或悬念必须要依据学生现有的知识、思维和能力水平，在此基础上，分步进行提升。

在案例一中，教师根据实际实验中，由于受到实验仪器、实验药品、实验装置以及其他实验条件的限制，从而出现的与理论现象不相符合的情况为出发点，"将错就错"设置了相应的问题情境，从而想进一步地激发学生的思维。应该说，这样的理念是完全正确的。因为在平时的课堂上，由于受各种客观条件的限制以及教师或学生在实际操作上出现的一些失误，总会产生一些与书本上所描述的现象有一些不相符合的地方。教师如果能在这样的情况下适时地进行设疑问难，就能大大地激发学生学习的兴趣。悬念的设置应以学生现有的综合能力为前提，以激发其学习兴趣为目的。此时的学生由于接触化学的时间并不长，所了解的化学知识极其有限，更谈不上用化学的方法进行思维。而教师直接由实验中出现的现象，设置出了需要结合物理与化学相关知识才能回答的"终极问题"，试想，这样的问题有几个学生能找到解决的突破口？又有几个学生能得出正确的结论？大多数的学生甚至都不知道如何去思考。这样的设疑问难，怎么能激发学生学习的兴趣呢？他们会认为化学太难了，从而会产生畏学情绪。所以，教师设的疑、问的难必须注意到层次。

2. 设疑问难不当，为设疑而设疑。恰如其分的设疑问难不但可以活跃课堂气氛，激发学生学习兴趣，了解学生掌握知识情况，而且可以开启学生心灵，诱发学生思考，开发学生智能，调节学生思维节奏，与学生作情感的双向交流。

在案例二中，教师可谓是"处心积虑"地进行设疑问难。从引出氧气制取的必要性，到选择什么样的化学药品，再上升至质量守恒的提问，可称得上是"由浅入深，步步为营"。教师进行设疑问难是使学生们先感到"山重水复疑无路"，后激励他们去寻求"柳暗花明又一村"。当学生们找到"又一村"后，就会产生一种快感。这种快感又能激发学生们进一步学习的兴趣。但如果我们的设疑问难使学生无从思考，只能去寻找现成的解答，试想，这样的设疑问难能激发起学生学习的兴趣吗？无论是具体选择什么药品还是质量守恒的相关问题，都是此阶段的学生无法通过自己的思维能解答的，因此根本没有设疑的必要，给人以为设疑而设疑之感。这样反而易使学生形成不经大脑积极思维，事事翻书找答案的不良习惯。相反，对于气体实验室制法的思路这个能步步设疑、充分激趣的地方，却没能给予认真的考虑。最终造成课堂气氛索然乏味，学生除了记住一些知识点以外，根本谈不上激发了什么兴趣。因此，设疑问难一定要选择正确的切入点，最忌牵强附会为设疑而设疑。

借鉴案例

【案例三】《空气》教学片段

师：在刚刚结束的探究活动中，同学们观察到了哪些现象呢？

生：红磷燃烧，产生了黄色火焰和大量的白烟，过一会儿就熄灭了。

师：打开弹簧夹以后又观察到什么呢？

生：水沿着导管进入了广口瓶。

师：嗯，观察得都很仔细。那有没有考虑过，为什么红磷燃烧一会儿就熄灭了呢？

生：（小声议论）是因为瓶内的氧气消耗掉了。

师：那要消耗掉瓶内的所有氧气，必须满足什么条件呢？

生：（讨论）红磷的量一定要多。

师：很好，那有没有再考虑到，在实验进行的过程中，胶皮管上为什么要夹紧弹簧夹呢？

生：（热烈地讨论）是要防止外界的空气进入；不夹紧气密性就不好了。

师：那为什么要使装置与外界隔绝开来呢？

生：如果始终与外界相通，燃烧结束后，烧杯内的水就无法顺利进入广口瓶，也就无法完成测定了。

师：好。请同学们根据广口瓶上画的刻度，进入广口瓶内的水大约有多少呢？

生：差一点儿不到五分之一。

师：那为什么会出现这样的现象呢？是不是书本上的结论存在问题呢？

【案例四】《氧气的制取》教学片段

师：在有些实验中，我们往往需要一些纯度较高的氧气，这时我们怎么办呢？

生：制取。

师：对，今天我们就和同学们一起来探究氧气的实验室制法。假设现在实验室急需一瓶纯度较高的氧气，要求你制取的话，你第一个需要解决什么问题？

生：（讨论）需要知道用什么药品能制取氧气。

师：（板书：一、反应药品）嗯，不错。那根据同学们所学和所了解的知识，知道有哪些物质能产生氧气吗？

生：（热烈地讨论）拉瓦锡用氧化汞制过氧气；绿色植物光合作用能产生氧气；好像水也能制取氧气……

师：同学们说得都不错。那这些物质适合我们现在在实验室内制取吗？

生：（激烈地争论）汞是有毒的；光合作用太慢了；水通电装置不全，还要消耗电能……

师：正如同学们所说，它们确实不太适合我们在实验室内制取。由此可见，并不是能产生氧气的物质都能用做实验室制氧气的药品。我们应综合考虑哪些因素呢？

生：（讨论，教师引导）药品的获取是否便利，成本如何，反应速率怎样，是否对人体有害等诸多因素。

师：因此，我们在实验室内通常会选择过氧化氢、氯酸钾或高锰酸钾作为制取氧气的药品。

（生翻看书本。）

师：我们发现，在选择过氧化氢或氯酸钾制氧气的时候还必须多添加一样物质，是什么？

生：二氧化锰。

师：为什么呢？是不是因为它也能产生氧气呢？或者是因为它能使这些物质产生更多的氧气呢？带着这样的疑问，我们一起来做个对比实验，看看二氧化锰在这里究竟起到什么作用呢。

专家建议

兴趣是打开知识之门的钥匙。"所有智力方面的工作都要依赖于兴趣。"当一个人对某种事物发生兴趣时，他就会入迷地去追求，去探索。学生一旦对学习产生兴趣，必将引发学习的内在动力。学生对学习有无兴趣，既是反映学生学习效率的重要标志，也是衡量教师教学成败的重要因素。因此，如何增强课堂教学的趣味性，激发学生学习的兴趣，使学生的学习变被动为主动，从而提高教学质量，应该成为众多教师不懈追求、不断探索的重要课题。

学生探求科学知识的思维过程，总是从问题开始，又以解决问题后产生新的问题而告终。这一过程中学生的学习在不断推进，兴趣在不断提升。在案例三中，教师既考虑到了不同学生的知识水平层次的不同，也考虑到了学生现有的化学知识，从学生最直观的实验现象进行设疑，引发每一个学生的兴趣。然后在学生已有的知识水平的基础上，从药品用量、装置的设置上进一步设疑，引发学生的深度思考，随着问题的逐步解决，学生进一步学习的兴趣大大增强，最后再提出终极探究的问题，学生就不会再因无从考虑而失去思考的兴趣。因此，在课堂教学中，由浅入深、分层次的设疑可以使学生兴趣盎然，学习快速进入最佳状态，收到较好的思维训练效果。

课堂设疑应给人以呼之欲出、恰如其分之感，切忌故作姿态，为设疑而设疑，从而造成设疑不当。在案例四中，教师很好地规避了因设疑不当而引起的冷场。通过一个模拟场景的设疑，即"你第一个需要解决什么问题"，一下子引发了学生探究的兴趣。接着，再从学生的实际情况出发，以温故旧知识并借助于学生的课外知识来设疑，一步步引导学生获取为什么要选择这样的药品来制取氧气的原因。整个过程中，学生随着一个个问题的解决，始终保持着高涨的学习热情，课堂气氛十分活跃。

课堂设疑提问应根据不同的教学目的和内容，采用不同的方法，在设疑提问时要注意经常变换手法，切忌僵化采用一个固定的模式，即使是同一个内容，在不同的场合下进行提问，也要注意转换角度，让学生有一种新鲜感。要能使学生看到老师如何设疑、如何提出问题，这对学生学会自己提出问题能起到潜移默化的作用。所以，教师在进行设疑问难的时候应注意以下策略：

1. 设疑问难应注重层次，处理好点与面的关系。我们应对全体学生的知识水平、思维能力、活跃程度有一定的了解，根据他们不同的情况，设置不同层次的问题并选择不同的受众面。可以先从学生直观感受（如实验现象）或者从学生已学知识进行温故设疑，然后逐步引向我们最终所需要解决的问题。也就是说，通过若干个分层次的子问题的设疑，经汇总即为最终解决的问题，这样就能充分激发起每个学生的学习兴趣。

2. 设疑问难要把握好度，协调好难与易的关系。教学内容有难有易，设的疑、问的难应当符合学生的认知水平和接受能力。尤其涉及一些化学原理性问题，如为什么化学反应要遵循质量守恒？这样的问题对于大多数学生来讲，难度就比较大了。对于这类较难的问题应力求深入浅出，化难为易，切忌过深过难而造成冷场。我们可以将其分散成若干个小问题，如反应前后原子（元素）的种类有没有改变？原子的数目发生变化了吗？等等，从而不断引发学生学习的兴趣。当然，过于简单的设疑，除非是教学过程所必需，一般应慎用，因为它无法进一步激发学生的积极思维。

3. 设疑问难要注意经常变换手法，切忌僵化采用一个固定的模式。教无定法，设疑问难同样如此。不同的内容，不同的对象，不同的阶段，不同的环境，不同的心境，都应采取不同的设疑问难方式，从而达到不同的效果。如有关化学方程式计算中涉及过量运算的问题，可以故意将过量物质的质量全部代入计算，从而造成与实际不符的矛盾来设疑，就能很好地引发学生的兴趣。

总之，设疑问难是化学教学中激发学生学习兴趣的有效手段。因此，我们在教学过程的各个阶段都应尝试精心设置一些"悬念"，以创设"问题情境"，并注意把握好"点"与"面"、"难"与"易"的关系，采用多种设疑方法，很好地激发学生获取知识的欲望，达到调动学生学习兴趣的效果。

拓展研讨

1. 如何更好地把握设疑问难的"难"与"易"的尺度？
2. 同样的教学内容，如何针对不同的学生设疑问难？
3. 设疑问难如何体现启发学生的创造性思维这一活动？

3.3 如何以探究实验有效导入新课

候诊案例

【案例一】《二氧化碳与一氧化碳》教学片段
（教学准备：一个盛有二氧化碳的集气瓶，一盒火柴。）

师：（手举集气瓶，瓶口朝上）同学们猜猜看瓶内装的是什么气体呢？

生1：可能是氢气。

生2：不对，不会是氢气，氢气密度比空气小，集气瓶口应朝下放置。所以它可能是氧气或二氧化碳。

师：嗯，分析得很不错。这瓶气体确实是二氧化碳，那同学们知道二氧化碳有什么性质吗？

生：不能支持燃烧。

师：是不是像同学们所说的这样呢？我们通过实验来验证一下。

（实验操作：将点燃的火柴伸入集气瓶中。）

师：大家看到了什么现象？说明了什么？

生：火焰熄灭。说明二氧化碳不能支持燃烧。

师：看来同学们原来的看法都很正确。那么二氧化碳除了具有不能支持燃烧的性质以外，还具有一些什么性质呢？我们一起来继续探究。

【案例二】《质量守恒定律》教学片段

（教学准备：锥形瓶、玻璃导管、气球、细砂、白磷、酒精灯、火柴、托盘天平。）

师：上课前，我们先一起来活跃一下思维。待会儿我们设法使装置内的白磷燃烧起来，大家猜想一下，燃烧以后，整个装置与化学药品的总质量会改变吗？

生：不会……会……

师：既然这样，我们就一起来探究一下。首先，大家觉得白磷是在装置内点燃好，还是点燃后再放入装置好呢？

生：（讨论）在装置内点燃好。点燃后再放进去，有一部分白磷就在空气中燃烧掉了。另外，在放入过程中，装置内的气体会受热膨胀逸出去，测出的质量就不准确了。

师：很好。那用什么使白磷在装置内燃烧呢？

生：用酒精灯加热。

师：我们就按照同学们的设想来进行操作。

（实验操作：先称量反应前的总质量，然后垫上石棉网加热，再称量。）

师：大家观察到什么现象？

生：大量白烟，气球鼓起了一会儿，天平指针仍然指在分度盘的中央。

师：观察得非常细致。那气球在这里起到什么作用呢？

生：防止装置内的气体散逸出去。

师：换根玻璃棒或用无孔的橡皮塞不更省事吗？

生：气体受热膨胀，容易使橡皮塞冲出去，气球能起到缓冲作用。

师：很好。那指针仍然指在分度盘中央，能得到什么结论呢？

生：反应前后总质量相等。

师：对，我们就把这种情况称为质量守恒。那是不是所有的化学反应都遵循这个质量守衡定律呢？我们一起继续探究。

案例诊断

倡导探究性学习是新课程改革的基本理念，而探究性学习本身也是将化学的理论知识与现实生活实践相结合的一种重要的教学方式。探究性学习是对传统教学方式的一种改革：学生将从先前教师指派学习为主的被动学习变为主动参与的主动学习；教学模式也将发生根本的改变，课堂将更多地由先前的教师填鸭式教学变为师生间热烈的讨论、做实验、收集资料等活动。而化学是一门以实验为基础的学科，因此以探究实验来有效地导入新课就具有其得天独厚的优势。但是什么样的实验算是真正的探究实验，作为导入新课的探究实验又如何来把握好时间、难易程度等问题，都须要认真思考。在以上案例中就存在着这样的一些问题：

1. 用验证性实验替代探究实验来导入新课，索然乏味。验证性实验是课堂上教师进行填鸭式教学的手段之一，学生缺乏积极、有效的思维。而探究性实验更注重教师的引导，有效的探究性实验是以教师的有效指导为前提的，是按提出问题、猜想、收集资料、设计实验方案、进行实验、描述现象、得出结论、评价与反思的过程来进行的。它能最大程度地发挥学生的主观能动性，从被动学习向主动学习有效地转变。

在案例一中，教师以大家熟悉的二氧化碳不支持燃烧的性质来设计实验，导入新课。从心理学角度来讲，从熟悉的事物入手，容易产生共鸣，从而进一步使人产生亲切感，缩短相互之间的心理距离。但问题在于，已经熟知的事物，再来重复地认识一遍，就易使学生觉得索然乏味而产生疲劳感，缺乏进一步探究与学习的兴趣，这样的导课也就没有了价值。导入是课堂教学的重要环节，课堂教学的每一个环节都应该精心设计。好的导入能引发学生浓厚的兴趣和求知欲，使学生主动地探索新知。此阶段的学生已经具备了一定的化学知识和初步的化学思维方法，而教师仍然将学生熟知的内容再来进行验证，就失去了导入的作用。

2. 作为导入的探究实验所占比重及难度过大，本末倒置。良好的开端是成功的一半。精彩的课堂导入既有利于学生迅速进入学习状态，又有利于激发学生的学习兴趣，促进学生积极主动参与和积极思考、探究。而探究实验又是最容易激发学生兴趣的有效手段，它可以激发学生的好奇心和求知欲，从而达到促进学生积极思考和主动参与探究的目的。

在案例二中，教师根据书本的材料，和学生一起完成了一个相当完整的探究实验。从问题的提出开始，直至评价与反思结束，可谓"层层推进，步步深入"。而且为什么白磷在装置内点燃？气球的作用是什么？等这样一些问题也具有一定的深度，能促使部分学生的思维得到进一步的拓展。但是这样一个在初中化学中应该算得上比较大的一个探究实验作为新课的导入是不恰当的。从时间上来讲，导入新课应控制在五分钟左右，而该探究实验差不多要进行将近二十分钟，它已不能称之为导入了，而成为了一堂课的重点探究内容了。从难易程度而言，这个探究实验的要求对学习新课的学生来讲是较高的，应该说也是这堂课重点探究的内容。而现在把它用做新课的导入，会使大部分学生一开始就产生压迫感，影响了他们进一步探究与学习的兴趣。

借鉴案例

【案例三】《二氧化碳与一氧化碳》教学片段

（教学准备：一个盛有二氧化碳的集气瓶，一盒火柴。）

师：（手举集气瓶，瓶口朝上）同学们猜想一下，瓶内装的是什么气体呢？

生：可能是氢气、氧气或二氧化碳。

师：有没有其他同学能马上否定他的一种假设呢？

生：不可能是氢气，氢气密度比空气小，集气瓶口应朝下放置。所以它可能是氧气或二氧化碳。

师：嗯，很不错。那这瓶气体究竟是氧气还是二氧化碳呢？大家能不能用化学方法来区分出来呢？

生：用点燃的木条可以区分。

师：为什么呢？

生：因为氧气能支持燃烧，而二氧化碳是用于灭火的，应该不能支持燃烧。

师：那就请你来具体操作一下。

（学生操作：将点燃的火柴伸入集气瓶中。）

师：大家看到了什么现象？

生：火焰熄灭。

师：那么，能得到什么结论呢？

生：气体不能支持燃烧，所以是二氧化碳。

师：不同的物质具有各自不同的性质。二氧化碳还具有哪些性质呢？我们一起来继续探究。

【案例四】《质量守恒定律》教学片段

（教学准备：烧杯、硫酸铜溶液、铁钉、托盘天平。）

师：上课前，我们先来猜想一个问题。把铁钉投入到硫酸铜溶液中，反应后物质的总质量会改变吗？

生：不会……会……

师：那究竟是什么情况呢？请同学来操作一下。

（学生操作：先称量反应前烧杯和药品的总质量，然后将铁钉投入到硫酸铜溶液中。）

师：（过了一会儿，取出铁钉）大家看到了什么？

生：表面出现了红色。

师：这红色物质是铜，说明已经发生反应了。（再次将铁钉放入到烧杯中。）

师：我们再看看指针有什么变化？

生：还是没有变化，指在分度盘中央。

师：那能得到什么结论？

生：反应前后的质量没有改变。

师：对，我们就把这种情况称为质量守恒。那是不是所有的化学反应都遵循这个质量守恒定律呢？我们一起来继续探究。

专家建议

化学是一门以实验为基础的学科，很多课题知识的学习都是通过实验展开的，通过创设探究实验情境可以有效激发学生的求知欲望，从而达到促进学生进一步思考和进一步参与探究的目的。

在案例三中，教师一改貌似探究、实则验证性实验的模式，以气体的种类来提出问题，然后结合学生的知识水平，在合理的范畴内引导学生进行较为完整的猜想。这样能有效地激发学生的思维，避免学生出现"只看热闹，不知所为"的情况。接下来的最成功之处就在于不是简单地讲解实验的方案，避免了验证之嫌，而是很有效地引导学生由气体性质的不同来设计实验方案，学生的思维再一次得到激活。而后的实施实验、现象的观察、结论的得出等最大限度地调动了学生的思维和课堂的气氛，有效地导入了新课。

把探究实验作为导入新课的有效手段，就必须清楚导入在整个课堂中的比重关系。在案例四中，教师在探究实验的选择上非常合理。既紧扣本堂课的主题，实验现象很好地体现了质量守恒的规律；同时操作简单，又不占用课堂上的大量时间。此外，该实验从问题提出、猜想、方案的设计、实验实施、现象描述、得出结论到最后进行反思过渡至新课的主要内容，都非常完整，具备探究的特点。

我们常常说："探究式教学是一种理念，应该贯穿在教学过程的始终。""探究式课堂教学"旨在使学生更有效地学习。而把探究实验来作为新课的导入，正是基于此理念。探究实验应有相应的模式，但又不可僵化固定为统一的模式。根据不同课题的内容，完全可以灵活地处理。对于以探究物质结构、性质为主要内容的章节知识，在课堂教学中就可以采用相应的实验导入。当然，我们在以探究实验导入新课时还应注意以下策略：

1. "探究"≠"动手操作"，切忌用验证性实验来替代探究实验。不能把探究实验简单地理解为安排一个演示实验，或是学生动手操作的实验。探究实验与验证性实验的最大区别在于它们解决问题的思维过程不同。前者注重的是发散性、创造性的思维，而后者关注的是识记性思维。其实很多时候，同样的实验内容经过一定的整合与安排，把握探究的精髓，完全可以实现从验证性向探究性的转变。

2. 合理把握导入的探究实验与新课之间的关系，控制好探究的难易程度。化学的基础是实验，因此作为导入的探究实验，其可供选择面就相当广泛。我们应该选择那些既切合本节课堂教学内容，便于实验操作与观察，同时又能有效控制其时间的探究实验来进行新课的导入。千万不要本末倒置，发展到导入的内容比新课的内容都多，这样也就不能称之为导入了。

3. 精心选择探究实验，以实现其导入的有效性。探究内容应该是学生感兴趣的，是来自真实世界的，不应学科本位，学术性太强。如在学习酸的化学性质的时候，可以利用蛋壳与酸反应这样类学生在生活中已有一定了解的探究实验来进行有效导入。"让学生探究源自学生经验的真实问题是教学的中心策略"。

4. 教师要拓宽自己的思维，要有勇于跳出书本的勇气。学生更愿意探究自己的问题，因此教师可以因势利导。例如，在教学中会涉及不少物质鉴别的问题，可以引导学生结合课堂知识，在家庭中利用生活中的物质进行类似的鉴别探究，同时充分相信学生的能力，让学生自主设计探究方案，教师的建议只是参考，而不是答案。

5. 教师要重视等待策略的运用。探究的过程，是探究者进行活跃思维的过程，因此教师提出问题后，应留给学生足够的思考空间，尤其是学生在进行假设和现象分析这两个阶段，真正使探究的问题进入每一个同学的大脑中进行加工、提炼，而不是流于蜻蜓点水式的作秀。当然，作为导入，也应把握好度。

6. 重视"课堂预设"与"实际生成"的矛盾。课堂是动态的，实际生成会因为学生的个体差异而导致与教师的课堂预设之间产生很大的差异。特别由于实验操作技能上的差别而产生的矛盾，我们不能回避，而应重视，完全可以将其作为评价与反思的内容与同学们一起来探讨，进一步拓展他们的思维。如用红磷做空气成分测定实验的时候，有时会出现进入广口瓶的水大于五分之一的情况。我们不能因为书本上要求讨论的是小于五分之一的情况，而对客观事实视而不见，甚至弄虚作假。我们完全可以借此来进一步拓展学生的思维。生成离不开科学的预设，而预设是为了更好地生成。

总之，利用化学学科得天独厚的优势，将探究实验合理地运用到新课的导入中，有效地调动学生的积极性，促使他们自己去获取知识，发展能力，做到自己能发现问题，提出问题，分析问题和解决问题，真正实现新课程改革的最终目的。

拓展研讨

1. 如何更好地把握等待策略与导入时间之间的关系？
2. 在探究实验的大背景下，验证性实验是否还有存在的必要？是否都应转变为探究实验？

3.4 如何明确目标，引发学习动机

候诊案例

【案例一】《氧气》教学片段

师：学习完氧气的物理性质以后，我们一起来学习它的化学性质。在前面我们已经知道物质的化学性质必须通过化学变化来体现，那么要了解氧气的化学性质必须怎么样做呢？

生：进行化学实验。

师：好，接下来我们就来进行一个实验操作，看看能体现出氧气的什么化学性质。

（实验操作：将带火星的木条伸入到氧气的集气瓶中。）

师：我们看到了什么？

生：带火星木条重新燃烧起来。

师：这说明了氧气具有什么样的性质呢？

生：能够支持燃烧。

师：很好，氧气不仅能支持木条的燃烧，还能支持其他很多物质的燃烧。我们继续来看接下来的实验。请同学们仔细观察，并将实验现象完整地记录下来。

（教师分别完成了木炭、硫磺粉、铁丝在氧气中燃烧的实验，并在完成后将实验现象完整地进行了描述，学生也认真地进行了记录。）

师：由此可见，物质在氧气中燃烧与在空气中燃烧相比较，哪个更剧烈？

生：在氧气中。

【案例二】《常见的酸和碱》教学片段

师：上课之前，想问同学们一个问题，大家喜欢看魔术吗？

生：喜欢。

师：那好，接下来老师就用这瓶内的白色固体为大家表演几个小魔术，大家可要仔细看哦。

（实验操作：将氢氧化钠固体放在表面皿上，再将处理过的鸡爪置于氢氧化钠溶液中。）

师：这个放在旁边，过会儿请同学来看看有何变化。

（实验操作：将氢氧化钠固体投入盛水的烧杯中，搅拌。）

师：请同学来摸一下烧杯的外壁，有什么感觉？

生：感觉发烫。

（实验操作：①将配制好的氢氧化钠溶液取出少量置于试管中，然后滴入紫色的石蕊试液；②在一"空瓶"（内收集有二氧化碳）中加入石蕊试液，而后再滴入配制好的氢氧化钠溶液。）

师：大家感觉如何？

生：非常神奇。

师：其实，这些魔术中都包含着化学变化，也体现了这种白色固体的性质。大家想不想知道这种物质的性质呢？

生：想。

师：好，下面我们就一起来具体学习氢氧化钠的性质。（教师边讲述前面相应的探究实验现象，边总结氢氧化钠的性质。）

案例诊断

学习动机是直接推动人学习的内部动因，学习动机的实质是学习需要。目标是指人在一定的时间内所期望要达到的成就和结果，学习的目标是学生学习的结果，是奋斗的方向，明确且适当的学习目标能够激励学生的学习动机，调动学生学习的积极性。但目标的确定要明确，只有明确的目标才能让学生知道怎么去做。同时，必须要处理好新课程中三维目标之间的关系，从而有效地激发学生的学习动机，实现既定的目标，在以上案例中就存在着这样的一些问题：

1. 目标确定单一，缺乏相应的维度，难以有效激发学习动机。可以这样说，任何一位教师走进课堂授课之前，都会为本堂课设定相应的教学目标，并且会预设好必要的教学手段、方法来实现既定的目标。教师头脑中思考的比较多的也是今天怎么来"教好"这堂课，而对于学生是否能在课堂上产生学习的动机却考虑甚少。这样也就造成了目标制定的单一性，无法有效地引发学生的学习动机，最终难以实现既定的教学目标。

从案例一中不难看出，教师设定了明确的教学目标，那就是掌握氧气能支持燃烧的化学性质和一些可燃物在氧气中燃烧时的现象。并且也设置了相应的演示实验这样的教学手段来实现教学目标。但从整个教学过程看，其目标的设定过分单一，只限定在知识与技能这个目标上，而过程与方法、情感态度与价值观的目标几乎没有考虑到。新课程中之所以要设三维教学目标，那就是要使学生真正从"死记硬背＋题海战术"的应试教育中解放出来，在学习中体验到成功感，从而导致学习兴趣的产生，激发学习动机。而不考虑方法，让学生花大量时间和精力去记忆，这样的过程对于学生来说非常无味，甚至感到"痛苦"，学生因此就失去了学习动机，久而久之，导致其对课程失去兴趣，对学习丧失信心。

2. 三维目标安排失衡，学生转为观众，难以引发学习动机。三维目标具体到我们的课堂教学之中，首先应明确一节课的知识目标，说得具体一点就是这节课要让学生掌握哪些知识与技能；然后是让学生经历知识的发生发展的过程，使学生在掌握知识的同时获取有效的学习方法，发展各方面的能力，并且使学生在自主学习的过程中获得成功的体验，提升学习知识的兴趣，形成正确的学习态度和价值观。

在案例二中，教师从学生最感兴趣的实验入手，全部"表演"完以后，引出物质性质的学习。课堂不可谓不热闹，学生热情不可谓不高。但是，这样的热闹不过是"表演"时的气氛，这样的热情也不过是观看"表演"时的情绪，学生成为了观众。他们从实验开始到结束，并不知道教师为什么要做这些实验，也并不清楚应该看些什么，因此，他们也就只能是热情地看看"表演"了。之所以会出现这样的情况，主要在于开始时教师过分侧重于后两维目标，而忽视了知识和技能目标，使学生不知道要学什么，也就更谈不上引发学习的动机了。等到最后，教师确定知识与技能目标时，学生在经历了刚才的热闹后，兴致骤减，学习的效果就会大打折扣。

借鉴案例

【案例三】《氧气》教学片段

师：我们一起来回忆一下，物质的性质包括哪两个方面？

生：物理性质和化学性质。

师：同学们还记不记得化学性质的定义呢？

生：需要通过化学变化才表现出来的性质。

师：很好，那接下来我们就一起来探究氧气的化学性质。

（向学生展示了木条、木炭和硫磺。）

师：这些物质在空气中能燃烧吗？

生：可以。

师：接下来我们就通过实验来对比一下，请大家认真观察，它们在氧气中燃烧和在空气中燃烧的现象是否会相同。并且看看有谁能将观察到的现象规范地描述出来。

（教师分别完成了带火星的木条、木炭、硫磺粉在氧气中燃烧的实验。）

师：通过刚才的一组实验，大家有什么体会呢？

生：这些物质在氧气中比在空气中燃烧得更加剧烈。

师：这说明氧气具有什么样的化学性质呢？

生：能支持物质的燃烧。

师：很好。那有没有同学能把刚才观察到的现象进行描述呢？

（学生你一言、我一语地进行了描述，教师适时地给予提示与补充。）

【案例四】《常见的酸和碱》教学片段

师：（手持贴有商品标签的氢氧化钠固体试剂瓶）大家能不能告诉我，这里装的是什么？

生：氢氧化钠。

师：从物质分类角度来看，它属于哪一类物质？

生：属于碱。

师：很好，接下来我们就一起来了解这种碱——氢氧化钠的性质。

（实验操作：将氢氧化钠固体放在了处理过的鸡爪上。）

师：过一段时间，我们来看看会出现什么样的现象。根据现象，你又能得出氢氧化钠具有什么样的性质？

（实验操作：将氢氧化钠固体投入盛水的烧杯中，搅拌。）

师：请同学来摸一下烧杯的外壁，有什么感觉？

生：感觉发烫。

师：根据这样的现象，你能得出氢氧化钠具有什么样的性质？

生：溶解时能放出大量的热，使温度升高。

师：这属于氢氧化钠的什么性质？

生：物理性质。

（实验操作：将配制好的氢氧化钠溶液取出少量置于试管中，然后滴入紫色的石蕊试液。）

师：观察到什么现象？

生：石蕊试液变蓝色。

师：如果换成酚酞试液呢？

生：会变成红色。

师：根据这样的现象，你是否能得出氢氧化钠所具有的性质？

生：氢氧化钠能与指示剂作用，使石蕊变蓝，酚酞变红。

（实验操作：在一"空瓶"（内收集有二氧化碳）中加入石蕊试液，而后再滴入配制好的氢氧化钠溶液。）

师：观察到什么现象？

生：石蕊试液先变红，而后变蓝。

师：根据这样的现象，你能得出氢氧化钠具有什么样的性质？

生：氢氧化钠能与二氧化碳这样的物质反应。

师：这属于氢氧化钠的什么性质？

生：化学性质。

（教师根据学生的结论，又做了一些相应的补充说明。）

专家建议

人们从事任何一种活动，动力是需要，而动机是需要的具体表现。调动学生学习的积极主动性，从学习心理学的角度来说，就是要激发学生的学习动机，即学生对学习感到需要。初三化学作为化学的起始阶段，就更需要有效地引发学生的学习动机，避免其对化学产生"厌烦"感，不利于今后进一步学习。而引发学习动机的重要手段之一，就是要有明确的教学目标，要让学生知道在"学什么""做什么""体验什么"，最终能"感受到什么"。要达到这样的目的，就必须要设立与明确三维教学目标，不能顾此失彼，而应该努力实现多维目标的整合。

在案例三中，教师以学习氧气的化学性质这样的知识与技能目标为出发点，以若干探究实验为课堂教学的操作系统，同时也明确了过程与方法目标，在整个过程中，随着若干问题的逐级突破，学生体验了探究的成功与乐趣，很好地实现了情感态度与价值观的目标，使之成为课堂教学的动力系统。只有这样一个三维教学目标的确立，才能够有效地引发学生学习的动机，使学生清楚地意识到自己进行学习活动的目的，从而大大调动了学生学习的积极主动性。教师一定要变带着知识走向学生为带着学生走向知识，加强对学生学法的指导，授之以渔。

知识与技能目标，既是课堂教学的出发点，又是课堂教学的归宿。教与学，都是通过知识与能力来体现的。知识与能力是传统教学合理的内核，是我们应该从传统教学中继承的东西。我们不能因为倡导新课程就把传统教学中优秀的部分也摈弃掉。在案例四中，教师通过标签的简洁解读，很清晰地确立了本节课的知识与技能目标，让学生立刻明白了需要学什么。学生只有知道了需要学什么，才能引发如何去知道的需要，也就是学习的动机。而后再通过探究实验、问题的不断解决，很好地确定了过程与方法、情感态度与价值观的目标，从而进一步激发学生今后学习化学的动机。

当然，确立目标，引发学生的学习动机还应注意以下策略：

1. 必须要有明确的三维目标，不能只确定一个目标。由于应试环境的客观存在，教师往往会有明确的知识和技能目标，更想通过多讲、多练来达到这样的目标。尤其像有关化学方程式的书写与计算问题，如果我们能够引导学生按方法分类解题，同样能很好地来确立过程与方法、情感态度与价值观的目标，有效地引发学习动机，避免使学生感到乏味，能达到我们预设的目的。

2. 确立三维目标，要注意它们之间的平衡与协调，不能为求热闹而弃根本。我们摈弃的是不适合学生实际的东西，对于传统教学中合理的内容还必须要传承。例如，像化学用语部分，就需要教师介绍一些合理的方法指导学生去记忆，目标应该侧重在知识与技能上。不要表面看上去热热闹闹，但没有明确的知识与技能目标，这同样不能引起学生学习动机。

3. 设定中等难度的学习目标。中等难度的学习目标是指学生通过努力可以实现的目标。只有这样的目标才能有效地引发学习动机。不要为了所谓的提高，而将原来教材中已经删除的内容（如氧化还原反应的原理等）来作为目标确定。

4. 如能让学生参与目标的确定，就能更有效地引发学习动机。如在学习一些物质的性质或用途的时候，教师可以问：大家想知道关于这种物质哪一方面的内容呢？

5. 多应用"猜想—实验"模式，使问题进一步明确化，引发学习动机。化学最吸引学生的地方就在于实验。这一模式其实就是在问题与实验之间加入猜想环节，这样就能使目标明确化，学生就知道具体在什么范围内要解决什么问题，从而引发学习动机。它可以应用在空气成分测定实验中水多于五分之一这种特殊情况，也可以应用于问题不够具体不足以激发和维持实验动机时。

拓展研讨

1. 怎样指导学生更好地参与学习目标的制订？
2. 引发学习动机与激发学习兴趣的联系与区别何在？

话题四

组织教学

《化学课程标准》指出：化学教学活动必须建立在学生认知发展水平和已有知识经验的基础之上。教师要做的工作归结到一点：就是要想方设法去激活学生内心求知的欲望，并向学生提供充分从事化学活动的时机和空间，帮助他们在自主探索和合作交流的过程中真正理解、掌握核心的化学知识和技能、基本的化学思想与方法，获得广泛的化学活动经验。从而确立学生是化学学习的主人，而教师仅仅是化学学习的组织者、引导者与合作者。

目前存在的主要倾向性问题是：化学教学为活动而活动，重形式而轻实质；简单理解"学生是学习的主人"，似乎从此教师的教学压力就减轻了，其实不然，说学生是学习的主人，就是为了转变教师为自己而教的观念，要做到一切从学生的需求出发，就得确立学生是学习主人的课改理念。然而，目前的教学现状是，教师是学习的组织者、引导者、合作者，这一课改要求被有意无意地忽略掉了，课堂教学在"学科为中心"与"学生为中心"之间摇摆不定，要么全力追求教学要求的全面到位，要么就刻意追求热闹的学生活动场面，由此带来了基础知识与能力被削弱的后果，两极分化更为严重。表现在教学技能上，语言模糊没有精度；教学节奏不能掌控；结课也抓不住重点；如果还不注意教学信息的反馈，不能自如地应对教学突发事件，那么，这样的课改就可想而知了。

面对组织教学过程中出现的问题，我们认为应该从以下几个方面着手：（1）在思想观念上：在强调学生主体的同时，还必须确立教师是教学过程的组织者、引导者与合作者的意识。教师必须通过课堂精心组织教学，才能实现教学目标。（2）在教学行为上：只有抓教材，设计好教学情景；抓学生，选取好互动方式；抓自己，不断反思有创新举措，才能有效提高课堂教学质量。具体做法是：一方面，需要我们根据课标要求认真挖掘教材本身的知识联系及思想内涵，设计好授课方案；另一方面还需要根据周边环境、班级水平、学生差异等实际情况，仔细揣摩教材编写的意图，精心把握好课堂教学的目标，结合教材的重点与教师个人的特点来进行内容的拓展与调整，寻找合适的教学切入点。（3）在教学技能上：从提问、讲授、示范和操作各个方面入手，精心组织不尽相同却有效的教学活动，切实达成教学目标。学会处理各种反馈信息，学会调控教学节奏，学会利用随机事件，体现教学的机智与智慧。本话题涉及教学组织的问题很多：①如何准确把握课堂教学语言？②如何设计结构化的板书？③教师如何有效地讲解？④如何提高课堂提问的指向性？⑤如何灵活处理课堂偶发事件？⑥如何设计结课等六个问题？仍以诊断、分析、建议、讨论的形式展开，并就相关问题给出科学回答。

4.1　如何准确把握课堂教学语言

【案例一】《饱和溶液和不饱和溶液》教学片段

师：今天，我们通过实验一起来研究溶液的两种状态——饱和溶液与不饱和溶液及它们的相互转化。

演示实验：1. 在各盛20毫升水的试管中分别加入食盐和硝酸钾固体，直至不能再溶解（学生观察实验）；

2. 向上述有食盐晶体不能继续溶解的溶液中加水；

3. 将上述有硝酸钾晶体不能继续溶解的溶液加热。

师：在上述实验过程中，溶液的温度是否改变？水的量是否改变？这个实验说明什么？

（学生小组讨论，但不够热烈。）

师：上述实验中，不能继续溶解食盐的溶液是饱和溶液；反之，则为不饱和溶液。

（学生在课本上画出相关概念。）

师：在上述实验中，升高温度和添加溶剂对溶液的状态有什么改变？

（学生讨论，教师巡回答疑，引导学生总结。）

师：如果给定条件，溶液可分为饱和溶液和不饱和溶液。在日常生活中，为了粗略表示溶液里溶质含量的多少，常常习惯把溶液分为稀溶液和浓溶液。

【案例二】《质量守恒定律》教学片段

老师："好！大家就动手试一试，究竟谁的预言是真理。具体分工是，第一、二大组探究白磷燃烧前后的质量关系，第三、四大组探究铁和硫酸铜溶液反应。"

话毕，教师投影探究的步骤，学生按部就班，秩序井然。不一会儿，就听见几组探究铁和硫酸铜溶液反应的学生小声嚷嚷起来："天平保持平衡，质量不变！"可是，教师在巡视中发现大部分学生还在不停地添砝码，换砝码（也许是学生缺乏对物体质量的估计）。这时，教师表情有一丝慌张，连忙指导学生说："锥形瓶连同所有物质的质量大约在130克左右，铁丝、硫酸铜溶液及烧杯总质量在160克左右。"听到指令，学生如获至宝。不一会儿，反应前的总质量称好了。可有部分学生不高兴，轻声嘟嚷"差一点儿，我们就称出来了。"（或许，学生自己摸索体验会更深刻。）

此时，课堂又进入有序轨道，学生开始给锥形瓶加热。片刻后，学生兴奋地嚷嚷起来，"气球鼓起来了！"持续一段时间后，教室里的声音开始趋向一致：天平保持平衡。就在这时，角落里却冒出了一句不和谐的声音，"左边变轻了！"霎时，学生们像发现了新大陆似的，目光都投向那一缕白烟，原来是那两名男学生的锥形瓶上的气球掉了。（也许是气球没有系紧，或许还可能是他们想看看不系气球时天平是否平衡呢！）

"请大家把目光收回来，他们两人总会发出不和谐的声音，我们刚才观察到白磷燃烧及铁和硫酸铜溶液发生反应前后天平都保持平衡，能够得到什么结论呢？"刚才的小插曲被老师的提问平息了，学生们都投入到热烈的讨论之中。

"化学反应前后物质质量守恒。"学生们异口同声。老师脸上露出了满意的笑容。

第二环节：拓展与应用。

老师问："有人说，蜡烛燃烧后质量变轻，不符合质量守恒定律，这种说法对吗？"

也许是对于同一类问题学生已接受了老师的思路，果然，有学生提出"把蜡烛点燃后放在密闭的连有气球的集气瓶内，并称量反应前后的质量。"

老师又问："那么，镁条在空气中燃烧前后用天平称量，天平会怎么样呢？"

教室里只听见一个声音："变重！"老师愣住了（也许是学生的猜想与老师的期望大相径庭），教室内难得的片刻宁静。奇怪的是，还是那两名男学生在下面轻声说道："我们认为是变轻！"其他学生都用异样的目光看着他们，好像他们每次都是故意捣乱似的。

老师向那两名学生投去赞许的目光并说道："真理有时会掌握在少数人手里！你们用镁条做一下实验。"一试，教室里顿时出现了一片惊讶声，"真的变轻了！"

案例诊断

教学过程是学生对世界的特殊的认识过程，也是学生思维发展的过程。教师必须按照学生的认识规律对教材内容加以组织改造，并且用准确、生动、富有启发性的语言表达出来，以便学生理解和接受。但在新课程实施过程中，有些教师过于偏重教学的模式和教学流程设计，却忽略了化学语言的准确使用，导致课堂教学的效果与教师的期望值产生了较大偏差。

上述候诊案例在化学教学语言的把握上存在的问题，主要归结为以下几个方面：

一是化学教学语言不规范，缺少艺术性；呆板、平淡的教学语言导致化学课堂死气沉沉，学生听课无精打采。上述案例一存在的典型问题就是教学语言把握不当，教师对饱和溶液概念的内涵与外延把握不准确，导致学生在理解概念时产生较大偏差，同时，对饱和溶液与不饱和溶液的转化条件缺少必要的讲解和归纳，也没有利用实验探究过程中的现象和结论加以分析，长此以往，该教师的课堂教学效果将每况愈下，学生的成绩自然与教师所花费的教学时间成反比，更谈不上提高教学效率了。目前，化学课堂教学中存在的语言不规范现象主要表现为：（1）对一些化学概念的表达用词不严谨，缺少字斟句酌，甚至有部分教师会出现科学性错误。如把化合物的概念说成"由不同种元素组成的物质"等；（2）化学术语使用不规范。如，把氯化氢说成盐酸，把大理石说成碳酸钙等；（3）不能注意准确叙述化学事实。例如，把"二氧化碳一般不支持燃烧"，说成"二氧化碳不支持燃烧"；（4）对化学实验中的现象或结论等要点归纳得不够简略得当。如，不能灵活运用类似"查，装，定，热，集，移，熄"等简洁词语来归纳制氧操作过程的方法。造成教师上述语言不规范、不简练的原因是教师的专业功底不强，平时上课语言比较随便。灵活、生动的教学语言来自教师丰富的科学涵养和长期的积累锤炼。

化学实验探究是一种主观能动性较强的实践活动，它需要一定的理论知识指导及思维的参与。如果化学实验探究过程中的指示性语言时空把握不到位，实验探究的深度和效度就达不到预期的效果。案例一和案例二中存在的主要问题是教师只片面追求探究气氛的热烈，而对实验探究的问题、实验的具体要求不能及时指导或过早指导。学生遇到问题时，指导时间和程度把握不到位，那么取得的探究效果自然大打折扣，探究的色彩则相形见绌，学生的能力根本得不到提高。案例二中，教师只顾完成自己精心设计的教学过程和演示实验，却忘记了课堂教学的主体是学生，把有关质量守恒定律探究过程中的数据、现象、结论等直接告诉学生，导致学生缺乏对实验过程的思考和体验，以致科学探究变成了"假探究"，学生的创新能力培养则变成了空谈。

借鉴案例

【案例三】《绪言》课导入教学片段

（课前准备：挑选几名化学小助手，并提前训练化学小魔术所需的操作技能。）

师：（导入语）大家看过魔术表演吗？现在，我邀请我们的化学小助手来表演一个小魔术：白纸显字。请大家欣赏。

（在学生们惊奇的目光下，教师将一张事先用酚酞试液书写有"我们爱化学"五个字的滤纸贴在黑板上，然后让一名学生用喷壶将石灰水喷洒到白纸上。奇迹出现了，白纸上出现了红色的"我们爱化学"五个大字！此时，全班沸腾起来了！然后让另一名学生向滤纸上喷洒白醋，此时红字消失。学生们对此感到既惊讶又不可思议，个个以期待的目光望着老师，希望立即得到答案，但老师没有正面回答。）

师：现在我们已经走进了这个奇妙的化学世界，在这个充满魔力的世界里，我们看到了许多有趣的现象，大家都急切地想知道这是为什么，头脑里的问题或许排成了一条长龙，请别急，学好化学这门学科，你心中的一个个疑团将会自行解决。同学们，想学好化学吗？

【案例四】《碳的化学性质》教学片段

师：①碳的单质有哪几种？②金刚石、石墨有哪些物理性质？为什么它们有不同的物理性质？（学生轮流回答上述问题。）

师：通过上节课的学习，我们知道碳的几种单质有不同的物理性质，是由于碳原子排列方式的不同。但因为它们都是由碳元素组成的单质，所以具有相似的化学性质。下面我们学习碳的化学性质。

师：请同学们阅读教材82页第一段及插图5-5，举例说明碳在常温下比较稳定。

师：随着温度的升高，碳的活动性增强，在高温下，它能和许多物质起反应。

师：木炭在氧气中燃烧的现象是什么？

（多媒体出示木炭燃烧的现象，学生练习写出碳充分燃烧的化学方程式。）

师：在氧气或空气中，当氧气充足时，碳燃烧生成二氧化碳；如果氧气不充足，则燃烧不充分，生成一氧化碳。（注意联系生活实际，以燃煤的火炉为例加以说明，并指出这两个反应中有放热现象。）

（学生书写并配平碳不充分燃烧的化学方程式。）

师：演示（实验5-4），用木炭还原氧化铜。教师在实验过程中同步指导学生认真观察现象并思考下列问题：石灰水发生了什么变化，试管里的粉末儿发生了什么变化？在反应中生成了什么物质？（实验结束后，学生自由讨论并以小组形式相互交流。）

师：同学们刚才讨论得很热烈，现象观察得也很仔细，下面请同学们根据现象写出上述实验中的反应方程式，并思考这个反应的条件是什么，从不同角度说明它属于什么反应类型。

师：在这个反应中，木炭夺取了氧化铜中的氧生成二氧化碳，发生了氧化反应。木炭是还原剂，具有还原性。氧化铜失去了氧被还原为铜，发生了还原反应。氧化铜提供氧，是氧化剂。下面请同学根据上述方法分析氢气通过灼热的氧化铜时发生的反应特征。

（学生讨论后回答，气氛十分热烈。）

【案例五】《二氧化碳制取的研究与实践》教学片段

师：同学们，今天我给大家带来一瓶人们爱喝的"雪碧"，你们猜猜产生的气体是什么？（教师一边说一边出示一瓶雪碧。）

学生：（好奇而兴奋地猜测着）是空气；是氧气；是氮气；是二氧化碳……

师：（表扬学生的大胆猜想）你们用什么方法证明是所猜测的气体？小组讨论，选代表发言。

生1：在瓶口放带火星的木条。

生2：将蘸有澄清石灰水的玻璃片放在瓶口。

生3：倒入澄清石灰水。

生4：用燃着的木条。

生5：将产生的气体通入澄清石灰水。

师：通过桌上这一套装置，你们能得到启示，那么如何来制取二氧化碳呢？

师：现在让我们打开记忆的"仓库"，把你知道的能产生二氧化碳的方法告诉大家。

生1：木炭燃烧。

生2：动植物的呼吸作用。

生3：蜡烛、酒精燃烧。

生4：木炭还原氧化铜。

生5：大理石和稀盐酸反应。

师：（表扬学生开放的思维）我们应选择什么反应来制取二氧化碳呢？

师：请同桌二人协作组装制取二氧化碳的全套装置，用设计的装置制取并收集一满瓶二氧化碳气体。

生：各小组选择桌面仪器连接装置并制取气体。（教师巡回视察指导。）

师：提醒注意观察整个实验过程可能出现的实验现象，并做好记录，分析可能的原因（各小组分别互评、自评，汇报）。

以上几个案例充分体现了教师熟练的课堂教学语言艺术。无论是导入性语言，还是对学生实验探究或问题讨论的指向性语言，都适时、适度。在案例三中，教师充分挖掘化学小魔术中孕育的丰富而独特的趣味源泉，准确使用风趣而富有挑战性的语言，引领学生走进了神奇的化学世界，其教学效果不言而喻。案例四中教师能运用准确、精练的化学语言引导学生理解碳的还原性和可燃性，并从反应物的量的不同认识产物的不同，在帮助学生理解碳的还原性时，抓住反应中的得氧失氧过程，使难点得到有效突破，同时还渗透了化学中的辩证思维。案例五中，学生在教师的开放、指向性语言的引导下，展开了对制取二氧化碳的原料、制取装置等的有效探究，课堂气氛活跃，学生回答问题积极，取得了良好的教学效果。这些成功的案例反映出教师深厚的教学功底和对教材的认真钻研。

要能准确把握课堂教学语言，应从以下几方面去努力：

1. 寓庄于谐，活跃气氛，恰当运用教学语言的趣味性。生动风趣的教学语言能引起学生的兴趣，集中学生的注意，启迪学生的思维。如在进行饱和溶液部分教学时可采用风趣、贴近学生特点的问题"水宝宝是否吃饱了呢？"来引入，可迅速激起学生的探究乐趣；讲解化合反应与分解反应的概念时可简洁归纳为"多变一"和"一变多"，这样，学生理解起来就会更加透彻。为此，教学语言的运用要力求达到：趣——课堂情境兴趣盎然，引人入胜；活——教学过程思维活跃，师生的智慧充分发挥；灵——知识信息交流迅速，反馈及时，有利于触发灵感和顿悟；准——化学术语表达准确而精练，具有科学性。

2. 善于激疑，巧于解惑，充分发挥教学语言的启发性。子曰："不愤不启，不悱不发。"要使学生处于"心愤愤，口悱悱"的状态，教师要善于激疑，启迪学生发现疑点，并通过教师的语言解决学生在学习上的困惑和疑难。如在探究燃烧的条件时，可采用"划燃火柴时，火柴头朝上还是朝下"来激发学生的疑问，并引导学生运用着火点来解释。还有，在书写非金属氧化物与碱溶液反应方程式时，可采用"孪生姐妹"的比喻来帮助学生理解这一类方程式的共同特征，从而学会举一反三。为此，在学习过程中教师要有意设置困难，激起学生的疑问。问，是探索知识的起步；疑，是发出问题的前提。解惑绝不能简单地认为只是学生问，教师答，而要做到巧于解惑。

3. 旁敲侧击，适时适度，准确利用教学语言的导向性。在学生碰到困难或问题时，教师应准确利用教学语言的导向性进行旁敲侧击，引导学生自己解决疑难问题，并且要注意指导的时间和深度，才能充分调动他们学习的主动性和积极性。如作业中学生对检验某溶液中是否含有较多的氢离子存在疑问，教师可引导学生抓住酸的通性的实质去理解有酸参加的一系列反应，进而归纳出不同的答案。针对学生已经出现或可能出现的困难和障碍，分析其知识缺陷所在和思路错误原因，然后从旁引导，侧面点拨，填补知识缺陷，导向正确思路，使他们由此及彼，触类旁通地通过自己的思维去解决问题。如在探究"金属的活动性"时，有学生提出"为什么不能用 Cu、Fe 两种金属与 $AgNO_3$ 溶液反应的速度来判断铁、铜的活动性强弱"，针对这一问题，教师应抓住实验设计必须"现象明显"来引导学生理解该方案的局限性。话不在多在于精，言不在详在于引。因此，教学语言要在"引导"上下工夫。

1. 体态语属于课堂教学语言吗？如何合理使用体态语？
2. 在选择和使用教学语言时，如何遵循科学性、激励性、可操作性等原则？
3. 如何根据自己的教学风格和特点选择合适的教学语言？

4.2　如何设计结构化板书

候诊案例

【案例一】《空气的组成》板书

$$汞 + 氧气 \xrightarrow{加热} 氧化汞$$
$$（银白色）\qquad （红色）$$
$$氧化汞 \xrightarrow{\triangle} 汞 + 氧气$$

二、空气的成分
78%氮气（约 $\frac{4}{5}$），21%氧气（约 $\frac{1}{5}$），0.94%稀有气体，0.03%二氧化碳，0.03%水蒸气等杂质。

课题一　空气的组成
一、空气中氧气含量的测定实验
1.测定原理

$$磷 \quad + \quad 氧气 \qquad 五氧化二磷$$
$$（固态）\quad（气态）\qquad （固态）$$

2.实验装置
3.实验操作
4.实验现象（先板书后擦去）
5.实验分析（边讲解边板书，写不下则往黑板角落里写。）

【案例二】《二氧化碳和一氧化碳》第一课时板书

第六单元　课题3　二氧化碳和一氧化碳　（第一课时）

活动与探究一：雪碧气泡中的主要成分是什么？

检验二氧化碳的方法：
$$Ca(OH)_2 + CO_2 = CaCO_3 \downarrow + H_2O$$

活动与探究二：证明二氧化碳能溶于水。

活动与探究三：二氧化碳溶于水的过程中是否发生了化学反应？
$$CO_2 + H_2O = H_2CO_3$$
$$H_2CO_3 = CO_2 \uparrow + H_2O$$

【案例三】《金属的化学性质》板书

课题2　金属的化学性质（多媒体展示板书。）

一、金属与氧气的反应

1. $4Al + 3O_2 \xrightarrow{点燃} 2Al_2O_3$ （铝的抗腐蚀性能好：形成一层致密的氧化铝薄膜。）

2. $3Fe + 2O_2 \xrightarrow{点燃} Fe_3O_4$

二、金属活动性顺序

1. 金属与酸的反应（表4-1）

表 4 - 1　金属与酸反应

金属	现象		反应的化学方程式	
	稀盐酸	稀硫酸	稀盐酸	稀硫酸
镁	速度快，有↑	速度快，有↑	$Mg+2HCl=MgCl_2+H_2\uparrow$	（略）
锌	较快，有↑	较快，有↑	$Zn+2HCl=ZnCl_2+H_2\uparrow$	（略）
铁	较慢，有少量↑	较慢，有少量↑	$Fe+2HCl=FeCl_2+H_2\uparrow$	（略）
铜	无现象	无现象	—	—

（1）置换反应：一种单质和一种化合物反应，生成另一种单质和另一种化合物的反应。

（2）$\dfrac{\text{（Mg　Zn　Fe）}\qquad\qquad\text{Cu}}{\text{金属活动性由强减弱}}\longrightarrow$

2. 金属与化合物的反应（表 4 - 2）

表 4 - 2　金属与化合物反应

实验	现象	反应的化学方程式
铝丝浸入硫酸铜溶液	铝表面有红色的物质生成，溶液由蓝色变成无色	$2Al+3CuSO_4=Al_2(SO_4)_3+3Cu$
铜丝浸入硝酸银溶液	红色的铜表面有银白色的物质生成，溶液由无色变为蓝色	$Cu+2AgNO_3=Cu(NO_3)_2+2Ag$
铜丝浸入硫酸铝溶液	无现象	——

（1）金属活动性顺序表：

$$\dfrac{\text{K　Ca　Na　Mg　Al　Zn　Fe　Sn　Pb　（H）　Cu　Hg　Ag　Pt　Au}}{\text{金属活动性由强逐渐减弱}}\longrightarrow$$

（2）一些规律：

a. 在金属活动性顺序表里，金属的位置越靠前面，它的活动性就越强。

b. 在金属活动性顺序表里，位于氢前面的金属能置换出盐酸、稀硫酸中的氢。

c. 在金属活动性顺序表里，位于前面的金属能把位于后面的金属从它们的化合物的溶液里置换出来（前换后）。

诊断分析

案例一在目前的化学课堂教学中比较普遍。其问题主要在于板书的布局不合理，对于需要板书的重点内容和辅助知识缺乏周密的安排，导致该教师在教学过程中不断地擦黑板，以至于在课堂总结时，学生难以归纳和掌握本课重、难点，其教学效果打了很大折扣。其实，本课时的核心内容为空气中氧气的含量测定以及空气的成分，教师应预先将板面一分为二，左侧为主板，板书内容为氧气含量测定的原理、现象、结论以及空气的组成等；右侧供辅助板书用，用于板书拉瓦锡测定空气的原理等。引起案例一中的随意板书现象的根源在于教师不钻研教材，也可能是没有认真备课，致使该教师对板书的内容和位置无法把握。因此，在教学设计时，对板书的内容应根据教学重、难点加以选择，力求精练，提纲挈领，能高度概括课堂教学的内容，达到让学生看完板书就能对所学知识有系统的了解，帮助学生学会归纳和总结。

案例二中的板书内容过于笼统，形式过于单调，不能突出课堂教学的重、难点。二氧化碳的相关知识是初中化学中的重点，通过教材分析不难看出，本课时的重点内容包括制取二氧化碳，探究二氧化碳的密度、二氧化碳能否溶于水等物理性质，以及能否与水、石灰水反应等化学性质，二氧化碳的功与过等。但该教师在板书时只注重活动与探究中的反应方程式的书写，未能将二氧化碳的相关重点知识通过板书及时、系统地归纳出来，以至于学生对本课时所学知识"一片朦胧"，自以为会做几个探究小实验就算完成学习任务，其实远未达到课时目标。其原因是部分教师只关注实验探究教学中师生互动与交流的过程，从而忽视板书的重要性，而且选择板书的方式和时间及内容等随意性比较大。板书内容应包括课题名称、教学内容的简要提纲、重要的结论和化学用语等。板书内容应力求提纲挈领，条理清楚，着重板书重、难点知识。若属非重点、难点，则可从略。

随着经济的发展，学校的教学设备更新逐渐加快，多媒体作为现代化教学工具开始风靡中学化学课堂，多媒体教学以其个性化的色彩和活动图像给化学课堂带来了勃勃生机，甚至有教师提出"不使用多媒体教学的课就不是好课"的偏激说法。案例三中的教师，完全利用现代化教学手段，把金属化学性质的重要结论、化学方程式以及金属活动性顺序等重、难点知识全部用教学课件展示，而且课件播放的速度较快，以至于学生只能走马观花，应接不暇，最终导致学生对方程式的书写缺少必要的过程体验，对金属的化学性质中的有关结论不能做有效的总结，其课堂教学效果可想而知。教师完全用多媒体展示教学重点或结论，以代替传统的粉笔板书，类似的情况在目前的初中化学教学中还普遍存在。造成教师大量采用这种"电灌"式板书方式的根源在于多媒体教学的容量大、节奏快、文字清晰，并且还可以避免教师粉笔字书写较差的尴尬，殊不知，这样的板书会给学生的学习体验带来很大的负面影响。

借鉴案例

【案例四】《溶质的质量分数》板书设计

课题三　溶质的质量分数（第一课时）

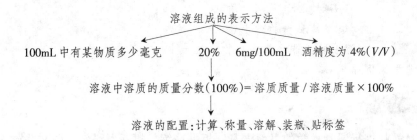

【案例五】《二氧化碳和一氧化碳》第一课时板书设计

第六单元　课题3　　二氧化碳和一氧化碳　（第一课时）

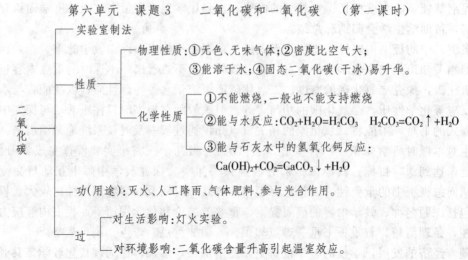

实验室制法

性质
- 物理性质：①无色、无味气体；②密度比空气大；③能溶于水；④固态二氧化碳(干冰)易升华。
- 化学性质
  - ①不能燃烧，一般也不能支持燃烧
  - ②能与水反应：$CO_2+H_2O=H_2CO_3$　　$H_2CO_3=CO_2\uparrow+H_2O$
  - ③能与石灰水中的氢氧化钙反应：$Ca(OH)_2+CO_2=CaCO_3\downarrow+H_2O$

功(用途)：灭火、人工降雨、气体肥料、参与光合作用。

过
- 对生活影响：灯火实验。
- 对环境影响：二氧化碳含量升高引起温室效应。

【案例六】《酸、碱、盐》复习课第一课时板书设计

一、构建知识网络：

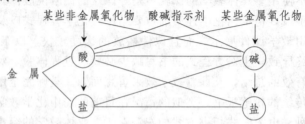

某些非金属氧化物　酸碱指示剂　某些金属氧化物

金　属　　　酸　　　碱　　　盐　　　盐

二、本单元涉及典型反应及其反应的基本类型

1. 化合反应：①$CO_2+H_2O=H_2CO_3$　②$CaO+H_2O=Ca(OH)_2$

2. 置换反应
   - ①金属（H前）＋酸→盐＋氢气
   - ②金属＋盐（溶液）→新金属＋新盐

3. 复分解反应
   - ①酸＋金属氧化物→盐＋水
   - ②酸＋碱→盐＋水（中和反应）
   - ③酸＋盐→新酸＋新盐
   - ④碱＋盐→新碱＋新盐
   - ⑤盐＋盐→新盐＋新盐

4. 其他：碱（溶液）＋非金属氧化物→盐＋水

三、典型案例评析

专家建议

　　板书是教师进行课堂教学的书面语言，板书精练、概括、科学、图文并茂，学生似在欣赏一幅美术作品，在欣赏中轻松地接受了知识内容。以上三个结构式板书设计的案例，无论从内容、形式、还是突出化学知识的系统性方面都是非常成功的。课堂教学的程序、化学知识的结构、学生的认知结构，在上述板书中达到艺术性和科学性的高度统一。案例四《溶质的质量分数》板书设计则充分体现了该教师的匠心独具，不管从内容，还是从形

式看，都能给学生以美的享受，而且把常见溶液组成的表示方法用不同的量表示出来。案例五——"二氧化碳和一氧化碳"第一课时的板书设计，将有关二氧化碳的实验室制法、性质、功与过等采用结构化板书，重点突出，知识系统化，该板书设计既能有效地强化和完善学生的认知结构，又可以帮助学生形成科学的复习归纳方法——知识网络化。在反应类型归纳中，该教师利用"网络建构图"引导学生将酸、碱、盐中大量的化学反应归类总结，并且用板书表示出来，通过这一过程，使学生学会了复习，理解了掌握良好的复习方法的重要性。案例六《酸、碱、盐》的复习板书设计"知识网络"构建中，教师采用"箭头"和"连线"，将酸、碱、盐、金属、氧化物之间的反应关系以及它们的相互转化形象直观的以画图表示，它能启发学生将分散在各章节中零散的知识点串联在一起，同时，结合学生对化学方程式的书写，从而使学生真正地理解酸、碱、盐的相关知识，达到了事半功倍的效果。

因此，为了提高板书质量，实施有效教学，必须注意以下几点：

1. 克服随意性："凡事预则立，不预则废。"备课时，不备板书计划或不重视板书设计，是导致课堂板书盲目性、随意性的主要原因。因此，教师必须把课堂板书设计当做备课的一个重要环节，精心设计，反复推敲板书的内容、位置、时间、色彩与各种标识等。这样，教学时才能做到有计划、有目的、分层次地进行板书，既能突出教学重点、突破难点，做到知识有序，思维有条理，又能使学生抓住知识的内在联系，构建良好的知识网络。

2. 注重知识的系统性：由于初中生的思维是以具体形象思维为主，抽象思维还没有完全成熟，因此，教师应把课堂教学的主要内容，通过板书提纲挈领地呈现给学生，使之成为引发学生注意力和积极思维的强烈诱因。如在复习课教学时，教师应和学生一起边回忆单元知识，边采用结构式板书。板书时不但应注意简练，更应注意直观。要为学生提供具体、精练的知识体系，使得化学知识内隐的特点外显化，简洁的结论过程化，零乱的内容结构化。

3. 增强启发性：板书作为教师口头教学语音的摘要和补充，同课堂提问一样，也必须具有启发性。备课时，教师要认真钻研教材，依据初三学生的思维特点和年龄特征，对化学知识的关键、重点与难点进行妥善的教学处理，纳入板书计划，使之成为学生思维的向导与阶梯。如在教学"常见酸的通性"时，教师可将酸的五个通性采用结构式板书，按照从特殊到一般的顺序，启发学生从盐酸、硫酸迁移并掌握其他酸的性质。这样的板书，能集中学生的注意力，诱导学生积极思维，深入思考，认真分析并找出解决问题的途径。

4. 体现方法性："最有价值的知识是关于方法的知识。"教师不仅要教给学生知识，更要教给学生掌握知识的方法和技能，"授之以渔"。如在"化合价"教学过程中，教师应通过板书钠、镁、氧、氯等典型元素的核外电子的得失，以及它们形成化合物的过程，使学生理解化合价的含义，从而学会推倒其他元素的化合价的一般方法。为此，教师的板书应能展现知识的发生过程，如化学概念的形成、化学反应原理的揭示、实验结论的归纳等。

选择和设计有效的板书，教师还要注意做到：（1）充分理解、加工教学内容；（2）设计与教学内容相符、有利于学生记忆和思考的匠心独运的板书；（3）书写规范，字迹清楚，结构美观，布局合理，时机适宜。

拓展研讨

1. 青年教师如何提高板书的设计能力？

2. 化学板书的基本要求有哪些？化学教师的绘图能力应如何提高？

3. 在初中化学教学中，教师应如何处理传统板书与多媒体课件的关系？特别是某些教师的粉笔字较差时，应如何避免？

4.3 教师如何有效地讲解

【案例一】《常见的碱》教学实录

师：如何从物质的组成上认识碱？如何检验某溶液显碱性？本节课我们一起来讨论碱的性质。

1. 氢氧化钠——NaOH，俗称火碱、烧碱、苛性钠。

实验1：氢氧化钠的物理性质。（观察色、态、味）观察氢氧化钠的颜色、状态；将氢氧化钠放在表面皿上一会儿；氢氧化钠溶解于水的热现象。

师：氢氧化钠是白色固体，具有较强吸水性，放在空气中易潮解，常用做某些气体的干燥剂。

学生朗读：注意，在使用氢氧化钠时必须十分小心，防止眼睛、衣服、皮肤被它腐蚀。

师：讲解氢氧化钠的用途有哪些。

2. 氢氧化钙 $[Ca(OH)_2]$，俗称熟石灰或消石灰。

实验：在蒸发皿中放一块生石灰，加入少量水，观察现象。

师：（讲解并板书）氧化钙（俗名生石灰）与水剧烈反应生成熟石灰并放出大量的热。
$CaO + H_2O = Ca(OH)_2$

3. 其他常见的碱。可溶性碱：(1)KOH、$Ba(OH)_2$；(2)氨水：$(NH_3 \cdot H_2O)$。

4. 碱的化学性质。

探究1：分别在 NaOH 溶液、$Ca(OH)_2$ 溶液中滴入石蕊试液和酚酞指示剂。

师：碱溶液能使紫色石蕊变蓝，使无色酚酞变红。

探究2：碱与非金属氧化物的反应。

提问：在检验二氧化碳时常用什么试剂？其中溶质是什么？方程式如何书写？

学生：氢氧化钙。$Ca(OH)_2 + CO_2 = CaCO_3 \downarrow + H_2O$

师：氢氧化钠与熟石灰一样也能与二氧化碳发生反应生成碳酸钠和水。

板书：$2NaOH + CO_2 = Na_2CO_3 + H_2O$

讨论：NaOH 与 SO_3 反应会生成什么？

师：二氧化硫、三氧化硫都是非金属氧化物，它们都能与碱溶液发生类似反应。

板书：$SO_3 + 2NaOH = Na_2SO_4 + H_2O$。

师：碱＋非金属氧化物→盐＋水。

讨论：NaOH 固体应如何保存？为什么？

师：NaOH 固体暴露在空气中，不仅能吸收空气中的水分而潮解，还能与空气中的二氧化碳反应而变质，所以应密封保存。同样，其他碱溶液也是如此。

师：总结碱的化学性质。

【案例二】《酸和碱之间发生什么反应》教学片段

师：(1) 酸溶液中存在哪种相同的离子？碱溶液中存在哪种相同的离子？

(2) 酸和碱的溶液分别显酸性、碱性还是中性？

(3) 如果氢氧化钠溶液与盐酸混合会发生什么反应呢？

活动与探究：用稀盐酸滴定氢氧化钠溶液。

师：指导学生阅读教材中的实验方案以及实验要求。

学生：完成实验并交流实验现象。

师：在滴有酚酞的氢氧化钠溶液中，逐滴加入盐酸，溶液的红色最终会消失，说明了什么？

学生：氢氧化钠溶液与盐酸发生了化学反应。

师：(1) 氢氧化钠溶液与盐酸反应时相互交换成分生成氯化钠和水。

(2) 板书并强调方程式的书写技巧：$NaOH + HCl \!=\!= NaCl + H_2O$

学生：练习书写熟石灰与盐酸、烧碱与硫酸、氢氧化镁与盐酸的反应方程式。

师：结合上述反应方程式归纳：(1) 中和反应的概念，酸＋碱→盐＋水；

(2) 盐的概念。

【案例三】《酸、碱、盐》单元测验讲评

1. 讲评内容：

单项选择—不定项选择—填空—推断—实验探究—化学计算（逐题讲解）。

2. 讲评方法：教师讲答案，学生订正。

3. 典型错例分析：教师板演解题过程，学生记录解题过程。

诊断分析

　　从上述三个案例中不难看出，部分教师淡化了化学教学的启发性、探究性、互动性以及学生的主体性，把丰富多彩、富有生命活力的化学课堂变得死气沉沉，其根本原因就在于部分教师受传统教育和应试教育的影响，一味地靠"我讲你听"来提高课堂教学的容量，忽略了课堂教学的主体，以至于学生成了"知识的容器"，从而使化学新课程的实施走进了死胡同。

　　应该说，案例一中的教师对教材的钻研下了一定工夫，教学过程能围绕教材中的重点知识有序地展开教学，特别是对教学难点"碱与非金属氧化物的反应"的讲解能做到循序渐进。问题在于设计"常见的碱及其性质"教学过程时过分依赖教材，讲解时以教材为中心，未能对 $NaOH$ 和 $Ca(OH)_2$ 的性质进行对比加工，教给学生的内容和作为教材所表现出来的内容完全等同，教学效果极低，究其原因，还是教师的教材观念不强，没有用好教材，而是在教教材。为此，我们认为，讲解时教师应合理地选择教材和科学地加工教材，融进教师的知识水平和个性化的讲解风格，提高讲解的效率。

　　教学过程是师生互动的过程，学生是课堂的主体，教师只不过起引导作用。从案例一和案例三中可以发现，教师成了教学活动的中心，"主体"成了"客体"，"主导"变成了"主宰"，教师的讲解代替了学生的学习，教师的思维代替了学生的思维，教师的认识结果代替了学生的认识过程。在这样的教学氛围中，学生的主体性、主动性被压抑，其结果便使学生的学习兴趣丧失，思维能力得不到提高。案例三中，教师在讲评试卷时，一讲到底，好像不讲似乎对不起学生，不讲就没有尽到做教师的责任，不讲就是没有水平。还有难以言明的心理障碍是：怕考试考了而教学中没有讲到，会引起学生埋怨，领导责难；我没有讲到是我教师的问题，我讲了你考不好，便是你的责任。这完全是把中考当成"指挥棒"，扼杀了学生的主观能动性。造成教师"主宰"课堂的根本原因是教师对新课程背景下的学生观没有充分理解，照搬传统教学中的讲授式教学。还有一个原因，就是应试教育思想在教师头脑中根深蒂固。

案例二中，教师虽然能够围绕科学探究的程序开展教学，在讲解时注重与学生的交流与互动，但是，该教师忽略了在讲解时应注意启发学生如何设计实验方案来研究氢氧化钠是否能与盐酸发生反应，并在问题的解决过程中体验科学探究的历程，形成中和反应的概念。该探究的讲解只流于形式，未能引导学生真正理解教材中的方案设计的优点，根本谈不上课堂预设与生成的精彩。类似的现象在目前的初中化学教学中还普遍存在，其根源就在于探究教学的自主性导致教师害怕课堂难以控制，还不如就让学生按照教材中的方案照方抓药，殊不知，这样的教学正在不断磨灭学生的创造性思维。

借鉴案例

【案例四】《金属和金属材料》单元复习教学片段

师：同学们，我们已经学习过金属和金属材料这一单元的有关知识，你能说出你所知道的金属材料之最吗？

（学生回答收集到的有关金属材料之最的有关知识。）

师：金属是如何分类的？日常生活中为什么合金的使用最广泛？金属材料有哪些共同的物理性质？理论问题：它们能形成合金吗？

师：描述金属分类并举例，指出合金应用范围广泛的原因，归纳金属共同的物理性质，理论探究合金的制备原理。

实验探究：设置情境让学生鉴别真假黄金。调控实验探究中的环节及衔接问题。

题目：铜锌合金为金黄色，俗称黄铜，铜、锌各自保持自己的化学性质。当前社会上有一些不法分子，利用铜锌合金假冒黄金，进行诈骗活动，请你设计一个实验，鉴别某黄色金属是真金还是黄铜。

设计并进行实验，发表自己的探究成果和方法，倾听他人的探究经验，进行客观的比较和鉴别，解释、交流探究过程中的感受和结论。

引导复习：金属活动性顺序，设置习题解释、巩固有关性质。

描述金属活动性顺序及意义，解释有关实践问题。

开放探究：媒体展示金属冶炼和钢铁生锈的过程。设置金属锈蚀条件的探究性问题，复习金属的利用和保护的有关知识。

总结铁的冶炼及钢铁锈蚀的原因和防锈措施，并据此回答有关开放性问题。

拓展探究：金属活动性的探究问题。

学生讨论、分析有关问题，并给出结论。

反思评价：通过这节课的复习，你对金属和金属材料又有了哪些新的发现、启发和体会？学生谈有关的感想、体会，展示自己归纳的单元学习小结。

【案例五】《酸和碱之间发生什么反应》教学片段

魔术导入：将一张用酚酞试液画有小猫并烘干的滤纸（由兴趣小组同学预先准备好）贴在黑板上，然后由两名化学小助手上台表演：①学生甲先喷洒氢氧化钠溶液；②学生乙再向滤纸上喷洒稀盐酸。

设疑引思：①你观察到魔术中的哪些有趣的现象？②通过上述现象你发现什么问题？③如果直接把氢氧化钠溶液和稀盐酸混合会出现什么现象呢？大家动手实验试试看。

学生实验：氢氧化钠溶液与盐酸溶液混合，观察实验中的现象。

教师提问：溶液中有明显现象吗？

学生回答（预期）：没有。（个别学生可能会感觉到溶液温度升高。）

教师追问：那么，在两种溶液混合过程中是否有化学反应发生呢？

提出探究主题：通过设计实验来研究氢氧化钠能否与盐酸发生化学反应。

教师：没有明显实验现象，就可以说明反应没有发生吗？回忆：将 CO_2 通入水中，有何现象？怎样证明 CO_2 与 H_2O 发生了反应呢？

学生：将 CO_2 通入水中，没有明显现象。由于 CO_2 与 H_2O 反应生成了碳酸，因此，通入 CO_2 的水滴入石蕊会变红色。

教师：将 CO_2 通入水中，没有明显现象，可是却发生了反应。这个例子说明了物质之间发生化学反应时，不一定有明显现象，关键是看有没有新物质生成。这个例子启发我们可以用酸碱指示剂来判断反应的发生情况。那么，同学们能否利用 NaOH 溶液、HCl 和酚酞三种试剂分组设计实验方案来说明 NaOH 与 HCl 之间是否发生了反应呢？

小组讨论：（1）氢氧化钠溶液显酸性、碱性、还是中性？用什么指示剂来检验？

（2）如何设计实验来探究自己的猜想：盐酸与氢氧化钠是否发生反应？

（3）如上述猜想成立，可能会出现什么现象？指示剂的作用是什么？

方案交流：

方案一：在烧杯中加入 NaOH 溶液，滴入几滴酚酞溶液，再用滴管慢慢滴入稀盐酸，并不断搅拌溶液，观察溶液颜色变化。

方案二：在烧杯中加入稀盐酸，滴入几滴紫色石蕊试液，再用滴管慢慢滴入氢氧化钠溶液，并不断搅拌，观察溶液颜色变化。

方案三：在烧杯中加入氢氧化钠溶液，用滴管慢慢滴入稀盐酸，并不断搅拌，然后滴入几滴酚酞溶液，观察溶液颜色变化。

学生实验：用自己设计的方案进行实验。

反思评价：结合学生实验中产生的现象、问题，师生进行交流。

问题反思：（1）当溶液变成无色，溶液中还有氢氧化钠吗？指示剂扮演了什么角色？反应的终点如何确定？（2）方案三能达到目的吗？

评价要点：（1）实验原理的可行性；（2）实验操作的简约性；（3）实验现象的可视性（提醒学生石蕊颜色变化的色差较小，不利于观察）。

分析小结：（1）中和反应的定义及中和反应的实质。

（2）中和反应方程式的书写技巧。

（3）在方程式的基础上归纳盐的概念。

【案例六】《试卷讲评——化学综合计算》教学片段

33. 某工厂采用侯氏制碱法生产的纯碱中常含有氯化钠。现取该碳酸钠样品 11.4g，向其中逐滴加入 10% 的稀盐酸，放出气体的质量与所滴入稀盐酸的质量关系如图 4-1 所示。

请你通过题意和图像分析计算：

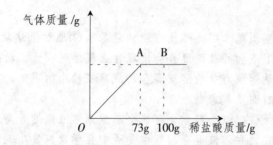

图 4 - 1

（1）上述反应生成二氧化碳的总质量。

（2）求该样品中碳酸钠的纯度。

（3）A点时反应后溶液中溶质的质量分数。

（4）当滴加稀盐酸至图中B点时，烧杯中溶液里的溶质是（写化学式）_____；

师：本题属于融合了化学方程式计算，反应物、生成物之间图像关系，溶质质量分数的综合计算，要求较高。

（1）认真审题，准确写出发生反应的方程式。

（2）从图像中获取反应进程（起点O、拐点A、结束点）以及反应物与生成物之间的质量关系，特别是寻找恰好完全反应（图像的A点）时的某一物质的质量及某一反应物过量情况。

（3）通过分析寻找可代入方程式计算的已知量和需要计算的未知量。

（4）求反应后溶液的溶质质量分数时应画图分析求解。

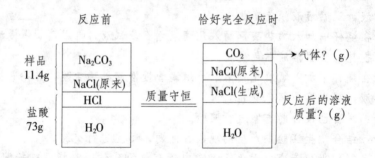

图 4 - 2

（学生写出解题过程，教师巡视，并作个别指导。）

拓展：当两种溶液混合反应后有气体或沉淀生成时，溶液质量如何变化？没有气体或沉淀生成呢？

专家建议

案例四中，教师在悉心研究"金属和金属材料"这一单元教材的基础上，精心设计复习流程，采用"金属之最"引入，讲解时引导学生利用从纯金属到合金、从金属的物理性质到化学性质、从共性到个性探究的方法，深入浅出地复习本单元的系统知识。在讲解如何应用金属活动性顺序这一难点时，能结合身边的化学问题与学生一起讨论研究，总结解题方法，教学思路清晰，难点有效突破。

案例五中，教师在讲解如何证明氢氧化钠能否与盐酸反应时，估计到学生很难直接想到用指示剂，采用"二氧化碳能否与水反应"的问题复习引导学生从思维的最近区域出发，启发学生思考如何学会用指示剂来探究氢氧化钠能否与盐酸反应，这样的讲解既能使学生复习旧知，又能注意知识的迁移，起到了事半功倍的效果。在学生方案交流时，教师没有"唯课本"思想，而是引导学生大胆设计方案并动手实验，讲解时抓住实验的可行性、简约性和可视性进行一一评价，使学生的思维得到有效的发散，同时也让学生真正体验到教材中实验方案的优点，以及逐滴加入盐酸的意义。

案例六是试卷讲评课中的片段。该教师在讲解时，紧扣综合计算题的解题方法，引导学生认真审题，结合文字信息和图像中的拐点，找出题给已知条件和要求解的问题，思路清晰。在求解"反应后溶液中溶质质量分数"时，教师没有直接给出方法，而是引导学生画图分析反应前后的物质的质量关系，一目了然。最后，由学生根据教师的讲解完成解题过程，在师生互动的过程中，完成了教学任务。

化学课堂教学中，讲解是教师运用化学语言进行教学的方法。它是教师向学生传授知识、技能的主要手段，也是教师引导学生开展科学探究的重要方法。讲解效果的好与坏，讲解语言精练与否，都会直接影响到教学目标与教学效果的生成，对课堂教学质量的提升至关重要。我们认为，要提高课堂讲解的有效性，要注意以下几点：

1. 讲解内容得当，重点突出，体现科学性。讲解时，教师应结合初中生的心理特征与生活经验，科学合理地重组教材，选择适合学生的讲解方法。如在讲解空气中氧气的含量测定时，应抓住测定的原理、装置的设计、实验的现象和结论、产生误差的原因等引导学生逐一分析，在教学过程中注重与学生的交流与互动，努力避免出现"一言堂"，使学生在轻松、愉快的氛围中学好化学。

2. 讲解要把握时机和效果，富有启发性。教师讲解时，要适当地把握时机，抓住学生的困惑或疑问进行有效的启发性讲解，以此来调动学生积极思考，培养学生的思维兴趣。如在"证明二氧化碳能与氢氧化钠溶液发生反应"时，学生很难解决，教师可结合证明二氧化碳能溶解于水的实验方法，引导学生设计密闭容器中的压强改变的实验装置。而学生在进行练习或讨论时，不宜讲解。学生自己稍加思考，便能解决的问题，如"燃烧的条件为什么需要是可燃物"等，也不宜讲解，反之则会造成学生的依赖心理，使其缺少独立思考的习惯，达不到讲解的预期效果。

3. 讲解语言要生动，注重方法性。教师的讲解应该生动形象，能够调动学生的思维积极性，使学生的多种感官在听、看、想、练中有机地结合起来，从而提高课堂教学的效果。如在讲解四大基本反应类型时，在阅读教材概念的基础上，教师用生动的语言"一变多、多变一、座位上的学生位置交换"等来帮助学生形象地理解概念。另外，在讲评试卷或例题时，教师的讲解应注重方法性，使学生学会举一反三，如在讲解化学推断题时，教会学生在审题过程中掌握抽取信息的能力，以及从框架图中寻找突破口的方法。

总之，教师的讲解能力的高低，取决于教师在日常教学中的不断累积。只有灵活地把握"讲解"的技巧与尺度，才能在教学中发挥讲解的功效，达到事半功倍的效果。

拓展研讨

1. 在"活动与探究"教学过程中应如何控制教师的讲解与学生活动的时间？
2. 在初中化学中，哪些课例适合以教师讲解为主？

3．在教师讲解过程中，如何让学生学会倾听？

4.4　如何提高课堂提问的指向性

【案例一】《分子和原子》第一课时教学设计

1．复习提问：

(1) 水通电生成什么产物？水是由氢元素和氧元素组成的，对吗？

(2) 水是化合物吗？是不是氧化物呢？那么，氢气和氧气属于物质的哪种分类呢？

2．利用问题引入新课：盛放在敞口容器中的水为什么会减少？为什么温度越高减少得越快？静止的水中，品红为什么能扩散？

3．演示实验：品红在水中的扩散。

教师讲述：物质确实是由微小的粒子——分子、原子构成的。

学生：阅读教材图 3-6、3-7。

教师讲述：上述实验和图片说明分子的质量和体积很小，且分子是不停地运动的。

4．问题过渡：如何设计实验来证明分子是不停地运动的？

5．学生探究实验：分子总是在不断运动着。

【案例二】《燃烧与灭火》教学片段

(课前准备：调整学生座位，每 4 个学生组成一个小组，围坐在一起。全班共组成 12 个小组。)

师：我们继续用小组合作学习的方式来学习本课，今天我们学习的是《燃烧与灭火》。

(多媒体出示课题，出示历史上及现代人类利用燃烧反应的图片。)

师：那么，你知道我们的生活中哪些物质可以燃烧？你能谈谈你所观察过的燃烧现象吗？根据你的经验，你认为燃烧需要哪些条件？

(学生小组讨论得出：氧气；达到一定的温度；可燃物。)

师：你能分别设计实验证明燃烧需要上述三个条件吗？

(学生小组讨论，气氛十分热烈。)

师：演示探究实验：利用白磷、红磷研究燃烧的条件。

师：下面我们根据实验现象来归纳燃烧的条件。介绍一些常见物质的着火点。

问题过渡：利用燃烧的条件，你能想到我们生活中有哪些灭火的方法？其原理分别是什么？

(学生小组讨论，全班交流，教师总结。)

教师：演示探究实验——蜡烛熄灭实验。

【案例三】《常见的碱的性质》教学片段

师：我们已经了解了碱与指示剂的反应，你还知道哪些有关碱的化学性质呢？

(学生回答石灰水中氢氧化钙能与二氧化碳反应，另一名学生板演方程式。)

师：(追问)在澄清石灰水中通入二氧化碳，却始终未见石灰水变浑浊，你能猜测可能的原因吗？有困难可以相互讨论。

(讨论不热烈，学生都面面相觑，无从回答，只有个别聪明的男同学在窃窃私语。)

师：（进一步追问）实验中，虽然看到石灰水未变浑浊，但是不断有连续的气泡冒出，二氧化碳能溶于水，由此你能想象，二氧化碳能否用排水法收集呢？

师：（过渡）既然氢氧化钙能与二氧化碳反应，那氢氧化钠能否与二氧化碳反应呢？

教师演示：向氢氧化钠溶液中通入二氧化碳气体。

（学生观察到无明显现象产生。）

师：氢氧化钠溶液中通入二氧化碳气体无明显现象产生，是否说明有反应产生呢？你能从不同角度设计实验来证明氢氧化钠能与二氧化碳发生化学反应吗？

（学生分组讨论，气氛也变得更加沉闷，此时的场面与老师期望中的百花齐放相去甚远，他心里十分焦急，也只有自己唱独角戏了。）

诊断分析

案例一中的提问属于选择性提问，即回答"是"或"不是"、"对"或"错"。但是不管哪种回答，显然都是集体回答，这就不容易发现个别学生掌握知识的实际情况，虽然这种提问在一定程度上能调节课堂气氛，营造一种气氛热烈的假象，但这仍然是一种"弱智游戏"，这种弱智游戏在部分教师身上显现得尤为突出。那么，诸如此类的问题可以从不同的角度去提问。既然是复习，应该创造性地设问："水通电反应，说明水是由什么组成的？反应中涉及的物质分别属于物质中的哪一类别？"这样提问不仅能使学生展开想象，也可检测学生掌握知识的具体情况，而且也易使教师将问题拓展开来，进而引出物质的组成、构成，分子、原子等概念性的描述问题。为此，我们认为，在教学过程中不仅要找到知识的生长点，而且要找到知识的延伸点，也就是说"这个知识"从哪里来要到哪里去的问题。只有这样，才能使提问更具有针对性和实效性。

案例二中的教师提问比较多，在引出"燃烧条件的探究"时，连续问了三个问题，而且每个问题都是开放式的，学生在没有接受新知识前，泛泛而谈，东拉西扯，越扯越远，这样不但浪费时间，课堂难于控制，而且对学生思维创新的激发造成遏制。这种提问就属于典型的没有指向性。另外，在过渡到"研究灭火的方法和原理"时所提问题与教师的演示实验缺乏联系，不如直接改成"结合你的生活经验思考，你有哪些方法使点燃的蜡烛熄灭呢？其灭火的原理又分别是什么？比一比，赛一赛，看谁的方法多又好。"这样的开放性提问不仅可以吸引不同层次的学生参与到讨论中来，还能有效地激发学生思维，活跃课堂气氛，提高学生竞争力。同时，还能通过后面的探究实验得到验证，学生的成就感油然而生，其学习化学的热情就更加高涨。

案例三中，教材安排的内容相对较少，难点是碱溶液与非金属氧化物的反应及其反应方程式，教师在突破难点时，以问题的形式来呈现，但所提部分问题"石灰水中通入二氧化碳未变浑浊，但是不断有连续的气泡冒出，二氧化碳能否用排水法收集呢"与课堂教学的重点、难点距离较远，偏离了主题。而且，连续追问的问题难度较大，没有层次性，有的问题只有少部分好学生才能回答，他们也只敢在底下"窃窃私语"，这种现象就是老师常犯的错误，即专提一小部分学生，冷落了大多数学生，或对差生进行惩罚性提问，给学生难堪。案例三中，教师也不注意观察学生反应，当追问到"你能从不同角度设计实验来证明氢氧化钠能与二氧化碳发生化学反应吗"，课堂已经出现冷场，此时教师应该灵活应变，针对课堂气氛，将这一开放性问题分解开来，设置不同梯次的小问题引导学生回答，其效果将会大相径庭。为此，我们认为，课堂追问，扩大战果这样的提问，如不利于激发学生的思维，学生反应不积极，则是无效的，不如不问。有效的提问，应能激发学生的强烈求知欲望，诱发学生思维的积极性，促使其知识的内化，使学生真正成为学习的主人。

借鉴案例

【案例四】《分子与原子》教学设计

1. 引出课题：有同学有以下困惑："1＋1＝2"是一个永恒不变的等式？一杯水＋一块糖＝？夏日缘何飘"雪"？炎炎夏日，忽然风起云涌，雨点、冰粒从天而降⋯⋯水"跑"哪儿去了？水蒸发、电解水后液态水无踪无影"跑"了？你能解释上述现象或事实吗？

2. 活动与探究一：物质的微粒性。演示实验：氨水使"树"上沾有酚酞的棉花变红。师生共同小结：物质都是由微小的粒子——分子、原子构成。

3. 活动与探究二：微粒的特征。

问题思考：水也是由分子构成的，水分子看不见，为什么水却能看见？湿衣服上的水为什么在夏天干得快？

4. 活动与探究三：用探究实验深入认识分子的运动。

问题思考：浓氨水与酚酞试液没有接触，为什么酚酞试液变成红色呢？是什么使酚酞试液变红？该实验说明分子具有什么特征呢？

【案例五】《二氧化碳制取的研究》第一课时教学设计

问题导入：根据你所学知识，生成二氧化碳的反应有哪些？它们能适合于实验室制取二氧化碳吗？

追问：实验室制取气体，选择原料的条件是什么？

探究1：现有稀盐酸、稀硫酸、石灰石、碳酸钠、鸡蛋壳儿，请你通过实验，最终确定实验室制取CO_2的最好原料。

（学生实验，根据上述反应中的现象进行对比，选择制取二氧化碳的药品。）

探究2：关于制取装置的设计的讨论问题

1. 同学们，我们已确定了实验室制CO_2的反应原理及原料，那么实验探究的下一步工作重点应放在哪里呢？

2. 通过学习氧气实验室制取的知识，你能总结出实验室制取气体的发生装置取决于什么，收集装置取决于什么吗？

3. 请你根据自己的思路，选择下面的仪器来组装制取CO_2的实验装置，并设计出CO_2的收集、检验和验满。

（学生设计二氧化碳制取装置，并尝试收集一满瓶二氧化碳气体。）

4. 问题交流：

（1）学生展示交流用本组给定仪器设计的实验装置和实验成败的原因。

（2）在交流展示实验装置的同时，与小组设计的另外几组实验装置进行比较，找出异同之处，反思自己所设计装置的不足，并总结归纳最佳实验装置。

（3）讨论实验室制取气体，在选择仪器组装成装置时，要思考哪些方面的问题？

师生共同组织课堂小结，并运用所学知识解决一些实际问题。

【案例六】《二氧化碳性质》教学片段

1. 教师可以首先从生活现象入手，设置这样一个问题情境：

（1）打开盖子的一瓶汽水冒出的大量气泡是什么？你能设计实验证明你的猜想吗？

（2）在学生分析、回答的基础上，再进一步引出紫色石蕊试液。同时提出探讨紫色石蕊试液的化学性质的问题情境。

（3）将少量的紫色石蕊试液分别滴入蒸馏水、稀盐酸、稀硫酸中观察三种溶液颜色的变化，思考后说明紫色石蕊试液有什么样的化学性质。

（学生通过观察、讨论、总结后得出结论：紫色石蕊试液遇酸变红色，遇水不变色。）

2. 根据以上得出的结论，设计如下几个问题情境来逐步解决二氧化碳能否与水反应。

探究问题一：想一想，二氧化碳溶于水是物理变化还是化学变化，如果是化学变化，生成了什么物质？请设计实验来证明你的猜想。

探究问题二：在探究一中明明通入的是二氧化碳，而得出的结论却说是碳酸使紫色石蕊试液变红的，是不是真的这样呢？

探究问题三：想一想，二氧化碳是一种什么样的气体？通入水中后发生一个什么样的过程？二氧化碳能直接使紫色石蕊试液变红？请同学们设计实验方案进行证明。

专家建议

提问是课堂教学活动的重要手段，是师生双边活动的纽带。有效的课堂提问对老师按课堂预设进行教学活动达成教学目标起着十分有效的导向作用。在师生交流互动过程中，教师所提出的问题都必须发挥学生的创造力与想象力，所提问题的有效性才能得以保证。以上几个案例，问题的提出对课堂的深入推进、学生的思维创新无疑是成功的。案例四中的导入提问从学生熟悉的生活现象出发，问题紧密联系实际，能引起学生的好奇心，特别是所选的例子符合学生的心理特征，是学生主观上特别想主动去解决的问题。这样的导入提问解决了教师一路带着走，学生被牵着鼻子走的问题。案例五围绕制取二氧化碳的原料、反应原理、发生装置的设计、收集方法的选择、验满等，教师提出了一系列的问题。在问题驱动下，学生展开热烈的讨论，通过小组合作设计出多套二氧化碳的制取装置。这样的提问能有效激发学生的探究热情，培养学生的学习兴趣。案例六中，教师所提的问题紧扣教学目标：探究"二氧化碳能否与水反应"，设计适合学生思维和能力水平的问题。这样的问题设计，体现新课程所倡导的"自主、合作、探究"的学习理念。

化学课堂教学的推进离不开教师提出的有效问题，那么，化学教师应如何设计有效提问呢？我们认为，教师应在全面了解学生实际、深入地研究教材内容的基础上，还应该注意以下几点：

1. 课堂提问应把教材的内容与学生生活实际联系起来。新课程强调"从生活走进化学"，这一理念要求教师在设计课堂提问的时候就应该充分地考虑到这一点。如进行"酸和碱之间发生什么反应"教学时，可采用"吃皮蛋时，为什么蘸醋后味道更佳"这样的提问引入课题，容易激发学生的兴趣，使课堂气氛高涨。

2. 注意课堂提问的层次性。我们在课堂上提出的问题应该是一个有序、有层次的问题组。先问什么，后问什么，怎样问的问题，我们必须事先考虑清楚。同时，所提问题应有一定的层次性，以适合不同程度的学生，让他们都能积极思考，并且能够思有所获。如在"常见碱的化学性质"的教学中，依次提出这样的分层问题：（1）NaOH 和 Ca(OH)$_2$ 为什么都能与二氧化碳反应？它们的反应现象相同吗？如何区分 NaOH 和 Ca(OH)$_2$ 溶液呢？（2）既然 NaOH 与 CO$_2$ 反应没有明显现象，应如何证明它们发生了反应呢？请大家结合证明二氧化碳能溶于水的方法来设计实验。通过这样的分层提问，才能做到因材施教，使不同水平的学生都能得到发展。

3. 注意课堂提问的指向性。在课堂提问时，教师要求学生在一定的时间内必须学到什么样的知识，提问时在研究学生与教材内容的基础上，要做到目的明确，心中有数，不能脚踏西瓜皮，滑到哪里算哪里，随意提问。如在学完溶液和乳浊液的乳化后，可通过"用汽油洗涤衣服上的油污和用洗涤剂洗涤，原理有什么不同"这一问题来小结所学内容，这样既巩固了所学知识，又解决了学生身边的问题，起到了事半功倍的效果。这就要求教师认真研究课程标准、教学内容、教学环境、教育对象，所提的问题既符合教育教学的要求，又贴近学生生活实际，还能够为学生们喜闻乐见。

4. 注意课堂提问的启发性。孔子云："不愤不启，不悱不发。"教师在设计课堂提问时，所提问题应具有启发性，最大限度地启发学生的思维，锻炼学生的思维能力。如在学习"金属的活动性顺序"探究时，教师可以通过问题：请你利用金属与酸的反应以及金属与盐溶液的反应，设计不同的方案来探究镁、铁、铜三种金属的活动性顺序，通过这样的开放式问题启发学生从不同角度思考问题。只有这样的问题，才能使学生思维活跃，学习情绪高涨，使课堂焕发其应有的生命活力。

拓展研讨

1. 提问的有效性与提问的指向性是一回事吗？两者有什么区别和联系？
2. 在提高课堂提问的指向性时，如何遵循科学性、合理性、可操作性等原则？
3. 如何根据自己的教学风格和特点，选择和设计最合适的化学提问模式？

4.5 如何灵活处理课堂偶发事件

候诊案例

【案例一】"一场风波"

有一位教师上课铃声刚响时出现在实验室门口，学生立即向他告状，说小伟把自来水洒到了小丽的眼睛和衣服上。小伟矢口否认，小丽则边擦眼泪边嚎啕大哭，整个教室一片混乱。由于上课铃声已响，这位教师急于上课，不加观察和思考，便立即做出判断：小伟欺负小丽。但小丽的脸上和衣服并没有湿，她大哭只是想借老师的嘴批评小伟为自己出气。而且，小伟还是自己喜欢的聪明的男生，小丽则是那种读书不认真，爱撒泼嬉闹的女生。如果当堂查问，势必影响上课。此时，老师拿出平时一贯的威严面孔对小丽说："不要哭，都初三学生了，还整天瞎胡闹。"这位教师不但没有批评调皮的小伟，反而把小丽骂了一通，结果是教室内并没有像往常一样立即安静下来，小丽哭得更凶了，这位教师也束手无策。

【案例二】《碳的化学性质》教学片段

在一节化学课堂上，教师把木炭还原氧化铜的演示实验做得很成功，学生的积极性高涨，教师抓住机会立即引导学生分析该实验的步骤和反应的产物时，学生各抒己见，纷纷发表自己的看法，不一会儿工夫，学生就把反应的现象、反应方程式以及实验操作的注意事项顺利地得出来。当老师想要进入下一个环节，分析反应方程式中得氧、失氧时，一名学生又举起了手，要求对实验结束时如何拆除装置的顺序发表自己的想法，老师说："由于时间问题，别讲了，留着课下讨论吧。"阻止了该学生的发言，此后，该学生闷闷不乐坐在那儿一动也不动。

【案例三】《二氧化碳的性质》教学片段

师：引入（实验6-5）。师拿出两个质地较软的塑料瓶，一瓶是二氧化碳，一瓶是空气。提问学生思考并做出猜测：

(1) 向这瓶空气中加入约二分之一体积水，振荡后会有什么现象？

(2) 向这瓶二氧化碳气体中加入约二分之一体积水，振荡后会有什么现象？

师：演示实验，学生观察实验。

师：提问学生描述观察到的现象，分析原因并总结出结论。

师：下面老师来做一个有趣的实验：用一只干燥的集气瓶收集满二氧化碳气体，然后向瓶中倒入适量的水，立即盖上玻璃片，振荡，再将集气瓶倒立。请同学们思考，会出现什么现象？

（学生异口同声地说：玻璃片被吸住。可是，此时实验却发生了意外：当老师严格按照课前准备实验来操作实验时，玻璃片却像故意捣乱似的掉下来了。这下学生像炸了锅一样。更有甚者，班上一位大嗓门的同学大声嚷嚷："老师实验失败了！"此时，该教师觉得很难堪。）

师：这个实验成功率很低，如果用质地较软的塑料瓶，再按照教材中的实验方法进行操作就容易成功，这个趣味实验到此为止。

（此时，教室内的学生开始小声嘀咕……）

诊断分析

案例一中的事件在课堂上并不少见，该老师在处理时不假思索，过于主观，武断地认为是这名他不喜欢的女生在故意捣乱，以至于这名女生备感冤枉，课堂陷入教师不知所措的尴尬局面。导致产生该局面的原因主要是教师掩盖发生的事实，回避矛盾，对学生埋怨责备，粗暴训斥，这些做法只会挫伤学生学习化学的积极性，降低他们的学习兴趣，从而将教学意外直接转化为教学事故，久而久之，学生就会滋生厌恶化学的情绪。其实，不管什么样的班级都有一些好出风头或搞恶作剧的学生，问题在于老师碰到这样的事件时，应注意察言观色，在预先调查和询问的基础上，再对他们进行批评教育或冷处理，要注意给他们台阶下，千万不能闹对立，避免把矛盾扩大。

案例二中，教师在学生提出问题时，随意打断学生，说明该教师缺乏课堂上的应变控制能力，即应急处理课堂偶发事件的能力，课堂应变能力的缺失已成为制约教师发展的重要因素。我们知道，教育的契机和教育的机智往往就蕴藏在其中。案例二中的学生所提问题"木炭还原氧化铜实验结束时应如何拆除装置的顺序"蕴涵着很多化学原理，说明该学生对先停止加热还是先取出石灰水的导气管产生了疑问，也许，教育的时机就在这灵机一动之中。可是该教师却无情地打断了他，毫无悬念地将问题结束。这般对待学生的回答或提问的例子还有很多，如有些教师听着有些不对头或者离正确答案相去甚远，就缺乏应有的耐心，随意打断学生思维，伤害学生的自尊心，把可能闪烁的智慧火花扼杀在萌芽中。学生的突然发问，造成课堂教学难以按教师设计的步骤进行教学，主要原因是学生的知识水平、兴趣爱好、性格特点各异，表现必然会千差万别。还有就是班级整体水平与教师的期望值有一定差异，导致课堂气氛沉闷，无法达到预期的教学效果。教育是一种期待，一种唤醒，我们要学会关注每一朵在不同时间开放的花朵。

案例三中的演示实验失败是化学教师在课堂上经常碰到的问题，该教师在处理这一偶发事件时，并没有对实验失败的原因加以分析，也没有重做实验，导致学生对"玻璃片掉下来"这一预期现象没有观察到，其失望的心理可想而知，以至于学生议论纷纷，课堂陷入被动。长此以往，学生对化学实验的好奇感就会越来越淡漠，学习化学的兴趣也随之而丧失。我们认为，演示实验时，由于客观原因实验不成功或出现结果异常，这时教师可以因势利导，变被动为主动，让学生回答实验为什么不成功，引导学生从反应的原理、实验装置设计、试剂的选择以及条件的控制等方面进行思考和分析，同样可达到预期的教学效果。而且，教师在课前对演示实验要有充分的准备。包括对演示实验的目的、装置、试剂、操作等做到心中有数，准确无误，并从实验效果的直观性强、实验简易快捷以及确保实验安全等方面做好预备实验。

借鉴案例

【案例四】课堂叙事

化学课上，当教学过程进行到课堂练习时，一位学生笔直地坐着，笔和本都在课桌上摆着，并以挑战的目光注视着老师。老师走到他面前问道："你为什么不做练习?"该生用非常生硬的口气答道："我没有笔，也没有纸，怎么做练习?"全班同学都回过头来，目不转睛地看着老师。那些目光中有洋洋得意，有嘲讽，也有忧虑和担心。

处理方式：片刻沉默之后，老师转身回到办公室（恰好在教室隔壁），取来自己的笔和纸放到这个学生的桌上郑重地说："请同学们继续做练习。"

结果：下课后，这位学生尾随老师来到办公室，将老师送他的笔和纸放到办公桌上说："老师，对不起，我们几个同学想看看您到底哪里与众不同，请不要生我们的气。"这时，又有几名学生走进办公室。

【案例五】《化学实验基本操作》教学片段

在化学实验课上，教师正在说明并演示实验的具体操作步骤及注意事项。还没等教师演示完，甲同学举手了："老师，我这组的试管被乙同学弄破了"。

处理方式：教师没有马上批评那位学生，而是要求大家讨论"为什么他的试管会破裂"，学生们以小组为单位进行讨论。最后，各小组各抒己见："可能是被他摔破的吧!""可能是用试管夹夹试管时位置不对，被试管夹压破的。""可能是加热时，试管外壁有水没有擦干造成的，这样会使试管受热时冷热不均。""可能是加热时试管底部碰到了酒精灯的灯芯造成的，这时也会使试管局部过冷或过热。"……

教师总结："刚才同学们把实验操作过程可能引起试管不正常破裂的情况与相应的原因进行了分析，那么，乙同学的试管是怎么破裂的呢？我们请乙同学描述是怎么操作导致试管破裂的。"

乙同学有些心虚，在结结巴巴的讲述中道出了原委："我看到那支试管有些不干净，想把它洗干净，所以就用试管刷在水龙头下洗了。因为急于想做实验，所以马上放入药品加热了，想不到……"

结果：教师抓住这个机会，对此课堂"插曲"进行发挥："刚才乙同学的不合时宜的行为给我们带来了一个重新认识实验操作规则及加热试管时应注意事项的信息，同学们在此过程中对原因分析得很深入，希望同学们在实验操作过程中一定要注意规范操作。"

【案例六】《水的净化》教学叙事

在上《水的净化》这节课的前三天，我先布置了本课题的家庭小实验：自制简易净水器，自己寻找有关的替代品。有了这些准备，这节课他们非常主动地参与。当他们用自己的净水器将一杯混浊的黄泥水过滤而得到清澈透明的水时，感到很有成就感，非常兴奋，有一名学生就叫起来了："我制得纯水了！"这时，我立刻捕捉到这个机会，让这位同学发表"高见"，课堂气氛一下子进入了高潮，引发了学生的议论，有的赞同，有的反对，在一两分钟的"争吵"之后，学生们在我的引导下认识到这时候得到的水仅仅是除去了不溶性杂质，而水中还有肉眼看不见的可溶性的杂质，这样因势利导，很顺利地引入"硬水与软水"这一知识点的教学。

【案例七】《氧气的性质》教学片段

这是一堂关于氧气的化学性质的授课，我是这样设计的：采用边讲解边实验的模式，通过演示实验给学生感性认识，并通过对实验的观察和分析，最后得出有关氧气化学性质的知识。开课以后，我按照教学设计步骤，分别做了硫与氧气、木炭与氧气反应的实验，没有出现任何异常情况。但当我在做铁丝与氧气反应的演示实验时，本来应该看到火星四射的现象，而结果却出现了火柴燃烧的火光，学生顿时表现出惊奇不解。我马上意识到这次演示实验失败了，由于这种突发教学事件，课堂也陷入被动，学生议论纷纷。这时我马上把话锋一转，叫学生同老师一起分析实验为什么不成功。我问学生："产生火光似乎是不正确的。我们来推断一下铁与氧气反应的产物应当是什么。"学生："应当是四氧化三铁。"我又问："铁丝在空气中能燃烧吗？"学生异口同声答道："不能。"我顺势提问："那么，导致失败的原因可能有哪些呢？"学生："收集的氧气不纯，铁丝生锈了……"我说："非常正确！刚才由于我的贪功冒进，铁丝伸入过快，开始燃烧的是火柴，而不是铁丝。下面我再做一遍实验，大家注意观察并与刚才的实验对比。"通过重做实验，学生看到此反应真实的现象后很兴奋。这样巧妙处理教学意外事件，使学生不仅深刻地了解了反应实质，还受到了科学态度的教育，对教师的坦诚也感到钦佩。

专家建议

新课程理念下，由于课堂开放性的增强，学生在课堂上反驳、质疑、争论的机会大大增多，超出教师预设之外的"别样声音"时常会出现。以上三个案例中的教师，有的灵活处理课堂突发事件，有的善于倾听课堂上的"别样声音"，捕捉"别样声音"中鲜活的思维火花，对学生的成长可起到积极的作用。

课堂教学中意外事件产生的原因是多方面的，其表现形式也是多种多样的，作为教师，不仅要会教书，还要会育人；不仅要完成计划内的工作，还要随时做好准备解决突然发生的事件。案例四中，该教师在处理课堂突发事件时，采用以爱心打动学生的方式，亲自到办公室为那个调皮的学生去拿笔，这样做首先保护了学生的尊严，也不会因突发事件而损伤学生的身心健康。同时也不影响其他学生的正常学习活动，巧妙而果断地将突发事件转化为有益的教育因素，使全体学生从中受到启发和教育。

案例五中，教师对"乙学生导致试管破裂"这一偶发事件的处理非常巧妙，他不但没有批评乙学生，而且抓住这一有效课堂教学资源，见机发挥，引导学生分析试管破裂的原因，这样的处理既避免了乙学生的尴尬，又能使学生在耳闻目睹中体验到化学操作的规范和安全的重要性。

案例六中，教师利用课堂上偶然的"叫声"随机应变，引导学生围绕"纯水"展开讨论，使课堂不经意中达到了高潮。这种教学高潮的捕捉和利用，不仅可推动学生对知识的探索热情，还有利于提高学习的主动性，使学生的学习由外在的压力逐步转向内在的需要。在此高潮基础上，教师顺利过渡到"硬水与软水"的教学，教学目标的实现水到渠成。从案例六得到的启发是不经意的异声能带来课堂的精彩。这正如苏霍姆林斯基所说：如果教师不想办法使学生产生情绪高昂和智力振奋的内心状态，就急于传授知识，那么这种知识只能使人产生冷漠的态度，而使不动感情的脑力劳动带来疲劳。为此，我们要善于利用课堂上的意外，顺着学生的思路组织教学，从而使化学课堂充满活力。

案例七中，教师在演示实验失败时，不回避事实，冷静机智地处理，因势利导，紧扣实验"意外"，引导学生分析没有看到火星四射的原因，真正做到了变"废"为"宝"。这样的巧妙处理，不仅使学生深刻了解铁丝在氧气中燃烧的反应实质，而且还受到了科学态度的教育，对教师的坦诚也感到钦佩。

那么，应该如何从课堂意外的实际出发，灵活处理课堂偶发事件呢？

1. 因势利导，机智转化。课堂教学中，学生的回答常常出乎教师的意料之外，但同时也给教师带来了教学灵感。教师可以以学生的回答为切入口，巧妙地加以引导或转化，以新的教学思路推进教学，并使学生的思维自然而然地向课堂教学目标接近。如在"探究酸和碱之间发生什么反应"教学时，课堂上出现学生提出与课本不同的方案来证明氢氧化钠溶液能与盐酸反应时，教师不能拘泥于课本，应及时调整教学思路，积极引导学生评价方案的可行性，并用实验来说明。

2. 充分预设，注重生成。虽然课堂教学中存在着诸多不确定因素，"人们无法预料到教学所产生的成果的全部范围"，但绝不意味着教师在课堂上可以"脚踏西瓜皮，滑到哪里算哪里"。教师既要精心设计教学，对教学内容、方法、步骤仔细推敲揣摩，又要充分考虑学生，在施教时根据课堂具体情形科学把握教学方案的预设与生成。如在探究"分子是不停地运动的"实验教学时，有学生在分析结论时提出：使酚酞变红的物质不是氨气，而是氨水，此时，教师不能用"以后再解释"来搪塞学生，应通过实验帮助学生理解碱溶液使酚酞变红的实验事实。

3. 有效调控，随机应变。马卡连柯说过："教育技巧的必要特征之一就是随机应变的能力。有了这种品质，教师才可能避免刻板的公式，才能估量此时此地的情况特点，从而找到适当的方法并加以正确地运用。"教学应该是真实自然的，不必刻意去求顺、求精、求完美。一旦出现问题，我们应该以坦然的心态去面对，利用有限的资源，积极思考对策，合理解决问题，只有这样课堂才是活的，教学才是美的，教学活动才是有价值的。譬如，有的教师在演示证明二氧化碳气体的密度比空气大的实验时，经常因倾倒错误而出现"高的蜡烛先熄灭"，此时，他们的做法往往是重做一次实验，其教学效果肯定不如教师抓住这一失误及时分析原因好。引导学生得出实验操作的规范是实验成功的关键。

为此，当我们在课堂中面对学生的问题或教学事件束手无策时，无须惊慌失措，应学会把令教师头疼的问题或教学事件"抛给"学生，让学生充分思考与讨论，这样不但可让学生自己去讨论解决问题，而且也为自己争取到了思考问题的时间，更是把原来可能造成课堂尴尬的局面扭转为有利的教育资源的过程。

1. 在"活动与探究"教学中，教师应如何处理学生探究的自由度与课堂教学秩序两者的关系？

2. 课堂上，碰到学生随意打断老师的讲课，并提出与教学内容无关的问题时，应如何处理？

3. 课堂中偶发事件的应变，需要教师的教育机智，那么，应如何培养教师的教育机智呢？

4.6　如何有效组织实验探究教学

候诊案例

【案例一】《常见碳酸盐的性质》活动与探究教学片段

碳酸根离子和碳酸氢根离子的检验：

投影图片：盐酸腐蚀含碳酸钙的建材。

提出问题：从石灰石可以与盐酸反应，你联想到了什么问题？

学生分组讨论：碳酸钙能与盐酸反应生成使澄清石灰水变浑浊的气体。

提出问题：你如何设计实验来验证你的结论？

实验探究：在同学们的桌上各有一包药品（Na_2CO_3、$NaHCO_3$、K_2CO_3、$MgCO_3$），都标有药品的名称，按照上面实验的方法实验，你会看到什么现象？反应方程式如何书写？

提出问题：为什么以上的实验现象相同呢？

学生分组讨论得出：上述物质与盐酸反应都产生了二氧化碳气体。

问题：怎么样检测一种物质中是否含有碳酸盐？

学生分组讨论：检验方法。

【案例二】《分子和原子》教学片段

学生实验及探究：

向盛有 40mL 蒸馏水的烧杯中加入 5～6 滴酚酞试剂，搅拌均匀，观察颜色（无色）。

1. 取少量上述溶液置于试管中，向其中慢慢滴加浓氨水，观察溶液的颜色（变红色）。

2. 将烧杯中的酚酞溶液分别倒入 A、B 两个烧杯中，另取一个小烧杯 C，加入约 5mL 浓氨水，用一个大烧杯罩住 A、C 两个小烧杯，B 置于大烧杯外，观察现象（只有 A 变红色）。

讨论：产生现象及原因（浓氨水具有挥发性）。

归纳与总结分子总是在不断地运动着。

举例：氨在空气中的扩散，品红在水中的扩散，水的常温挥发等都是分子运动的结果。

【案例三】《金属的化学性质》教学片段

复习提问：

1. 写出金属镁、铁、铝与氧气反应的方程式。

2. 说出镁、铁、锌、铜与酸反应的现象和它们的活动性强弱。

师：既然金属与酸的反应可以确定金属的活动性强弱，请你思考，如何确定铜、铝、银三种金属的活动性顺序呢？

师：把一根铁丝插入硫酸铜溶液中，有什么现象呢？

学生实验：铁和硫酸铜溶液反应。

观察现象：银白色铁丝表面有红色物质析出，蓝色溶液慢慢变成浅绿色的溶液。

讲解：铁能把铜从硫酸铜溶液中置换出来，是因为铁比铜活泼，稍活泼的金属可以将没有它活泼的金属从它们的化合物的溶液中置换出来。

提问：那么根据这一反应原理，你有什么办法来证明 Al＞Cu，Cu＞Ag 呢？

探究活动：

（1）把一根洁净的铝丝浸入硫酸铜溶液中。

（2）把一根洁净的铜丝浸入硝酸银溶液中。

观察现象：

（1）银白色铝丝表面有红色的物质析出，蓝色溶液慢慢变成浅绿色。

（2）铜丝表面先变黑，后来有银白色物质析出，溶液由无色变成浅绿色。

结论：铝比铜活泼，铜比银活泼。

板书：$2Al+3CuSO_4 == 3Cu+Al_2(SO_4)_3$

$Cu+2AgNO_3 == 2Ag+Cu(NO_3)_2$

诊断分析

案例一中，探究过程围绕碳酸盐与酸的反应产生共同现象的原因展开小组讨论，课堂气氛十分热烈，但教师对碳酸盐的共同组成缺乏必要的引导，而且，学生在实验室制取二氧化碳中对碳酸钙与盐酸反应的特征已经掌握，没有讨论的必要。该教学片段折射出教师在探究教学过程中过分偏重于分组讨论，虽然分组讨论能促进学生之间互相交流，互相补充，对探究的问题能达到思维共鸣，促使观点统一。但这种方式经常会流于形式，出现人云亦云的现象，表面看似热闹，但根本没有涉及碳酸盐与盐酸反应的实质，即碳酸盐中的碳酸根离子与酸中的氢离子结合生成二氧化碳与水，没有把一类反应上升至理性角度而加以归纳和总结。造成上述现象的原因是该教师对新课程理念的理解比较片面，一味追求热闹的课堂气氛，而忽略讨论的问题是否有价值，以及教师在学生讨论过程中的"裁判"作用。

科学探究的内容包括问题的产生、猜想、方案设计以及现象分析与交流、得出结论等。而案例二中，教师却没有对"分子的运动"探究的要素作任何讲解和指导，只是要求学生按照课本中的方案进行实验，这种"照方抓药"式的探究，对学生实验设计能力的提升根本没有起到促进作用。究其原因，教师对科学探究的自主性理解不够深刻，探究并不是不要教师讲授。探究式教学必须在与传统教学的融合中进行，即便是学生对某一化学现象或探究流程已有大量感性经验时，也需要教师的讲解和指导，没有教师指导的探究本身就不可能顺利进行，反而会使课堂进入无序化。为此，我们认为，实验探究教学的组织不能脱离学生实际，为了实验而实验，为了探究而探究。

案例三中，探究的问题是"如何确定铜、铝、银三种金属活动性顺序"，教师在引导学生探究时，没有在学生讨论的基础上设计方案并对方案做出评价，而是在教师的问题指向驱动下，再由教师提出利用金属与盐溶液反应的方案。这种在教师完全掌控下的不自主探究，学生的探究过程肯定一帆风顺，也容易得到能揭示反应规律的典型现象，但是这种探究过程说白了还是学生实验，是假探究，它不符合人们认识事物的过程，学生的主观能动性没有完全被调动起来，思维能力的培养和创新能力的提升就变成空谈。教师应注重引导和启发，给学生一个自由思考的空间，让学生自己想办法。"自己想办法"，要求教师在教学过程中应尽可能地不给或少给提示、暗示，让学生学习的过程真正是学生"自己想办法的过程"。在这次学习过程中，教师不再只是知识的传授者，而更多扮演的是一个学习矛盾的挑起者，问题情景的创造者，探究活动的促进者。学生真正成了学习的主人，在他们自由探索的过程中，创新精神得到了较好的培养。

借鉴案例

【案例四】《分子的运动》活动与探究设计

过渡：从品红的扩散，我们猜想分子是在运动的，但这并不能让我们信服，下面我们用实验来探究分子的运动。

提供资料：浓氨水易挥发出氨气，氨气易溶解于水，氨水使无色的酚酞试液变成红色。

演示：取一支试管，倒入 2 毫升氨水，滴 2 滴酚酞试液。

提问：有什么现象？（学生回答：酚酞遇氨水变成了红色。）

提出问题：不直接滴加浓氨水，你能使酚酞试液变成红色吗？

讨论：（发言要点汇总。）

1. 可能根据氨水易挥发的性质，然后再利用氨气易溶于水的性质。

2. 必须在一个密闭的环境中才能完成。学生先分组动口讨论，再动手实验。几分钟后，表达交流。介绍自己实验中的成功经验，总结失败的教训。

提供实验仪器：浓氨水、酚酞试液、大小烧杯、大试管、胶头滴管、棉花、滤纸条、锥形瓶、橡皮塞等。

提出要求：设计实验，探究氨分子的运动。

板书：分子的运动及实验探究过程等。

引导分析：方案一，烧杯 A 与烧杯 B 哪些条件相同，什么条件不同？为什么这样设计？

巡回引导：肯定学生发言的正确性，指导学生设计方案。提醒学生注意观察现象，引导学生透过现象，分析本质。（学生设计方案汇总。）

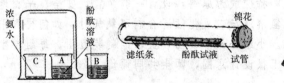

图 4 - 3　氨分子的扩散

评价方案：从方案的可行性及创新角度进行评价。

引导学生归纳：这些实验说明了什么？如果改变温度会有什么影响？归纳：分子是在不停地运动的。温度升高，分子运动加快。

【案例五】《寻找双氧水分解新催化剂的研究》教学实录

1. 提出猜想与假设

生：各研究小组提出的猜想归纳为：氧化镁、氧化铁、氧化铜可以做双氧水分解的催化剂。依据是它们与二氧化锰一样，都属于金属氧化物，故性质可能类似。

师：你们的猜想有创意，若把氧化镁、氧化铁和氧化铜作为我们寻找新催化剂的突破口，如何围绕"催化剂"的知识，设计实验方案、验证假设？请同学们思考并讨论。

2. 设计方案、验证假设

生—生：分组讨论，通过分析、比较、归纳，设计了以下实验方案（方案略）。

3. 收集证据，得出结论

生—生：通过讨论和对所观察到的现象进行分析、比较、归纳，我们认为：氧化铜、氧化铁是我们寻找到的双氧水分解的新催化剂。

师：同学们，我祝贺你们终于发现了双氧水分解的新催化剂——氧化铜和氧化铁。真是太棒了，我为你们感到骄傲！同学们还有其他猜想和假设吗？

生：我在图书馆查资料发现，猪肝也可以做双氧水分解的催化剂，我把猪肝带来了。

生：我在网上搜集到，煮熟的马铃薯也可以做双氧水分解的催化剂，马铃薯我准备好了。

生：我在课外书中发现，红砖粉也可以做双氧水分解的催化剂，我也准备了一包红砖粉。

师：太好了！你们的视野比老师更开阔。让我们继续来验证，猪肝、马铃薯、红砖粉是否也能做双氧水分解的催化剂。

【案例六】《二氧化碳制取的研究和实践》教学片段

师：展示实验室催化分解过氧化氢法制取氧气的实验装置。设问：实验室能否用这种装置来制取二氧化碳？

过渡：在此装置的基础上，扬长避短，大家共同来研究设计实验装置制取二氧化碳，首先要画出装置图，讨论其可行性。

师：适时评价设问：利用这些装置来制取二氧化碳如何操作？怎样收集二氧化碳？用什么方法检验集气瓶中的二氧化碳是否收集满了？

学生分组实验，记录实验现象。每组学生代表汇报实验及讨论结果。

师：（1）指导学生进行实验小结（成功与不足、注意事项等）。（2）针对学生提出的问题进行讨论：碳酸钠粉末儿和稀硫酸混合能产生二氧化碳，为什么不能用来制取二氧化碳？能否用碳酸钠粉末儿和稀硫酸为原料，设计一套装置，安全、平稳地制得一瓶二氧化碳？请大家回忆，过氧化氢溶液与二氧化锰混合制取氧气时，如何得到平稳的气流？

学生讨论，各抒己见。小组合作，设置装置，绘制装置图。每组学生代表上讲台投影展示所绘制的装置图，并汇报设计意图，师生共同评价。

专家建议

实验探究教学是一种强调学生积极主动、亲身经历和体验的学习方式，它能有效提高学生提出问题和解决问题的能力，促进学生的创造思维的形成。上述三个案例中的实验探究教学在激发学生科学探究的兴趣、培养学生科学探究的态度、指导学生获得科学探究的方法三个方面都做得很富有成效，教师在关键时刻都能给予学生鼓励性评价，激发学生不断追求新的发现，体验创新发现的乐趣。上述探究活动始终贯穿着"合作、自主、探究"学习的新课改理念，注重学生的科学素养培养。

学生是探究学习的主体，要想有效地实施探究式教学，就必须增强学生的主体意识，充分发挥他们的主观能动性。在案例四中，教师通过导入实验"氨水使酚酞试液变红的现象"引导学生去发现问题，提出猜想，设计方案，评价与交流等。整个教学活动始终是在教师的指导下由学生在动手、动眼、动脑的探究活动中完成的。实验探究课要求老师结合学生的实际能力，按照学生需要去确定学生所要探究的内容。在案例五中，教师抓住教材中二氧化锰能催化分解过氧化氢这一反应事实，引导学生到图书馆及上网查阅相关资料，根据所得的资料和信息，做出相应推理和猜想，通过探究实验，学生们发现了双氧水分解的多种新催化剂，从而使学生深刻理解了"催化剂"的概念。为此，教师在探究教学过程中应努力创设良好的探究学习环境，把时间留给学生，把想象的空间留给学生，把认识过程留给学生，把交流和评价的权力留给学生。在此过程中，尤其要防止教师的"主导"过头，使本应由学习主体实施的探究学习变成由教师独自"控制"下的"独舞"，失去了探究的价值。

一节课的结束，并不意味着课堂教学的终止和教学活动的终结，恰恰相反，它应当是课堂教学的继续和探究活动的延伸。案例六中，在教师引导下，学生以小组为单位，顺利、高效地完成二氧化碳的制取，教学任务已经完成了。此时，有学生提出"用碳酸钠粉末和稀硫酸为原料，设计一套装置，安全、平稳地制得一瓶二氧化碳"。对于该挑战性问题，有些教师可能会以"碳酸钠粉末和稀硫酸反应速度太快，来不及收集"为理由，自作聪明地把学生否决掉，孰不知这种"聪明"却正在扼杀着"怀疑的种子"。而教师抓住这一契机，引导学生结合过氧化氢溶液与二氧化锰混合制取氧气的发生装置，共同进行讨论与反思，最后由学生设计不同的装置，并进行合理评价，顺利解决了学生提出的问题。"学贵有疑，小疑则小进，大疑则大进"，这种质疑能力的培养对学生思维的发展、创新意识的培养起着相当重要的作用。鉴于此，不妨在课堂的尾声处鼓励学生大胆提出一些有疑惑的问题，组织学生进行讨论，从而有效地激活学生的思维，把学习引向深入。

如何有效组织化学实验探究教学，还必须注意以下两点：

1. 探究问题要有适宜的情境。教师将探究的情境创设得越巧妙，学生探究的动机就越强烈，探究的欲望就越高涨，探究的收获也就越大。这样就为探究性教学营造了"学生是研究者，学生似科学家"的生动活泼并带有一定创造性的氛围和情境。例如，在安排学生分组进行镁条与盐酸反应的实验时，同学们都观察记录如下现象：向镁条中加入盐酸时，立即产生大量气泡，同时试管口有大量的白色"烟雾"。经过讨论和检验，大家对产生的气泡、反应原理以及放热现象都形成了一致的意见，但对实验中产生的白色"烟雾"存在疑问。"这白色烟雾是什么？""管口内壁为什么有小水珠呢？"同学们议论纷纷。此时，教师抓住激发学生探究动机的最佳时机，提出问题：同学们，根据这些现象，你认为白色"烟雾"的成分可能是什么？同学们各自发表见解并设计实验进行证明……

2. 探究活动要有合理的梯度。首先，在具体活动的安排上应遵循由易到难的原则，逐步加大探究力度。学生的探究活动可以作以下的安排：刚涉及探究课题时可先安排学生进行一些简单活动，以训练探究的基本技能，了解探究的基本过程；然后可以逐渐地安排一些局部探究或指导性探究，继而在提出问题的基础上进行猜想和假设，通过实验来收集数据、做出解释与结论等，逐步培养综合性的探究技能，认识探究的内涵。在学生对探究有了一定的认识之后，就可以安排有关控制变量、建立模型、设计实验等难度较大的活动，以小组为单位协作完成。

3. 探究过程要有师生间的互动。"互动"是师生进行的一种生命与生命的交往、沟通，是一个动态发展着的教与学统一的交互影响和交互活动的过程。在此过程中，教师应通过调节师生关系及其相互作用，形成和谐的师生互动、生生互动、学习个体与教学中介的互动，强化人与环境的交互影响，以产生教学共鸣，提高教学效果。良性的师生互动局面需要教师巧妙组织学习形式，合理安排学习的进度，及时发现学生的创见并加以激励。这样，学生学习的自觉性和积极性就会被充分调动起来。因为互动能有效地激活学生自主学习的强烈欲望，活跃课堂气氛，使知识学得活，学得牢，学生充分地交流，充分地互动，产生思维的撞击和交流，不断地开拓思路，形成自己独特的体验和见解。如在"自主设计二氧化碳的发生装置"教学时，可以先安排各活动组的学生代表上台介绍他们设计的装置的优缺点，然后由其他小组展开评价。这样的群体间互动能有效地培养学生的集体荣誉感和参与意识，使学生学会相互关心，相互帮助，团结合作。

拓展研讨

1. 在实验探究教学中，如何培养学生的实验设计能力？

2. 在组织活动与探究教学时，如何处理学生的自主探究与课堂教学秩序两者的关系？

3. 在实验探究教学中，如何选择有价值的探究主题？如何合理把握探究过程中的七大要素？是否每一个要素都要重点探究？

話題五

指导学习

面向全体学生，为了每一个学生的发展，是本次基础教育课程改革的根本出发点。由传统的知识性教学转向现代的发展性教学，是新课程教学的一个显著特点。知识性教学以学科为本位，旨在传授知识；发展性教学以人为本位，旨在促进人的发展。

发展性教学不是不要知识，而是使知识以及对知识的理解和掌握从属、服务于发展。发展究竟指什么？按照建构主义的观点，发展不是外界强加的，而是一个主动建构的过程。建构主义理论认为，知识是学习者在一定的情境即社会文化背景下，借助他人（包括教师和学习伙伴）的帮助，利用必要的学习资源，通过主动的具有意义建构的方式得到的。这种"主动的意义建构"，既包括学习的愿望，学习的水平，还包括学习的能力与思维的品质。因此，《基础教育课程改革纲要》中特别强调：发展性教育，要"着眼于培养学生终身学习的愿望和能力"。这就要求我们要把在教师帮助、指导下，实现学生对知识的意义建构作为课堂教学改革的主要任务。教师在教学中不仅要考虑怎样教，更要考虑学生怎样学，要根据学生的学习特点来安排教学，激发学生由被动学习变为主动学习。教师的主要任务则是指导、引领，促进学生主动学习。教学是否有效地改善学生的学习方式、方法，推动他们有效学习，是新课程背景下衡量课堂教学是否有效的重要标志。

学习指导，广义上包括学习观、元认知、学习态度、学习动机、学习方式、学科学习规律和方法等方面的指导；狭义上则主要指学习方法的指导。而学习方法的指导，包括学习环节的安排，所选策略的配对等。在这里我们讨论教师对学生学习的指导技能，主要是指在课堂教学中，教师要以学生的学习心理为依据，为学生的自主学习创设理想的环境，对学生学习动机、学习的过程以及学习的方式进行指导和引领，在提高知识、技能的同时提高学生学习的能力。在发展学生智力的同时，发展学生的其他素质，特别是优化思维品质，更为重要。

新课程实施以来，指导学生有效学习的问题受到普遍关注。如何有效指导学生开展自主学习？广大教师在理论与实践的结合上已经积累了许多宝贵的经验。但是，由于传统应试教学的影响，特别是受教师自身素质的制约，课堂教学中如何切实有效地培养学生良好的学习习惯，不断提高学习的能力水平，仍然存在许多问题，值得大家去关注。让我们一起来诊断具体问题，分析产生原因，一起来研究并提出解决问题的方法或思路。

教与学的过程是师生双方信息交流的过程，作为主导者的老师是把知识积极传递给学生还是引导学生，让他们学会自己去发现知识产生、发展的过程？这里有一个观念问题，即是为完成自己的任务而教学，还是为发展学生去服务。目前大家已经形成共识：授人以鱼，不如授人以渔。但是如何教会学生"抓鱼"？如何促使学生去发现知识，掌握技能和方法呢？教师应该研究学生的认知特点、认识方法，运用多种手段和措施来强化对学生的学习指导。这样，学生不仅拥有了"鱼"，还学会了"捕鱼"的方法，将终身受益。纵观我们的课堂，随着新课程改革的深入，人们的观念有了很大的变化，但是，应试教育的劣根性复辟，还时刻企图回潮，因为按老办法做简单省力。学生的科学发展与教师个体关系不大，因此，教学要求与教师需要的不一致，常常导致教育者的观念与行为发生冲突，老师们总是轻"渔"重"鱼"，注重结果不关注过程，因此把获得高分作为评价教学效果的主要标准甚至是唯一的标准，就成为大家的潜规则。我国著名教育家叶圣陶先生指出："教，是为了不教。"在化学教学中，教师在传授知识的同时，必须指导学生学会科学的学习方法，这是优化课堂教学的关键，是提高教学质量的前提。在教学中，教师应该注重培养学生的独立性、自主性和创造性，引导学生养成自觉预习、专心倾听、认真复习、主动阅读化学教材等良好的学习习惯，如果学生真正学会了比较找异同，学会了分析找原因，学会了推理找切入口，学会了归纳找共性，学会了迁移用知识，学会了质疑求创新，那么，教师对学生的学习指导就做到家了。虽然这是一项非常艰巨的工作，但是只要工夫深，铁棒总会磨成针。

5.1 如何组织自学与自主学习

【案例一】《爱护水资源》（人教版初中化学九年级上册）教学片段

师：今天我们一起学习第三单元课题4"爱护水资源"。因为本课题内容相对比较简单，大家也比较熟悉，所以我们采用自学为主的学习方式，请同学们看书第59~61页：

一、人类拥有的水资源，时间约为10分钟。看完后回答老师的提问。（二、爱护水资源部分采用了同样的方式。）

生：看书。（一开始大家都比较认真地看书，6～7分钟后有同学看完了书，开始东张西望。）

全体学生看完书后，教师提问，学生回答，回答不全面、不完整的由其他同学或老师补充，教师根据学生回答情况做出评价。

【案例二】《金刚石　石墨　C_{60}》（人教版初中化学九年级上册）教学片段

师：碳的单质有金刚石、石墨、C_{60}等，它们有哪些性质和用途，它们的性质和用途又是否相同呢？请同学们看书第104～107页：一、碳的单质，包括化学、技术、社会，时间为15分钟。看完后老师提问。

（可以自己看书，也可以同学间交流，有问题还可以问同学或老师。）

生：看书。

（待学生看完书后。）

师：出示玻璃刀头、测试石墨导电性的装置、防毒面具等，并演示刻画玻璃、石墨导电性实验。每个实验结束后请同学回答实验现象说明金刚石、石墨的什么性质。

生：分别回答老师的问题。

……

【案例三】《化学肥料——化肥的简易鉴别》（人教版初中化学九年级下册）教学片段

师：要求学生阅读教材第79～81页，了解实验的步骤和方法，记住第80页资料中氮肥的简易鉴别，第81页"学完本课题你应该知道"中的——3．利用物理、化学性质的不同，初步区分常见化肥的方法，并记住有关结论（6分钟）。

师：出示氮肥（氯化铵、碳酸氢铵）、磷肥（磷矿粉、过磷酸钙）、钾肥（硫酸钾、氯化钾），按照书上的要求，通过请学生（代表）看外观、闻气味、加水溶解归纳它们的性质。

生：看外观、闻气味、加水溶解，分别得出结论，完成书上表格。

师：出示硫酸铵、氯化铵、硫酸钾、氯化钾四种化肥，要求分别加入少量熟石灰粉末儿，混合、研磨，闻气味。

生：按要求分组实验后闻气味，分别得出结论，完成书上表格。

师：分别写出硫酸铵、氯化铵与熟石灰反应的化学方程式。

生：完成化学方程式。

师：根据学生完成情况讲评。请归纳初步区分氮肥、磷肥、钾肥的步骤和方法。

生：归纳，并在书上（笔记本上）作记录。

……

诊断分析

在案例一和案例二中，教师都用了大约一节课的三分之一到二分之一的时间让学生自己看书学习，然后回答老师的提问，从形式上看是让学生自学，发挥了学生的主观能动性，但这种自学一方面由于缺少教师的有效引导和指导，学生看书的目的不明确，往往像浏览小说一样地过一遍书；另一方面由于对不同层次的学生缺少针对性，基础好的、自学能力强的学生很快了解并掌握了教材内容，甚至还学有余力，基础差的、自学能力不强的学生往往还没有看懂，甚至还没有看完；第三，学生看书时间过长，课堂气氛一般都比较沉闷，学生学习的积极性难以调动，不能发挥自学在课堂教学中的功能与作用；另外，老师提问学生回答，学生参与面小，也无法检测全体学生自学的效果，这种形式的教学往往是学习能力强的、表现积极的学生得到更多参与表现的机会，而学习基础差的、最需要老师给予更多机会的学生却得不到或得到很少的机会，进一步拉大了学生间的两极分化。

案例一和案例二虽然都是让学生自主学习，但这是一种传统的课堂教学形式，是教师与学生的一对一交流，学生学习进程的调控、学习效果的反馈都离不开教师，教师只有一个，但学生却有几十个，教师要实现在 45 分钟里与每一位学生的一对一交流实在不现实，因此，学习进程的调控和学习效果的反馈无法实现多渠道、多元化，因而教学效果不佳。

案例三中，教师首先通过让学生自学，看书了解和初步区分常见氮肥、磷肥、钾肥的方法，再记住有关结论，然后在记住结论的基础上通过实验来一一区分各类化肥。在整个教学过程中，教师比较注意培养学生的自学能力，在学生看书前也提出了一些要求，引导学生了解实验的步骤和方法，记住有关结论。应该说，如果从传统教学的角度看，这种教学效果是不错的，学生也能较好地应对考试。但是在新课改的理念下，这种教学方式存在着明显的不足之处：一是存在与案例一、二同样的问题，组织自学还比较粗放，虽然有要求但不够明确、具体，且基本上都是以学生个人自学为主，生生间、师生间缺少必要的沟通、交流和互动，没有一种合作学习的氛围；二是先让学生通过自学记住结论，再通过实验来区分各类化肥，这是一种验证式的教学，而本内容教材上安排的是探究式学习——通过实验探究来归纳和区分常见化肥的方法。探究式教学对提高学生的学习能力、创新能力是非常重要的。即使教材编排的是验证式的，教师在教学过程中也要用好教材，充分挖掘教材中可利用的探究性内容，变验证式为探究式，教师是用教材教而不是教教材，这需要教师引起足够的重视。

借鉴案例

【案例四】《爱护水资源》（人教版初中化学九年级上册）教学片段

师：今天我们一起学习第三单元课题 4 "爱护水资源"。因为本课题内容比较简单，大家也比较熟悉，所以我们主要采用小组自学的学习方式（教师已预先将学生以 6 人为一组进行了分组）。在自学之前，先看大屏幕上的图片（图表）："地球表面约 71% 被水覆盖""全球海水、陆地水储量比""缺水造成土地沙漠化、树木枯死"等。同时请同学们带着以下问题看书第 59～61 页：一、人类拥有的水资源，时间为 8 分钟。在看书的同时，每组至少要提出一个与老师提供的问题不同的问题。看完后请各组派代表汇报交流。

问题：

（1）人类拥有的水资源多不多？主要存在哪些地方？

（2）淡水资源多不多？主要分布在什么地方？其中可利用的淡水资源占总淡水资源的百分比为多少？

（3）我国水资源总量和人均水量在世界上各居第几位？分布如何？有何特点？

（4）我们的家乡——无锡被称为"鱼米之乡"，那么无锡的水资源情况如何呢？

（5）2007 年 5 月底，无锡太湖蓝藻暴发，水污染非常严重，给我们的生活带来了很大的影响，此事给你什么启示？

生：先独立看书，再小组内同学交流，相互补充。

各组代表交流，同组（不同组）同学补充，教师适时对各同学、各组进行激励性评价。

……

【案例五】《人体重要的营养元素》（人教版初中化学九年级下册）教学片段

（教师预先将学生以 6 人为一组进行了分组。）

师：设疑。据我了解，同学们中有的人喜欢吃这种食品而不喜欢吃那种食品，即存在所谓的偏食。这种饮食习惯好不好呢？请各组同学先在组内讨论，充分发表自己的观点，5 分钟后各小组汇报。

组 1：正方辩论。

组 2：反方辩论。

组 3：正方辩论。

组 4：反方辩论。

……

师：对各组的观点进行点评。

师生小结：偏食影响身体健康。特别是同学们正处于身体生长旺盛时期，更应养成良好的饮食习惯，避免偏食。

专家建议

在教学中，对于有些章节或某一教学过程的一个环节，学生可以在教师的引导下，发挥在学习中的主动性、积极性和创造性，通过自己自学来解决学习的疑难问题，自己去获得知识，运用知识。

案例四采用了学生自学的学习方式，这种自学在教师的指导下，有了针对性的供参考的问题，一方面发挥了教师的主导作用，将学生分成组，小组成员互相启发，互相帮助，对不同智力水平、认知结构、思维方式、认知风格的学生实现"互补"，达到共同提高，加强了学生之间的横向交流和师生之间的纵向交流，使学生的思维在学习过程中始终处于积极、活跃、主动的状态，使课堂教学成为一系列学生主体活动的展开与整合过程；另一方面，学生在看书时目的明确，注意力集中，思维积极，有利于发挥学生的主体作用，因此也就能发挥自学在提高学生学习能力方面的作用。应该说这改变了常规的接受式学习方式，学生在自主、合作、探究中学习，每位学生都能独立思考，同时在此基础上，使学生形成独特的感受与体验，进而在自主、合作学习中探究，在探究中自主、合作与交流，这样，学生一定会快乐地学习，快乐地成长。学生在学习过程中，只有自觉学习，主动参与，才可能积极思考，大胆探索，形成能力。

案例五以辩论的形式进行教学，同样体现了学生的自主学习、探究学习和合作学习。学生的个性得到张扬，每一个学生都可以从不同观点的学生处得到启发，丰富自己的知识，拓宽自己的视野。分组讨论交流，更多的同学可以表明观点，发表意见。教师对各组同学的观点和表现及时进行恰如其分的评价，既是对各组同学的鼓励，又是对其他组同学的激励和鞭策，有利于激发和调动每组同学的积极性。

显然，一样的学习内容，一样的统一要求式的教学，以一个标准来衡量不同的学生，已不符合新课标的要求，更不利于学生的发展。案例四和案例五由于是学生自主学习，学生有内在动力的支持，就能从学习中获得积极的情感体验，从而形成良性循环；又由于能够进行自我监控，判断自己能否回答老师提出的基本问题，在学习过程中学生就会做出相应的自我调适，从而取得理想的学习效果。

新课标指出："教学的根本任务是促进学生的全面发展，而每一位教师都应是学生全面发展的促进者。"这就要求教师科学、合理地选择教学策略和教学方法，使学生充分参与学习过程，学得生动活泼，积极主动，从而实现促进学生全面发展的目的。我们教学的主阵地是课堂，因此在课堂上更要让学生有充足的时间进行自学，自主探究，合作交流，以发展智力，培养能力。

但在实际教学过程中，组织学生自学时往往会使课堂气氛沉闷，学生的积极性难以调动，不能充分发挥自学在课堂教学中的功能与作用。为了克服这些问题，建议在自学时采用以下形式。

1. 成立学习小组，独立自学。采取分组学习的自学形式，每4～6人为一组，各设一名组长。首先，教师根据自学内容出示自学提纲，学生独立自学。在自学的同时教师要求每个学生针对自学内容至少提出一个问题，这些问题可以是学生不懂的，也可以是学生自己已经掌握但有可能别人还不明白的。这个独立自学的环节主要是让学生先全面了解所学内容，并培养学生初步学会根据教材信息提出问题的能力。这样做的好处是可以使人均参与发言的次数和时间增多。成立学习小组时要注意的是：小组人数不宜太多，以4～6人为宜，组员中最好有不同学习基础、不同个性的学生；要选好组长，组长最好由组员推选，教师要对组长进行必要的培训。为了使小组学生便于讨论、倾听、评价、反馈，教室的座位安排形式也应从传统的按排坐改变成围成一圈的小组形式，同时还要兼顾学生看黑板时的角度，要让学生既方便讨论，又方便听课。

2. 组内成员交流，共同探讨。学生独立自学并提出问题以后，组长组织每位组员轮流提出自己的问题，其他组员抢答，遇到较难问题时全组成员共同探讨，也可邀请老师参与指导。同时全组选定一两个问题参加全班的"自学挑战赛"。最后根据发言，全组推选出最出色的组员担任下一次的新组长。通过组内的交流活动，让学生共同讨论学习中的疑难问题，进一步理解和掌握知识。交流时，每位学生可以无拘无束地就自学内容发表意见，特别要给那些胆小拘谨的学生提供更多自由表达的机会。在讨论和交流的同时可以培养学生主动与学习伙伴交往的意识和能力。组内成员交流要注意的是：教师要引导学生尊重他人，不仅敢于发表自己的意见，还要学会倾听他人的想法和意见，并能对小组其他成员的不同观点给出委婉恰当的反馈。

3. 组间相互挑战，共同提高。各学习小组选定问题以后，选派代表向其他组发起"挑战赛"。被挑战组内知道答案的学生可以不用举手直接回答，同组成员有不同意见可以互相补充。当该组回答不完全时，其他组可以竞相抢答。提出问题的学生还要对回答给出"满意""不太完整""有补充"等评价。对于学生中出现的超越教材、难度较大或答案不唯一等等有争议的问题，教师应及时予以说明或补充。这种形式的活动有利于培养学生的竞争意识和集体主义精神。

4. 积极组织评议，调动积极性。挑战结束以后，教师和学生一起针对"哪一组的提问最贴近教材重点、最新颖有创意？""哪一组回答问题最多、最完整、最精彩？"予以讨论和评议。评选出提问和答问优秀小组。这样做的好处是：活动以学生的主动参与为主，课堂形式活泼多样，学生主动参与学习的积极性将大大提高。如能坚持这样的训练，学生发现知识、发现问题的能力将逐步增强。而且由于教师对学生的提问不加限制，学生的思维能力将得到提升，常常会获得书本以外的知识，同时也激发了一部分学生的探索和创造意识。另外，少数不爱发言的学生通过在组内的锻炼，语言表达能力和思维能力也将得到不同程度的提高。建议教师在每堂课上都应有意识地教给学生一些自主学习的方法，给出明确的学习目标及学习方式，然后给予学生充分的时间学习讨论，不让方法和形式走过场。要让学生在长期的自主学习中，逐渐培养起自主学习的能力和习惯。

拓展研讨

1. 如何提高学生自学时把握重点的能力，从而提高学习效率？
2. 如何在学生自学时关注到每一位学生，特别是学习困难的学生？

5.2　怎样培养学生的质疑习惯与能力

候诊案例

【案例一】《空气》（人教版初中化学九年级上册）教学片段

师：演示"测定空气中氧气含量"的实验后，问：同学们看到了什么现象？据此你能得出什么结论？

生：进入集气瓶的水约占原空气体积的五分之一，说明氧气约占空气体积的五分之一。

师：请同学们再仔细观察，进入集气瓶的水有没有达到原空气体积的五分之一呢？

生：不到五分之一，但很接近。

师：很好！拉瓦锡通过实验得出的结论是氧气占空气总体积的五分之一，而我们的实验中，为什么气体减少的体积小于五分之一？

生：可能红磷的量比较少，氧气没有反应完。

师：如果装置漏气了，又会怎样呢？

生：达不到五分之一，所以也可能是装置漏气了。

师：还有没有别的原因？

（没有学生回答。过了一会儿。）

师：若没有冷却就打开了弹簧夹呢？

生：也会达不到五分之一，因此可能是没有冷却就打开了弹簧夹。

……

师：实验表明，空气中氮气的体积分数约为78％，氧气的体积分数约为21％……

【案例二】《酸和碱之间会发生什么反应》（人教版初中化学九年级下册）教学片段

师：酸和碱之间是否会发生化学反应呢？如能反应，又将发生什么样的反应呢？请认真观察下面的实验，判断酸和碱之间是否会发生化学反应。

（演示实验：在氢氧化钠溶液中滴加稀盐酸。）

生1：无现象，不反应。

生2：是无现象，但也可能发生了反应。

师：那怎样来判断它们是否发生了化学反应？能否对上述实验作些改进，以做出正确的判断呢？请思考实验方案。然后交流。

（学生充分思考后回答。）

生2：先在氢氧化钠溶液中滴加几滴无色酚酞，变红色。再逐滴滴加稀盐酸，若滴加至一定量时红色消失，说明它们能反应；若滴加至足够量时红色不消失，说明它们不能反应。

生3：先在氢氧化钠溶液中滴加几滴紫色石蕊溶液，变蓝色。再逐滴滴加稀盐酸，若滴加至一定量时蓝色变成紫色，说明它们能反应；若滴加至足够量时颜色不变，说明它们不能反应。

生4：先在稀盐酸中滴加几滴紫色石蕊溶液，变红色。再逐滴滴加氢氧化钠溶液，若滴加至一定量时红色变成紫色，说明它们能反应；若滴加至足够量时颜色不变，说明它们不能反应。

……

师：以上方案都可以，但生2的颜色变化最明显，所以我们采用生2的方案。

（演示生2的实验。）

诊断分析

案例一基本都是教师按照自己的预设提问，学生回答，应该说这种教学方式对启发学生的思维，提高学生的思维能力是有一定帮助的。但学生始终被老师牵着鼻子走，老师问什么，学生答什么，缺少进一步思维的空间，而且教师的提问方式也存在不足，不是给学生创设相应的情境或给予一定的提示，而是直接将答案以提问的方式给出，学生实际上无须动脑筋顺着老师的提问说下去就行了，根本就没有起到启发的作用。出现这些问题的主要原因在于教师没有把握住提问的核心目的和技巧，提问不仅仅是为了得到某一个答案，同时还要通过提问掌握与答案相关的知识点，做到举一反三，触类旁通，而很多教师仅仅是为了提问而提问，或是为了直接引出答案而提问，在设计问题时没有充分考虑问题答案的内涵及所涉及的知识点、答案内容与其他学科知识的联系等，更多的只是流于形式。学生如果长期接受这样的训练，很难形成有效的考虑问题的方式方法，不会去深入思考还有没有别的可能，还有没有别的问题，仅仅是"说一就是一"，而不会"由一及多"。因此，这种教学方式对于学生质疑习惯和能力的培养是非常不利的，这也是传统教学的一种弊端。

案例二中，教师很好地用实验引出了教学内容，并通过实验现象引出了相关的问题，通过学生的思考提出了不同的实验方案，应该说到此这位教师的提问策略还是成功的，但是接下来他却放弃了进一步提问的做法，没有让学生自己来分析方案的优劣而是直接宣布了结果，让前面提问的效果大打折扣。教师之所以这样做一是担心学生没有足够的分析能力，得出很多的结论但回答不到点子上，二是担心学生的讨论和回答耗费大量的时间影响后面的教学。其实教师大可不必担心，学生既然能设计出不同的实验方案，也就能找到不同方案的优劣所在，如果能让设计方案的同学对比自己的方案去评价对方方案的话，效果会更好。如果教师让学生自己来分析，来评判，虽然时间花的多一点，但学生在思考的过程中，往往会产生很多的问题，而有些问题的产生是教师在备课时无法预料到的，这些问题让学生自己提出来并交由学生自己讨论，效果远比教师直接传授来得好。长期训练，学生就会逐渐养成质疑习惯，形成质疑能力。

【案例三】《空气》(人教版初中化学九年级上册) 教学片段

师：下面老师演示"测定空气中氧气含量"的实验，请同学们仔细观察实验现象及水面的变化情况，同时认真分析，根据所看到的现象能得出什么结论？

生：……进入集气瓶的水约占原空气体积的五分之一，说明氧气约占空气体积的五分之一。

……

师：请同学们再仔细观察，进入集气瓶的水有没有达到原空气体积的五分之一呢？

生：不到五分之一，但很接近。

师：很好！为什么水会进入集气瓶？请同学们结合物理、化学知识思考：本实验中进入瓶中的水的量是否就是气体减少的量？气体减少的量又与哪些因素有关？

生：……

师：拉瓦锡通过实验得出的结论是氧气占空气总体积的五分之一，而我们的实验中，为什么气体减少的体积小于五分之一？

生1：可能红磷的量比较少，氧气没有反应完。

生2：可能是装置漏气了。

生3：燃烧消耗了氧气后，瓶中剩余的气体主要是氮气，氮气不能燃烧，也不能支持燃烧，因此，即使红磷的量较多，瓶中的氧气也不可能与红磷反应完。

……

师：对于此实验，同学们还有什么问题需要提出来共同讨论的？

生：拉瓦锡的实验用汞与氧气反应，而老师做的实验中为什么用红磷？还能否用其他物质代替？

……

【案例四】《质量守恒定律》(人教版初中化学九年级上册) 教学片段

师：化学变化一定有新物质生成。既然物质在化学变化前后发生了变化，那么反应前、后物质的总质量会不会也发生变化呢？

生1：反应后物质的总质量可能减少。

生2：反应后物质的总质量可能增大。

生3：反应后物质的总质量可能不变。

生4：在某些反应中可能增加，可能减少，也可能不变。

师：究竟哪种猜想正确呢？请看录像。

(实验1：天平的左盘放一段蜡烛，右盘放砝码使之平衡。点燃蜡烛，一段时间后天平向砝码一侧倾斜。)

(实验2：铜粉加热后增重。)

生：反应后物质的总质量会发生改变，可能增加，也可能减少。

师：这个结论是否正确，我们暂不下结论。

(要求学生分两组做好书上的两个实验：屏显实验要求和注意事项。)

(实验3：磷在空气中燃烧。)

(实验4：铁钉和硫酸铜溶液反应。)

生：反应后物质的总质量不变。

生：（生疑）为什么录像中的两个实验质量改变而自己做的两个实验质量不变？究竟化学反应前后物质的质量总和是否改变呢？

师：请分别比较录像1、2，实验3、4中反应前称的是哪些物质的质量？反应后称的是哪些物质的质量？你能得出什么结论？

生：……反应前后物质的质量总和应该相等。

师：那能不能设计实验证明录像中的两个实验反应前后物质的总质量不变呢？

生：……

专家建议

《化学课程标准》将科学探究作为"课程改革的突破口"，明确科学探究既是一种重要的学习方式，又是义务教育阶段化学课程的重要内容。科学探究包括多个步骤，但其中一个非常重要的步骤就是发现问题、提出问题，这是进行科学探究的基础和前提。因此，在教学中是否善于培养学生的质疑习惯与能力以及培养得怎样，将在很大程度上决定学生是否会科学探究，这值得我们每一个教育工作者重视。

在案例三中，教师利用对拉瓦锡"探究空气成分"实验的改进实验，从实验原理、实验现象以及分析现象、得出结论等方面与学生一起进行了探究，很好地培养了学生分析问题、解决问题的能力。最后由学生对比两个实验所用药品的不同，引出问题：为什么拉瓦锡的实验用汞与氧气反应，而老师做的实验中用红磷？还能否用其他物质代替汞或红磷？为学生提出问题创设了情境，为学生的质疑创造了条件。

案例四中的实验1、2利用空气中蜡烛燃烧后质量减小、铜粉加热后质量增加两个实验和实验3、4磷在空气中燃烧、铁钉和硫酸铜溶液反应质量不变设置探索情境，自然而然地让学生生疑：为什么有的质量减小，有的质量增加，有的质量不变？是不是化学反应前后物质质量总和的变化没有规律？这种情境设置诱发了学生的认知冲突，造成了学生心理上的悬念，有利于吸引学生注意，激发探究兴趣，唤起学生的求知欲望，激发学生对新知识的需要和探索的迫切愿望。教师在教学中就要善于设置这样的情境让学生生疑，提出问题。

培养学生的质疑习惯与能力可从以下三个方面考虑：

1. 为学生的质疑创造条件。由于九年级才学化学，所以化学教师培养学生的质疑习惯与能力只能从九年级开始。从上第一节绪言课开始就要十分重视，并要为学生的质疑创造条件。学生提出问题需要勇气。教师在教学中要建立和谐的师生关系，营造一个良好的质疑氛围，激励学生产生提出问题的勇气。教师要鼓励学生大胆地猜想，大胆地怀疑，提出自己的问题。对学生提出的问题，不管提得如何，教师都不要压制或不予理睬，要有宽松的氛围，鼓励学生提问，哪怕提的有些问题十分简单、幼稚或不切主题，教师可启发、诱导，鼓励学生多思考，整理后再提出来，努力使学生的思考集中在要学的知识上，使学生做到非"疑"不质，是"难"才问，养成良好的提问习惯。

2. 教给学生质疑的方法。教师要教给学生质疑的方法，应想方设法设置各种情境，联系生活实际，激发学生的求知欲，激发学生提出问题。教师指导的重点应放在设计让学生发现并提出问题的情境上，而不是在设计问题本身上，应着力培养学生发现问题的能力。在平时的化学教学中，要认真钻研教材，精心设计教案，巧设疑问，以趣激疑，以问设疑，以疑导思,让学生主动学习,大胆质疑。教师要引导学生抓住重点词句,抓住关键问题提问,不能浅问辄止,而应该刨根究底,多角度地思考,多方位地发问。要在质疑上舍得花时间,绝不能走过场,搞形式,应该实实在在地让学生学会提问,逐步培养学生养成由不敢问到敢问、由不会问到会问、由问的问题质量不高到提出较高质量的问题的习惯。

3. 对质疑的学生进行表扬。学生一开始往往都是比较好问的,后来越问越少,甚至不问了,出现这些现象的原因很多:比如教师对学生的提问特别是简单的提问不予理睬,甚至说怎么连这个问题都不会;有些学生的提问可能会使得教师的答案出错,教师就加以回避,久而久之学生就失去了质疑的积极性。不管如何,对提问的学生要大胆表扬,在全班表扬,并且要正面回答学生的提问,将敢于提问、善于提问的学生的情况记入学生成长记录袋,同时采用加分、记星等方法保持学生持久的提问养成习惯,形成能力。比如某教师在讲解"将一小块白磷放入热水中,白磷不会燃烧。如果将一支空的试管伸入热水中罩住白磷,白磷就会在试管中燃烧,产生白烟,最终水会进入试管约五分之一体积"这道题时,当时就有学生提出"根据物理中压强的原理,试管中的水倒流应该小于五分之一",教师课后咨询过物理老师后,第二天上课就修正了自己的答案,并表扬了该学生,同时也让全班同学加深和巩固了有关知识点,使学生明白了大胆提问对他们学习的帮助。

4. 让提问的学生不断进步。教师要善于分析学生的提问,对学生每次的提问均要认真回答或启发、帮助学生自己回答,同时还要根据学生提的问题分析该生其他方面是否存在问题,在帮助解决这个问题的同时一并解决其他问题,这样,学生在学习等方面会不断取得进步。比如,某学生向老师提出"20g氢气与氧气的混合物点燃后生成了1g克水,问原混合物中氢气和氧气的质量间有比为多少"这个问题该如何考虑和解决。老师分析该学生对于这类有反应物剩余的题目不会分析哪一种反应物有剩余,反应物恰好完全反应时的质量间有什么关系。这样,教师就可以有针对性地进行讲解,然后通过相类似的题目进行巩固,使学生能够通过这一道题目的提问掌握这一类题目的解答方法,使学生的提问能够让他学会学习,不断提高。同时教师还要对这样的学生不断进行宣传,树立典型和榜样,让同学们看到身边经常提问的学生在进步,成绩不断提高,学习能力不断增强,让其他同学看到提问对化学学习的帮助和提高,都向他们学习,从而在全班形成勇于质疑、善于质疑的好风气、好习惯。

1. 如何解决学生提不出问题的现状?
2. 如何指导学生提出有质量的、真正有疑问的问题,做到非"疑"不质,是"难"才问?

5.3　怎样培养学生的化学预习和复习的能力

候诊案例

【案例一】《金属材料》(人教版初中化学九年级下册)布置预习
师:下节课我们将学习第八单元课题1《金属材料》,请同学们回去预习教材第2~6

页，希望能认真看书，把握并记住重点，不懂的明天课上提出来，我们一起来解决。有兴趣的同学可以通过上网等途径查找一些金属材料的资料，比如鸟巢的主体建筑结构采用的是哪种材料？

生：回家看书预习……

第二天上课伊始，教师首先提问：鸟巢的主体建筑结构采用的是哪种材料？

生面面相觑，竟然无一人查找资料！教师有些不悦。

接着，教师又提出了以下几个问题：

(1) 金属材料分为哪两种？

(2) 金属所具有的共同的物理性质有哪些？

(3) 什么叫合金？合金的性质与组成它的纯金属比有哪些不同？

(4) 常见的铁的合金有哪两种？它们的主要区别在哪里？

(5) 为什么钛被称为"未来金属""太空金属""亲生物金属"？

(6) 你通过预习之后觉得有哪些问题需要老师帮助解决？

……

由于学生预习不到位或根本未曾预习，对于教师提出的问题不能很快做出反应，慌乱中在课本上找答案，却往往回答得不尽如人意。教师大为恼火，将学生狠狠地批评了一通。

【案例二】《物质的鉴别复习》（人教版初中化学九年级）教学片段

师：今天这节课我们复习物质的鉴别。物质的鉴别方法有多种，可根据物质的物理性质、化学性质的不同来加以鉴别。下面分别举例说明。

（练习：请利用物质物理性质的不同来鉴别铜和铁。）

生：可以根据颜色来区分，红色的为铜，银白色的为铁。

师：很好。还有别的方法吗？

生：利用密度不同来鉴别，密度大的是铜，密度小的是铁。

生：还可以利用熔点不同来鉴别。

生：利用化学性质的不同来鉴别。铁是较活泼金属，而铜是不活泼金属，前者能与稀盐酸反应，而后者不能与之反应。

……

师：请利用物质化学性质的不同来鉴别氯化钠和碳酸钠。

生：分别取样加稀盐酸，如有气泡产生为碳酸钠，无现象为氯化钠。

……

诊断分析

在案例一中，教师布置了预习内容《金属材料》，意图是让学生认真地看书，自觉地查找资料，但是教师只是一时心血来潮，觉得预习是学生学习的一个环节，就布置了预习作业，但是没有给学生提供一定的预习提纲，更没有对如何复习加以指导，且过高地估计了学生的自觉性。对大部分学生而言，由于对预习的重要性认识不够，总认为预习其实不能算作真正的作业，况且在教师未曾指导的情况下也不知该如何预习，感觉预习无非就是看看书，往往只会像浏览小说一样过一遍，一般也不会发现问题，提出问题，也就缺少对问题的思考，甚至连书都懒得看，充当"南郭先生"，反正老师也不一定检查，最终使预习流于形式，效果自然不会好。本案例中，教师完全不必去过多地责怪学生，而应多从自身找原因，可以将课堂用于检查预习情况的问题作为预习提纲，让学生带着问题有目的性地去预习，去看书，就容易把握新课题的重点，发现自己问题所在，听课时才能有侧重点，尤其关注自己的薄弱的、不能很好理解的部分，从而提高了听课效率，这样才能体现预习的价值。

在案例二中，教师复习的内容是物质的鉴别，但是该教师采用罗列式过一遍的方法进行复习，对有关物质从物理性质、化学性质两个不同角度来加以鉴别。这种复习只是对旧知识的简单回忆和重复，缺少对知识再提高的复习过程，学生对物质鉴别的方法只能构建一个由点到线的知识网络，没有积极调动学生的思维，未能在思路的分析、方法的选择、方案的设计及评价等方面加以引导。学生从中无法学到科学的复习方法，在知识与技能方面提高不够明显，更谈不上过程与方法、情感态度与价值观的渗透了。本案例完全可以先让学生选择方法，并用规范的语言加以描述（先讲操作→现象→结论），以培养学生语言表达能力和规范答题意识，然后归纳这些方法并加以评价，以培养学生的分析概括能力及实验的评价能力。这样的复习不仅仅停留在知识层次，更对学生能力的提升大有裨益。

借鉴案例

【案例三】《化学元素与人体健康》（人教版初中化学九年级下册）布置预习

师：今天不布置其他书面作业，请同学们认真完成下列预习作业，在书上相应地方做记号，记号不要太多。明天课前检查。

1. 提供下列表格，要求学生从教材、网上、报纸、杂志、医学书籍或通过调查访问等途径获得，填写表 5-1，上课带来。

表 5-1

元　素	人体内含量	生理功能	适宜摄入量	摄入量过高对人体影响	摄入量过低对人体影响	主要食物来　源
碘（I）						
钙（Ca）						
锌（Zn）						
铁（Fe）						
硒（Se）						

2. 调查市场上有哪些补钙、补锌、补碘、补硒和补铁等保健药剂或营养补剂出售，查看它们的标签或说明书，了解它们的主要成分。

3. 收集几种不同品牌和不同产地的食盐包装袋、牛奶瓶（或牛奶袋），下节上课带来。

【案例四】《气体的实验室制法复习》（人教版初中化学九年级）教学片段

师：今天这节课我们进行《气体的实验室制法》专题复习。初中化学中主要介绍了哪几种气体的实验室制法呢？

生：氧气、二氧化碳、氢气。

师：一般是从哪几个方面来研究气体的实验室制法的？

生：药品、反应原理（化学方程式）、装置（发生装置、收集装置）、检验、验满、验纯等。

师：屏幕显示实验室制取这三种气体有关上述内容的空表格（学生每人一表）。要求学生逐一完成药品、反应原理（化学方程式）部分表格。

生：完成部分表格。

师：那如何来选用制取气体的发生装置呢？教师用屏幕分别显示几种制取气体的发生装置。请学生选择实验室用加热高锰酸钾制取氧气、用加热氯酸钾和二氧化锰混合物制取氧气、用过氧化氢和二氧化锰制取氧气、实验室制取二氧化碳、实验室制取氢气的发生装置。

生：回答上述问题。

师：为什么分别选用上述装置呢？

生：要考虑反应物的状态、反应的条件。如固固加热型则选用实验室制取氧的发生装置，如固液常温型则选用实验室制取二氧化碳的发生装置。

……

师：要求学生完成练习。分别提供实验室制取氨气、甲烷、硫化氢等气体的药品、原理、物理性质等，请选择发生装置、收集装置。

【案例五】《铁生锈条件的探究式复习》（人教版初中化学九年级）教学片段

师：铁在什么条件下会生锈？

生：铁与氧气、水同时接触时会生锈。

师：很好！如何设计实验来探究铁生锈与什么条件有关？提出实验设计的方案。

生思考后设计出与课本相似的方案，即用三支试管，一支试管中铁钉只与水接触，一支试管中铁钉只与干燥的空气接触，一支试管中铁钉既与水又与空气接触。

师：为什么要设计这三个实验？

生：为了对比。

师：说得很好！如何控制实验条件，使铁钉只与水接触或只与干燥的空气接触？

生：将水煮沸后迅速冷却，倒入干净的试管中，再倒入适量植物油，将铁钉浸没其中，就可以使之只与水接触。

师：对！为什么要将水煮沸后迅速冷却，且倒入植物油？

生：因为水中溶解了少量的氧气，温度升高其溶解度减小，倒入植物油主要是隔绝空气。

师：很好！那如何才能控制条件使铁钉只与干燥的空气接触？

生：将试管烘干，再放一团包有干燥剂的棉花，塞好塞子。

师：说得真好！铜和铁一样也会生锈，已知铜锈的化学式为 $Cu_2(OH)_2CO_3$，能否根据质量守恒定律及所给化学式猜想铜与空气中哪些物质发生了反应？试着写出化学方程式。

……

接下来，教师又引导学生对铜生锈的条件进行了探究……

专家建议

在案例三中，老师把预习作为作业来布置，为了让学生有时间预习，达到预习效果，教师没有布置书面作业，因此学生一般都会去预习。布置预习的任务很明确：通过查阅教材、报纸、杂志、医学书籍或采用上网和调查访问等途径填写表格，学生有具体的预习任务可做，教师也容易检测学生的预习情况和预习效果。

在案例四中，教师对气体的实验室制法进行了专题复习，对研究实验室制取气体的一般方法进行了系统的复习，使学生对研究实验室制取气体的一般方法有了一个完整的思路。这对学生今后学习其他气体的实验室制法是非常有帮助的。最后，通过未学习的几种气体的相关练习，既检测了学生复习的效果，又巩固了所学知识，相信这样的复习将会让学生形成一个完整的知识网络，是对所学知识的再一次提高。

在案例五中，教师对于铁生锈的条件这一知识点的复习不仅是采取简单的知识罗列或问答，而是采用探究式的方法进行，以一系列的问题为主线，将实验方案的设计、条件的选择及控制、质量守恒定律的运用等考点穿插其中，使复习的内容形成一个知识块而不是单个的知识点，便于学生理解和对知识的融会贯通。复习过程中不仅使学生有效地掌握了相关知识点，而且渗透了科学方法——对比法和控制变量法，培养了学生刻苦钻研的科学品质和精神，同时对学生如何进行有效的复习亦起到一个很好的示范作用，于潜移默化中教会了学生复习的方法。

真正会学习的人，必定是一个会预（复）习的人，因此培养、提高学生的预（复）习能力在新课改的实施过程中显得越来越重要。可以从以下几方面入手：

1. 培养习惯，明确预（复）习的重要性。预习使学生在进入课堂前就对所学内容做到了心中有数，听课更有针对性，起到事半功倍的效果。作为教师要创设情境，提高学生预习的兴趣，可结合课题，先给学生讲一个故事、提几个有吸引力的问题或做几个现象十分明显的实验，使学生在心理上对课题产生兴趣。例如，在酸碱性及酸碱指示剂的教学前，教师可以演示石蕊试液与酚酞试液分别遇酸、碱溶液的变色的实验，学生感觉非常惊奇，非常想知道是怎么回事，预习的愿望油然而生。多次的识记谓之复习，其作用是给信息加工提供机会，对所学的化学知识进行不断的再编码，增进加工深度，从而记得更好。德国心理学家艾宾浩斯的遗忘曲线告诉我们，遗忘具有先快后慢的规律，即在识记后最初遗忘较快，以后逐渐减慢。因此，让学生及时复习，促成他们养成良好的习惯十分重要。教师不仅要强调重要性，更要创造机会让学生体验到及时复习后的成功感。例如，关于化学方程式的书写，在新课教学的第二天，教师有意识地进行几分钟的随堂练习，如果学生课后做到了及时复习，一定会完成得很好。这份来自教师的鼓励和肯定无疑激发了兴趣，是学生获得学习自信心的源泉，有助于良好习惯的养成。

2. 注重引导，体现预（复）习的探究性。探究性学习方式一方面增强了学科的综合性和实践性，另一方面培养了学生独立思考、分析问题、解决问题的能力。如何在复习中体现探究性？这是值得每位教师研究的课题。复习不是知识的简单重复或搞题海战术，无论是教师还是学生，如果陷入这种套路，只会事倍功半。因此，教师要加强研究，运用探究式复习，不仅会提高复习效率，同时对学生复习方式的革命亦有积极的示范和引导作用。教师可以设计一些小课题，让学生在探究中不知不觉地进行知识的复习，提升对知识的运用能力。例如，酸碱盐复习中教师可以设计对"皮蛋中的化学"的探究，学生查找皮蛋的历史及腌制配方，知道原料为：CaO、Na_2CO_3、$NaCl$、H_2O，教师从可能发生的反应推测浸出液的成分并对其中的成分进行实验鉴定等几方面加以引导，放手让学生去思考分析，最终得出结论。在学生进行探究的同时，对酸碱盐之间的反应、物质的鉴别、实验的设计都有涉及,既有效地夯实了基础,又培养了学生知识的灵活运用能力,复习效果较好。

3. 建构知识体系,培养预(复)习的自主性。建构主义学习理论强调以学生为中心,学习是通过意义建构的方式获得知识("意义建构"是指把握事物的性质、规律及事物之间的联系),而学生是信息加工能动的主体,是意义的主动建构者。预(复)习的最高境界是学生自己会读书,会学习,能够自主建构知识体系,增强学力,从而受益终生。所以,在学生养成了预习习惯后,可以逐步脱离预习指南,引导学生学会看书,学会查找资料等。复习不是简单的知识重现过程,更是一个构建知识网络和再提高的过程。教师要教会学生构建知识网络,形成"点→线→面"立体的知识结构。例如,对四种基本反应类型和氧化还原反应之间的关系,好多学生对置换和复分解反应分辨不清,更不清楚它们间的相互联系。若学生经过整理归纳,不仅使零散的知识变成了一个整体,更会对原来模糊困扰处恍然大悟,记忆深刻。再如,元素化合物知识的核心是物质具有的化学性质,即能发生哪些化学反应,学生可以自己从各种物质的相互转化中归纳整理。氧气和二氧化碳单元可以构建各自的小范围的知识网络图。总复习阶段还可以构建整个初中阶段大范围的知识网络图。这些物质间的转化关系图有利于学生从宏观层面上把握物质的化学性质,使知识融会贯通。

拓展研讨

1. 如何能让学生在教师不提供预(复)习提纲的情况下进行预(复)习并提高其预(复)习的效率?

2. 如何才能提高学生构建知识网络的能力并使学生在复习时得到再提高?

5.4 如何提高学生的实验技能

候诊案例

【案例一】《化学实验基本操作》(人教版初中化学九年级上册)教学片段

师:今天我们学习化学实验基本操作。

一、药品的取用。药品的取用分为固体药品的取用和液体药品的取用。首先我们一起来学习固体药品的取用。

(讲解并演示:固体药品的取用。)

固体药品又分为块状(颗粒状)固体和粉末状固体。块状(颗粒状)固体的取用:取一支试管,将试管横放,用镊子取块状药品放在试管口,然后将试管慢慢竖立起来,使固体缓缓滑入试管底部。

粉末状固体的取用:取一支试管,将试管口略朝上斜放,用药匙取粉末药品伸入试管,然后将试管慢慢竖立起来。为了防止粉末儿粘在试管壁上,可以用纸槽将粉末儿固体送入试管底部,再将试管竖立起来,把纸槽抽出。

二、液体的取用。所用到的是量筒和胶头滴管。先向量筒里倾倒适量液体,快到刻度线时改用胶头滴管。读数时视线要与液体凹液面的最低处保持水平。

……

自始至终，学生都被要求仔细观察教师的演示，并记下了操作要点，或在教材相应部位画上线。

【案例二】《二氧化碳的制取和性质》（人教版初中化学九年级上册）教学片段

二氧化碳的新课结束后，教师让学生分组做了如下实验：

师：今天的实验内容是《二氧化碳的制取和性质》。对照实验桌上的仪器和药品，说一说今天将会用到哪些。

生：大试管、锥形瓶、双（单）孔橡皮塞、导管、铁架台、集气瓶、小烧杯、玻璃片、澄清石灰水、紫色石蕊试液、大理石、稀盐酸、木条、火柴、酒精灯等。

师：请同学们按照投影上实验步骤认真完成实验：

（1）组装仪器，检查两套装置的气密性。

（2）向大试管（锥形瓶）中加入几小块大理石，倒入适量的稀盐酸，塞紧瓶塞。

（3）用向上排空气法收集一集气瓶，并验满。

（4）将气体通入紫色石蕊试液中，观察颜色的变化。

（5）将上述已经变色的石蕊试液加热，观察现象，并与加热前比较。

生：按照老师的要求独立完成各实验。

师：巡视指导。

诊断分析

在案例一中，教师的任务是"讲"和"做"，基本停留在"看实验""听实验""背实验"的陈旧的教学模式上，过分强调了老师的主导作用而忽略了学生的主体作用，未能认识到化学实验是化学课程教与学的重要内容和方式方法以及实验对于全面落实培养科学素养的目标的重要性。该案例中，学生没有化学实验基础但又对化学实验充满好奇，对于教师的演示实验及操作要领，学生不一定看得清楚，更不一定记得牢。应同时发挥教师和学生两方面的主体作用，在讲解清每个实验的基本操作后进行演示，要求学生仔细观察，然后由学生模仿操作进行训练，训练过程中教师加强巡视，发现问题及时指导。同时让学生把握操作的关键，教师可以将操作要领概括为简单易记的话，如块状固体的使用可以概括为"一横二放三慢竖"，学生如果加上自己的实际操作，就会较快掌握要领，有效夯实基本技能。

在案例二中，学生做该实验时已经积累了一定的实验技能，尽管实验步骤、药品的选择等是预先设置好的，对学生实验能力的提升仍然有一定帮助。但是该案例最大的问题在于：二氧化碳制取和性质实验是在新授课结束后，做的仅仅是课本内容的验证性实验，不容更改，不容有"意外"出现，一切按部就班，学生根本就不必动脑子去思考，只需看一步做一步，对实验技能的提高收效甚微。从动作技能来看，化学实验技能主要包括化学实验基本操作技能、实验仪器和药品的选择技能、实验操作的综合运用技能等三个方面，本案例中对实验技能的训练仅仅停留在低级层次上。若将该实验放在新授课上，在教师指引下师生共同从药品的选择、装置的选择原理及组合角度加以分析，由学生自主完成实验，在探究中有效展示知识的形成过程，而性质实验采用边讲边实验的方法进行，就会使学生在体验过程的同时，掌握一定的问题的研究方法和有序的思维方式，尤其有利于学生实验仪器和药品的选择技能和实验操作的综合运用技能的提高。

【案例三】《溶解时的吸热与放热现象》（人教版初中化学九年级下册）教学片段

教师演示：向烧杯（底部用石蜡粘有一小木块）中注入半杯水，加入三匙 NaOH 并不断搅拌。让学生观察现象（烧杯底部粘着的木块掉下来了），思考可能的原因是什么。

生：可能是 NaOH 加入水中溶解时，水溶液的温度升高，使烧杯底部的石蜡熔化，因而木块掉下来了。

学生的疑问：是不是所有的物质溶解时，溶液的温度都会升高？物质溶解时，溶液的温度为什么会升高？

师：很好！下面我们就围绕同学们的猜想和疑惑来进行研究。

（生阅读有关教材，明确活动目标、实验用品，并设计实验方案。）

生 1：先测出水的温度，再向水中加入溶质，完全溶解后测出水溶液的温度。若水溶液的温度高于水的温度，则物质溶于水放热，反之吸热。

生 2：……

师：同学们的思路很正确。老师也有一个方案，请同学们比较老师及自己的方案，想想，哪个方案更好？为什么？（附方案：取三只烧杯分别注入 100mL 水，测定此时的水温为多少。再分别向其中加入两药匙 NaCl、NH₄NO₃、NaOH，搅拌至完全溶解，再分别测定三只烧杯中溶液的温度。）

生：我觉得老师的方案更好，因为水是等量的，且溶质也是等量的。

师：很好！接下来请同学们自己完成这一实验。

（生认真完成实验。）

师：假如很少的溶质加到大量的水中，温度变化情况又会如何呢？请同学们试一试。

生：这样可能水溶解的物质太少，水形成溶液后的温度变化不明显，测不出物质溶于水是吸热还是放热，甚至得出错误的结论。

师：对！所以我们在做实验时，必须对实验条件的控制作周密的考虑，养成严谨的科学态度，学会控制变量，使实验结果更为可信。

【案例四】《生活中的盐》（人教版初中化学九年级下册）教学片段

师：请大家讨论以下问题：

1. 将固体从液体中分离出来有哪些方法？如何从溶液中得到溶质？

2. 怎样将粗盐中的不溶性杂质（泥沙）除去？如何从溶液中得到精盐？（提示：要从溶解度的角度考虑。）

3. 实验操作中需要哪些仪器？怎样制作过滤器？

4. 实验中要注意哪些问题？

生答略。

师：今天的学习任务：活动与探究——粗盐的初步提纯（实验称取 2.5g 粗盐）。

投影：

1. 探究名称：_____

2. 探究目的：为了得到较为纯净的氯化钠（精盐）。

3. 探究步骤：

(1) _____：①称取 2.5g 粗盐；②量取 5mL 水。

注意：逐匙加入并搅拌，到粗盐不再溶解。

（2）_____：注意：①一贴、二低、三靠；②如果滤液浑浊，应再过滤。

（3）_____：注意：①搅拌；②蒸发皿中出现较多固体时，停止加热。

（4）计算产率：

生两人一组进行实验：分工协作，分步操作，记录现象及数据。师巡视并指导；加入某组和学生一起实验，了解情况，寻找问题，发现闪光点。

师：引导学生根据实验结论进行误差分析：（给出理论产率）（投影）

1. 造成实验误差的原因可能有哪些？

2. 根据实验误差的原因，你在操作中还应该注意什么？怎样改进？

生分组讨论并交流结论，师肯定、点评学生的结论并根据情况给予补充。

专家建议

在案例三的教学中，教师采用的是实验探究教学法。教师先做一个演示实验，根据现象由学生猜测可能原因，由此亦产生了新的疑问，学生的心理处于"愤""悱"状态。由于学生的实验设计能力毕竟有限，急切地想去做但又无从下手，本案例由学生先阅读教材再自行设计出方案，在教师的引导下与教师直接给出的方案进行比较，同时加以评价，降低了学生自主探究的门槛，符合学生的心理发展水平和知识储备状况。通过对实验方案的评价及自己动手实验，学生在对比中学会了科学探究过程中控制变量的方法，不仅训练了学生的实验基本操作，更是渗透了过程与方法，使学生的实验技能从最初的模仿教学逐步向自主探究的综合运用技能阶段过渡，大大提高了学生的实验技能。

在案例四中，教师一开始运用了"先行组织者"策略，即先提出几个问题让学生讨论，为接下来的实验操作环节做好知识上的准备，在此基础上的操作就更加具有目的性。实验操作环节是学生自主完成的，虽然教师给出了部分注意点，但是主要的操作步骤是由学生归纳总结的。最为闪光的是最后的误差分析，不同的小组实验的结果（产率）各不相同，有的甚至大相径庭，为什么？教师从不同的角度引导学生进行分析归纳，对照自己的操作过程，反思实验操作的成败，在不断尝误纠错中提高自己的实验操作技能，培养学生关注细节、一丝不苟、追求卓越的科学品质，提高科学素养。

化学是一门以实验为基础的学科，实验可以使学生获得生动的感性知识，更好地理解、巩固所学化学知识，同时促进观察、分析和解决问题等各方面能力的提高。那么如何培养学生的实验技能呢？在教学中可采取如下措施：

1. 立足基础，做好示范，夯实化学实验基本操作技能。课堂演示实验是配合讲授、课堂讨论的重要环节，使课堂气氛生动活泼，学生学习兴趣增强，注意力集中。准确而有效地进行课堂演示实验，不仅在培养学生实验技能中起着示范作用，而且也可启发学生思维，培养学生观察、分析、综合和解决问题的能力。因此，要发挥教师的主导作用，使演示实验不流于形式，改变按课本背实验的不良做法。演示前要做好充分的准备；实验操作要规范，保证让全班同学看清、看懂；对实验中可能出现的问题和学生感兴趣的问题不要一带而过，而应共同分析讨论，让学生在思维的碰撞中把握实验操作要领。对于比较困难的实验操作，可以对操作进行分解，让学生反复模仿练习，领会和体验其要领，学会一个后再进入下一个环节，然后进行完整的实验操作。如通过实验室里制取氧气的实验分析，可归纳总结出下述操作内容:(1)仪器的选择、连接和固定;(2)装置气密性的检查;(3)药品的取用;(4)加热方法;(5)气体的净化和干燥;(6)气体的收集和放置;(7)装置的拆卸,对每一步的操作关键教师都应规范演示,详尽指导,夯实操作技能。

2. 创造条件,多多动手,让实验技能在实践与思考中提升。俗话说"熟能生巧",动手的次数越多,动手的能力越强。教师一方面必须充分发挥实验仪器和设备的作用,如组织化学兴趣小组、开放实验室、开展各式各样的实验活动等。其中兴趣小组活动除了举办扩展课内所学过的知识内容的专题讲座外,还可以做化学趣味实验,制作实验教具、组织参观、进行社会调查等多种形式展开。在小组活动中尽量发挥学生的特长,鼓励学生多动手,多动脑,多实验。这种放手让学生参与的做法不但使学生学得开心,而且知道怎样做,做后记得也牢,必将激励学生积极思考的意识,增强化学实验思维能力,拓宽学生知识面,变被动、机械的学习为主动、灵活的学习,学生动手能力也必然会有很大的提高。另一方面,教师可以酌情将部分演示实验改成学生实验,多为学生创造一个动手参与、动脑思考的课堂气氛。学生能做的要放手让学生完成;学生可能做到的,教师要创造机会帮助学生完成;学生不能完成的实验再由教师做。此外,鼓励学生积极开展家庭小实验,要求学生保质保量地完成教材上的家庭小实验,既习得化学知识,又培养学习兴趣,还提高实验能力。

3. 依托教材,渗透过程与方法,让实验技能在探究与综合中升华。实验探究是综合运用所学的化学知识与化学实验技能、科学过程与科学方法来展开的一种活动,对学生科学素养的养成起着不可替代的作用。近年来,在新的教学理念指导下,实验教学变得灵活、多样、开放,强调过程与方法,逐步走出了过去靠"听实验""纸上谈实验"也能得高分的误区。教师要以教材为依托,积极开发探究素材,创设探究情景,引导学生在实验探究中学,学实验探究的方法,让实验操作的综合运用技能在探究中得以进一步升华。例如,制取二氧化碳药品的选择,教师可以先让学生回忆哪些方法可产生二氧化碳,有动植物的呼吸、含碳物质的燃烧、含碳酸根的某些物质与酸反应等等。得出初步结论后,教师再引导学生分别对含碳酸根的某些物质与酸的选择进行探究,通过实验操作筛选出最佳方案:大理石或石灰石、稀盐酸。有些实验还可让学生自己设计,提出改进实验的思路和方法,变被动为主动,充分调动学生学习的积极性,激发学生对化学实验课的兴趣。如,二氧化碳与氢氧化钠溶液的反应没有明显现象,如何证明两者发生了化学反应?你可以设计出几套装置?并通过实验来加以验证,教师在此过程中对学生加以指导。学生兴趣盎然,积极动手,大胆创新,在有效培养学生实验技能的同时亦培养了学生的发散性思维与创造性思维。

拓展研讨

1. 如何创造条件,让学生更多地利用家中的实验器材和药品多做家庭小实验并确保安全?

2. 如何在不影响教学进度的前提下,让学生在课堂上有更多的动手操作以提高实验技能的机会?

话题六

现代信息技术

《新课程标准》指出：现代信息技术的发展必将对化学教学的价值、教学内容的呈现方式以及学教的形式产生重大的影响。化学课程的设计与实施应重视运用现代信息技术，特别要充分考虑计算机网络技术对化学学习的促进作用，因为它们能为学生提供更为丰富的助学资源。如果能把现代信息技术作为学生学习化学和教师解决教学问题的辅助工具，那么，教师的教学行为与学生的学习方式都可以得到显著的改观，师生的互动会有更好的效果，因为在现代技术这个平台上，只有想不到的而没有做不到的。当教师激情执教，学生真情乐学的时候，可以说，没有什么问题不能解决。

化学教学资源的开放是对传统的挑战。在信息技术发达的今天，除发挥教材、教板、实物、模型、化学实验室等传统教学媒体的功用外，还应重视多媒体等体现现代信息技术的教学手段，可以利用图像、声音、视频等多种手段刺激学生的感官，以提高学生的学习效率，有利于课堂教学改革不断深入。现代信息技术，特别是多媒体技术的使用，可以有效地激发学生学习的兴趣，改变枯燥单调的课堂教学模式，丰富教师的教学手段，使化学实验微观化，动态过程可视化，空间想象直观化，微观现象宏观化，放大了视野，延伸了感知能力。如果利用得好，必定大幅度提高课堂教学效果。

也就是说，现代信息技术手段与课程整合，不仅可以激活化学教学，使其在教学方式、形态和结构上发生变化，而且还可以提升人文素养，在情感、态度与价值观上也起到积极的推动作用。时下，老师们对信息技术手段在化学课程中的运用主要包括：多媒体课件的演示、学生学习软件的使用、网络资源的共享等。然而在具体实施的过程中，往往存有以下问题：

1. 偏离课程目标，过于追求形式而忽视化学知识的生成和发展过程。主要表现为：使用多媒体课件时，没有结合教学的实际需要采用经济有效的手段，而是盲目地提高演示课件的技术要求，结果导致资源的浪费和学生知识体系建构的缺失。

2. 变"人灌"为"电灌"，不能与传统教学手段有效嫁接。眼下，不少教师误认为：优课评比，就是比谁的课件做得更好。其实，做任何事情都有一个"度"，过了头，就失去了它应有的价值。如果用现代信息技术去充斥课堂，代替课堂教学的一切，那一定是失败的教学。设想：老师必要的粉笔板书，必须学生亲自动手的实验操作以及师生之间亲切的对话交流，还有学生讨论中的思维碰撞……这些活动，如果都让多媒体课件代替了，那么课堂也就失去了它应有的人文光彩。

3. 忽视学生的思维活动和情感需求，不能有效帮助学生在课堂学习中形成化学经验。在使用现代信息技术手段的过程中，太过关注形象化的因素，注重挖掘生活中的信息，结果忽略了化学学科本身的理性建构，使化学课丢失了化学味，这也是当下化学教学中经常出现的问题。

4. 使用现代信息技术的时机不准确，选择现代信息技术的手段不恰当。该用现代信息技术手段的时候往往没有用，而不需要用时，却偏偏用上了，甚至有的老师把化学课堂变成了现代信息技术手段的"大杂烩"，这些都不利于帮助学生积极探索化学规律。

现代信息技术只有与化学课程内容有机整合，才能使信息技术更好地服务于化学课堂教学，起到积极帮助学生掌握基本知识和技能、基本思想和方法，积累基本的活动经验，有效建构化学知识体系的作用。

下面针对问题案例的诊断、分析和建议，将帮助你解决两个基本问题：现代信息技术在什么情况下使用最佳？怎样使用现代信息技术才可起到最大的助教、助学作用？

6.1 现代信息技术如何有效活化文本

候诊案例

【案例一】《原子的构成》（人教版初中化学九年级上册）教学片段

课题引入：

教师：我们在前一单元的学习中已经学到了分子、原子，知道了什么是分子、原子，那么作为两种构成物质的基本粒子，二者有什么区别呢？

学生：在化学变化中分子可分，原子不可分。

教师：那是不是原子是最小的粒子，再也不能分了呢？

学生：不是。

教师：那么原子又能再分成哪些粒子呢？今天我们就来学习"原子的构成"。

教师：1897年，在英国科学家汤姆生发现电子以后，人们开始揭示原子内部的秘密，逐步认识了原子的真实面目。

（屏幕上依次出现道尔顿的原子论及其原子结构图、汤姆生的原子结构图、卢瑟福的原子结构图等不同时期的原子结构图。）

教师：经过许多科学家长久的努力，我们终于知道了原子的内部结构，请看图。

（屏幕上打出原子结构图，将图分解并逐一讲解。）

教师：所以我们说，原子可以分为……

【案例二】《离子》（人教版初中化学九年级上册）教学片段

教师：通过前面的学习，我们知道原子中有一个原子核和核外绕着原子核运动的核外电子，那么这些电子在原子核外是如何绕核运动的呢？像行星绕太阳运动一样有固定轨道依次排开，还是各自做无规则的运动？抑或有其他的运动方式？

（动画：第一个，模拟行星的运动方式表现电子的绕核运动；第二个，杂乱无序的无规则运动。）

请学生思考认为合理的运动方式。

……

教师：通过研究发现电子的绕核运动没有规则，但有特别喜欢出没的区域，在化学上称为电子云。

（播放电子云的动态图片。）

……

教师：为了便于我们研究，最后，我们把核外电子的排布规定为分层排布，并用原子结构示意图来表示这种排布方式。

……

教师：研究核外电子的分层排布有什么用呢？

（用Flash动画的形式表现出以氦、钠、氯为代表的稀有气体元素、金属元素和非金属元素在化学性质上的活泼程度。）

教师：为什么这些元素在化学性质上有如此大的差异呢？这主要是由它们的最外层电子数不同造成的，比如……

诊断分析

文本的"活化"指的是将文本的言语、内容、结论、情感等通过重组、整合、改造、优化来改变它原有的呈现方式，使之最贴近学生的语言习惯，最符合学生的年龄特征，最契合学生的认知规律和学习方式。

在案例一中，教师运用了多媒体中的图片功能，向学生展示了各种原子结构并对正确的原子结构给予了分解和讲解，虽然为学生理解原子结构创设了一个比较直观的情境，但是在多媒体的运用上包括后续的教学中都比较单一，基本上都是以图片的形式为主，再附加表格对比的形式。图片是一个二维的信息，虽然比文字形式的讲解更有利于学生对相关文本的理解和掌握，但图片缺乏立体感，仅用图片对于理解像原子结构这类涉及微观粒子及其空间结构的文本内容时会缺乏形象感，学生不能有效地想象原子的微观结构。也许最后学生能够记住"原子由质子、中子、电子构成"这一结论，但这就失去了使用多媒体来帮助教师活化文本，帮助学生理解记忆的教学目的。很多教师，特别是中老年教师，由于受限于自己的电脑水平，在使用多媒体课件时往往都是以图片的展示为主，形式单一化，僵硬化，使得运用现代信息技术活化文本的效果减弱。

在案例二中，授课教师充分运用了动画、图片、表格等多种表现形式，能够让学生形象、直观地掌握知识点，从表面上看对活化文本有较好的效果，但实际上在教学过程中，由于授课教师过多地运用了动画等形式的教学方法，在一定程度上分散和削弱了学生的专注程度，反而使学生更津津乐道于动画中的有趣之处。而且将一些不合理的知识点以动画的形式体现出来，虽然本意是想通过对比来衬托正确内容，但是形象的表现方式也会强化这些错误观念在学生头脑中的记忆。许多教师，特别是刚工作的青年教师，由于电脑水平较高，思想较为活跃，更容易出现与上述相类似的问题。因而，过多运用各种多媒体表现方式不仅不会将效果最优化，反而会适得其反，所以要有效活化知识文本应当合理地运用多媒体等现代信息技术。

【案例三】《原子的构成》（人教版初中化学九年级上册）教学片段

课题引入：播放电解水和水蒸发的动画。

教师：通过刚才的动画演示我们可以得出，物理变化与化学变化的微观意义上的区别是什么？化学变化的实质是什么？分子和原子的区别是什么？

学生回答教师提问……

教师：那是不是就说原子不能再分呢？

学生：不是。

教师：如果原子可以再分，那么原子可以分成什么呢？这就是我们这节课要学习的内容"原子的构成"。

（用图片的形式简单介绍人类对原子结构认识的历史过程。）

教师：所以现在我们认为原子由原子核与核外电子构成，原子核由质子与中子构成。

（播放动画：通过由远及近的方式展现核外电子绕原子核运动的情况，再进入原子核内展现原子核由质子和中子构成……）

【案例四】《燃烧和灭火》（人教版初中化学九年级上册）教学片段

教师：燃烧是我们生产、生活中一个非常重要的化学反应，但是燃烧一旦不能被我们所控制就会形成火灾，那么在面对火灾时我们应该如何来扑灭大火呢？通过刚才的学习，我们知道燃烧要发生必须满足三个条件，如果要灭火，只须要破坏燃烧所需要的条件就可以了，这就是灭火的原理。

（投影：二、灭火　1.灭火的原理：破坏燃烧的条件。）

教师：那么，应用灭火的原理，我们可以具体采取哪些措施呢？请同学们注意观看下面的一段录像，然后说出在录像中出现了哪些灭火方法。

（播放视频：播放一段消防员灭火的消防安全教育片。）

（学生回答之前的问题，教师总结归纳。）

……

教师：如果我们发现了火灾或被困在火场中，我们该如何处理呢？

（播放消防安全知识及自救的图片和漫画。）

教师：通过刚才的图片，我们知道了在面对火灾时我们应该……

专家建议

文本的"活化"能够丰富文本，激发学生的学习兴趣，加强学生对文本的理解和感悟，更有利于学生对知识的掌握。传统的教学，往往把文本视为被记忆或被表述的静态学习对象，教师就像医生拿着手术刀一样，将文本进行分段、肢解，长篇累牍地进行分析，灌输定律、概念等的微言大义等，学生接触的不是有血有肉、生动形象的文本，而是语言枯燥、高度概括甚至晦涩难懂的"天书"。

案例三中，教师首先利用动画展现了物理变化与化学变化的微观实质，证实了分子与原子的区别，既复习了前面的内容，也为课题的引入进行了铺垫。而后面的教学中所涉及的原子是学生没有任何直观印象的知识点，初中生又缺乏相应的空间想象能力，因而利用动画的表现形式让学生充分感知原子这种看不见、摸不着的微观粒子，形象地展现原子的内部结构，将微观粒子宏观化，有效地活化了教学内容的文本，使学生理解性地记住了原子的结构而非教师灌输式的死记硬背。

案例四中，教师首先利用录像向学生展示在日常生活中具体的火灾实例和灭火方法。由于无法在课上模拟相关实验，所以通过录像中鲜活的事例和消防员的具体做法让学生自己去总结灭火的方法，远远比教师空口讲述来得有说服力和专业性；然后通过漫画，在轻松的气氛中掌握火场自救的措施，既缓解了刚才录像带来的压抑感，又让学生学到了有用的生存常识。利用这些多媒体手段改变了教师照本宣科的死板教学，使教学文本更形象，更丰富，更生活化，使学生能从生活实践中学得知识，同时又能将所学的知识用于生活，而不是死读书，读死书。

以多媒体为核心的现代信息技术在教学中被应用后，大大丰富了教师的教学方法和手段，为活化文本提供许多新的途径。传统教学中，教师主要以语言讲解为主，辅以实验、教学挂图、模型器具等对教学文本进行激活，虽然取得了一定的效果，但并不理想。因为挂图、模型等是平面型的"死物"，只能静态地帮助教师进行文本的教学，在一定程度上比白纸黑字、语言描述稍微形象一点，对学生感觉器官的刺激有限，并不能强化学生对文本的记忆和理解。而现代信息技术由于其强大的多媒体功能，可以利用音乐、视频、动画等手段对文本进行分解、阐述、再加工和表现，将声、光、电等全方位的刺激作用于学生的感觉器官，充分激发学生的学习兴趣，使学生的大脑处于兴奋状态，提高学生的学习效率。

随着电脑等数码产品的普及，教师对电脑的掌握和运用也日趋熟练，越来越多的教师在教学中运用了现代信息技术。但是在实际的教学运用中同样暴露出了很多问题，比如说，教师只是用多媒体的文字展示能力代替教师口述，用图片功能代替教学挂图等，将现代信息技术作为传统教学手段的替代品；也有部分教师在教学中过多地使用现代信息技术，整堂课音乐、动画、视频层出不穷，表面上看来生动活泼，但实际上严重分散了学生的注意力，起到了一个负面效果。那么，如何才能在教学中有效地利用现代信息技术来活化文本，为教学服务呢？

首先，要熟读教材，理解文本，把握使用现代信息技术活化文本的时机。文本来源于教材，但不等同于教材，明确文本在教学内容中的地位和作用，明确文本的知识结构和特点，明确文本中的哪些内容是学生必须掌握的，是学生在学习时的难点所在，然后有针对性地选用现代信息技术对文本内容进行活化。活化文本的方法和手段有很多种，不是所有的文本都一定需要用多媒体手段来进行活化的。比如，对于像《氧气》《氧气的制取》等课题，由于在教学过程中有大量的实验，因此就无须使用诸如动画、视频等多媒体手段来活化文本。如果你硬要使用其他手段，反而会削弱实验的效果，起到反作用；而对于基本粒子的教学，由于教学对象是看不见、摸不着的抽象物质，因此，借助于多媒体技术中的动画等手段，可以有效活化教学文本，提高教学效率。

其次，要根据内容合理选择用现代信息技术活化文本的手段和方式。以多媒体技术为核心的现代信息技术集合了声音、图像、视频等多种表现形式，但是这些表现手段并不是万金油，不能对所有文本都采用相同的手段和方式来展现和活化，机械式地生拉硬拽、生搬硬套反而会造成一种"画虎不成反类犬"的效果，因此，必须研究文本知识点本身的特点并结合学生的认知特点来选择合适的方法和手段。比如，对于分子、原子等微观粒子的教学，由于这些粒子的特殊性，无法用普通的仪器观察到，因此对于分子、原子等没有很多的图片、视频等资料，即使有也模糊不清，难以辨认，所以在教学时就应尽量少用学生看不清或难以理解的图片等表示形式，可以较多地采用动画模拟的手段来向学生展示，这样就可以很好地将相关文本内容加以活化。

再次，在使用现代信息技术手段的时候要注意形式的多样化和使用的合理性。化学作为理科，讲求的是严谨、科学，现代信息技术的使用就是为了将学生难以想象、难以理解的知识文本形象化、简易化，易于学生接受。因此，在使用现代信息技术时，首先要避免手段的单一。许多教师使用最多的就是图片，而且还是教材上有的图片，对学生而言缺乏足够的新意和吸引力。比如"炼铁"这一知识点的教学，对于相关的图片学生都已经非常熟悉了，如果教师还是只用图片的话对于这个知识文本的活化实际上没有多大的帮助。但是，如果我们能够用动画的形式模拟高炉炼铁，就能让学生真正理解各原料的用途，高炉中发生的反应等相关内容。另外，也要避免使用得过度。化学中很多知识点（特别是概念类和原理类的）的教学需要教师耐心细致的分析和对比，要求教师要有足够的时间进行讲解，同时也要求学生要全神贯注。如果过度地使用诸如视频一类的多媒体手段，就会占用教师对知识正常讲解所需要的时间，会使知识点的教学粗糙、不到位，同样会使学生无法将注意力全部集中起来，会漏掉很多重要的讲解，导致教学的失败。所以在运用现代信息技术时，一定要适度、合理。

拓展研讨

1. 能否将网络和交互式多媒体的教学方式引入化学的课堂教学？
2. 化学的课堂教学如何更有效地解决使用现代信息技术后学生笔记减少、课后复习困难的情况？

6.2　现代信息技术如何与传统教学手段有效嫁接

【案例一】《如何正确书写化学方程式》（人教版初中化学九年级上册）教学片段

教师：知道了书写化学方程式的原则后，我们该如何根据这个原则来书写化学方程式呢？下面我们就来学习书写化学方程式的步骤和方法。

投影板书：二、化学方程式的书写步骤

教师：一般我们把书写方程式的步骤归纳为"写、配、等、注"四步，所谓写就是写出反应物、生成物的化学式和反应条件等并用短线相连；配就是配平方程式，使反应前后的原子个数相等；等就是将短线改为等号；注就是在生成物的旁边标注上相应的箭头。

投影板书相关内容。

教师：在书写步骤中最难的就是配平方程式，下面我们就来看一下配平的方法有哪些。

投影板书相关内容。

······

教师：利用刚才介绍的几种方法我们来配平下列方程式。

投影板书相关反应。

······

【案例二】《有机合成材料》（人教版初中化学九年级下册）教学片段

教师：我们人类目前发现的物质有几千万种，其中大多数都是有机物，少数是无机物，那什么样的物质是有机物呢？有机物和无机物有什么不同呢？请看录像。

播放视频：介绍有机物。

······

教师：有机合成材料主要分为三类，即塑料、合成纤维、合成橡胶，我们先来了解一下有关塑料的知识。

播放视频：介绍塑料。

教师：接下来再来了解一下有关合成纤维的内容。

播放视频：介绍合成纤维。

教师：最后我们来看一下合成橡胶有哪些知识。

播放视频：介绍合成橡胶。

······

诊断分析

案例一中，教师运用了多媒体课件来进行方程式书写的教学，条理清晰地向学生讲解了相关的教学内容，但是教师整堂课都一直在用多媒体课件不断地投影教学内容，没有在黑板上进行板书，学生的课堂练习也只是在纸上进行，一节课从表面上看非常紧凑，但是也存在许多问题。首先，作为教师，课堂板书是一种非常重要的传统教学手段，是无法替代的，然而，这位授课教师在用课件进行教学以后黑板上没有写一个字，知识点随着页面的翻过快速地推进，没有办法将一些重要的知识点或关键之处留在固定的地方让学生去记录、理解和消化，许多学生不能很好地进行课堂笔记的记录，特别是一些速度较慢、接受能力不是很强的同学无法跟上教师的教学速度，在练习时又没有笔记可以对照，导致听课效率大打折扣。其次，学生在进行课堂练习时虽然教师可以通过巡回的方式来了解学生的练习情况，但由于学生相互之间缺乏沟通，因而无法发现一些潜在的问题；也许教师可以通过一些改错的方式让学生来了解他们可能会出现的一些问题，但如果不是他们犯的错误就没有很强的说服力，警示效果也不明显。许多教师在用多媒体课件时，特别是进行复习课的时候，往往为了能够加进更多的内容，会把速度加快，不写板书，实际上对于学生来说，走马观花式的复习没有多大效果。

在案例二中，授课教师充分运用了视频的表现形式，让学生很好地了解了许多日常生活中的知识点，充分体现了现代信息技术的优势，然而授课教师却走向了另一个极端，用录像视频代替了教师的讲课，一节课基本上在录像的播放中过去了。虽然本节课的教学内容相对比较简单，重要性也不强，很适合用录像等手段进行教学，但是过分依赖录像等手段而忽视甚至取代教师的作用是错误的。录像等手段可以丰富教学内容，可以开阔学生的视野，但是在录像中无法突出和体现教学的重点，过多的信息会让学生对于课堂教学内容的记忆产生干扰（特别是一些书上没有但学生又比较感兴趣的内容），最终导致的结果就是学生一节课下来好像学到了很多知识，但又不知道这节课教的到底是什么。很多教师在进行类似内容的教学时都喜欢这种方式的教学，比如《爱护水资源》部分内容的教学等。在教学中没有什么可以替代人的作用。

借鉴案例

【案例三】《爱护水资源》（人教版初中化学九年级上册）教学片段

课题引入：播放几张我国"神六"飞船拍摄的地球照片。

教师：从太空中看地球是什么颜色？为什么是这个颜色？

学生：蓝色。因为地球表面大部分被水覆盖。

教师：很好，地球表面约70％被水覆盖，可以说是一个"水球"，那地球上的水是不是就很多，取之不尽、用之不竭呢？地球上的水资源到底处于什么样的状况呢？下面进入今天的课题"爱护水资源"。

……

教师：通过上面的一组数据我们可以发现，地球上的水资源总量很大，但淡水资源很少，而可供利用的淡水资源就更少了。而且，地球上的水资源分布极不平衡，污染又很严重，造成了许多国家的水资源短缺。下面我们来看一段相关的视频。

播放视频：介绍非洲的水资源危机和全球水污染情况。

教师：刚才大家看到的是全球面临的问题，那么我国又是一个什么样的情况呢？

播放视频：介绍我国的水资源现状。

教师：我国的水资源现状可以简单地归纳为总量多、人均少，沿海多、内陆少，污染多、干净少。形势不容乐观。面对这样严峻的形势，我们该怎么做？

……

教师：节约用水现在已渗透到我们生活、生产的方方面面，请大家谈一谈你或你的家庭是如何节水的。

学生回答，教师在黑板上进行记录、总结。

教师：刚才大家谈了很多生活中的节水行为和细节，下面我们再来看一下北京奥运会是如何节水的。

播放视频：介绍奥运会各场馆（特别是水立方和奥运村）的节水措施。

……

【案例四】《燃烧和灭火》（人教版初中化学九年级上册）教学片段

课题引入：播放连续剧《三国演义》中火烧赤壁的一场戏。

教师：刚才大家看到的就是三国中最具有传奇色彩的一场战役——赤壁之战。我想问大家几个问题：一、诸葛亮巧借来的东风在这场战役中有什么重要作用？黄盖驾驶的小船点着后又有什么作用？曹军被连在一起的战船在大火中又充当了什么样的角色呢？

学生回答略。

教师：刚才大家回答的答案都有道理，实际上都和我们今天要学习的内容"燃烧和灭火"有关。首先，我们先来了解一下燃烧需要的条件有哪些。

实验：书上第124页实验7-1。

教师：大家看好书上的讨论题，我们逐一来进行回答。

学生回答书上的问题。

板书：燃烧的条件。

教师：通过对实验现象的分析，我们最终可以得出燃烧需要的条件有三个：可燃物、空气（或氧气）、可燃物温度达到着火点。结合开头的问题，我们可以将它们的作用归结为：黄盖着火的小船起加热引燃的作用，使曹军木船的温度达到着火点；东风为燃烧提供足够的空气；而曹军连在一起的战船则是可怜的可燃物。由此可见，不管在什么场合，化学都能闪烁耀眼的光芒。

………

 专家建议

案例三中，教师使用的卫星图片切合教学内容，引出课题，教师的讲解对学生进行一次很好的爱国主义教育，一举两得。后面的两段视频有力地说明了全球的水资源现状和我国的水资源现状，具有权威性和震撼力。同时，教师对视频深情的讲述让学生深刻地了解缺水地区人们生活的困苦，让学生自觉地产生要节约用水的想法。最后，利用奥运会让学生了解其他的节水方式，开阔学生的眼界，关注社会热点。图片、视频等的利用有效弥补了教师单纯说教的不足，学生热烈的讨论，教师画龙点睛般的讲解和归纳，都使学生自觉、主动地融入到教学中去，自发地掌握了相关知识点。

案例四用学生熟悉的历史故事、电视引入课题，极大地激发了学生的学习兴趣，几个提问也很好地切入了课题，为这节课开了个好头。接下来，教师精彩的实验让学生看到了意想不到的现象，激发了学生想知道为什么的兴趣，让接下来的讨论和教师的讲解更有效。最后，教师详细讲解了开头的问题，再一次强调了燃烧的三大条件。通过视频、实验、教师的讲解、学生的讨论多方位地进行教学，让学生更轻松地掌握教学内容。

随着新课程改革的不断深入，随着以电子计算机为核心的现代信息技术的不断普及，现代化的教育手段越来越多地被运用到教学中去了，随之而产生的问题也日益凸显。那么，如何才能将现代信息技术与传统教学手段相嫁接，相融合，使二者有机地结合起来发挥最大的功效呢？

首先，要协调好二者之间的关系。在教师中现在主要存在两种观点，一种认为传统教学手段已经过时，代表着陈旧的教学模式，不符合新课程理念，应该被淘汰，被以现代信息技术为核心的现代化教学手段所代替；还有一种认为现代化教学手段只是门面，没有什么实质性的作用，远不如教师不厌其烦的讲解和课堂练习有效，不如不用。这两种观点走了两个极端，过分夸大了一种教学手段的作用，而忽视了另一种教学手段的功效，用一种教学手段来替代另一种手段，将两种教学手段放到了对立面上，无法发挥二者的作用。因此，应该处理好在课堂教学中两种教学手段的关系，用现代化教学手段来丰富传统教学手段，用传统教学手段来弥补现代化教学手段的不足，二者相辅相成，取长补短。化学教学中实验是必不可少的内容，是学生掌握化学理论知识的重要手段之一，也是传统教学手段中重要的一种，但是课堂教学中实验也存在着一些不足之处，比如，有些化学实验会涉及有毒有害物质，会影响人体健康，再进行实验就明显不合适了，此时我们就可以用录像或动画模拟的方式让学生既能准确地观察到实验现象，又能保证安全。所以在教学活动中，教师合理地使用各种教学手段，能够有效地传递教学信息，使学生有效地掌握教学内容，实现教学收益的最大化。

其次，要根据化学学科的特点和教学内容合理选择教学手段，没有任何一种方式方法是万能的，每一种教学手段都有其优势，也有其适用范围，我们要根据实际情况来合理选择相对应的教学手段。化学是理科，实验、计算、概念和定理等都是主要内容，实验和计算的教学需要教师亲自演示、示范和辅导，而概念和定理等是需要抽象思维来理解的内容，因而选择传统教学手段更有效；同时，化学也是与生活紧密联系的一门学科，是一门在不断发展和完善的学科，对于一些与日常生活有关的知识点，与科技前沿有关的知识点，这时选择现代化的教学手段就比传统方式的教学手段更有效，更合理了。

再次，要以人为本，扬长避短。不管是什么教学手段都是为教师的教和学生的学服务的，都需要人去进行使用，因此，在选择和使用什么教学手段时还要充分考虑人的因素。其一是学生的因素。有些学生知识面开阔，接受新事物、新知识的能力较强，学生完全有能力去接受大信息量的教学。而有些学生对知识的掌握则需要长时间、不断重复地教学，此时，教师传统的讲授式教学就可以根据学生的掌握情况来逐步展开，甚至是重复讲解；还有些学生注意力容易分散，那么动画、录像等教学手段的使用就要合理、慎重。其二，教师的个人因素也要加以考虑。教师是教学中的主导，所有的教学手段都需要靠教师来掌控，离开了教师，什么教学手段都是没有用的。所以，教师只有结合自身的特点才能找到适合自己的教学手段，使教学效果最优化。比如，一个教师能够徒手画出精美的实验装置图，那么他完全可以舍弃电脑，用自己的"图画"让学生体验化学的魅力，从而让学生喜欢化学。对于一些电脑水平不是很高的中老年教师而言，让他们经常、大量地使用电脑等教学手段反而会影响到他们的教学效果和质量。所以，教师要根据自身的特点和学生的情况，合理地选择教学手段，对教学的内容提供更完整、更准确的信息，最大限度地激发和满足学生的兴趣，增强教学的直观性，使教学内容更易为学生所掌握。

拓展研讨

1. 在使用现代信息技术教学手段时，教师要如何调整好自己的角色？

2. 学生在适应了教师传授式的传统教学后，如何在面对现代化教学手段时调整自己的学习方式？

3. 如何防止使用现代化教学手段后变为"机器教学"？

6.3　现代信息技术如何体现实验探究过程

侯诊案例

【案例一】《二氧化碳制取的研究》（人教版初中化学九年级上册）教学片段

教师：二氧化碳是我们生活中一种重要的气体，也是初中化学中重点学习的一种气体，那我们在实验室中是如何来制取气体的呢？这节课我们就来学习二氧化碳的制取。我们已经学过了氧气的实验室制法，了解了气体实验室制法一般需要考虑的几个方面：药品、原理、装置、收集、检验、验满。接下来我们逐一进行学习。

……

教师：在知道了二氧化碳制取所需的原料及其原理后，我们来看一下该用什么装置来制取。请大家回忆一下氧气的实验室制法，谁能告诉我实验室选用什么装置来制取气体是由哪些因素决定的？

学生：是由药品的状态和反应的条件决定的。

教师：请大家根据二氧化碳制取所需药品的状态和反应的条件，从下列仪器中选择合适的来组装一套二氧化碳的发生装置。

（屏幕投影：若干实验仪器。）

（教师根据学生的回答，选择一套长颈漏斗的装置为发生装置，并投影在屏幕上。）

……

教师：根据二氧化碳的物理性质，我们确定二氧化碳一般只用向上排气法进行收集。将向上排气法的收集装置与刚才选定的发生装置组合，投影在屏幕上。

……

（用动画演示二氧化碳的检验方法和验满方法。）

……

【案例二】《金刚石、石墨和 C_{60}》（人教版初中化学九年级上册）教学片段

教师：昨天我们介绍了碳的几种单质及其重要的物理性质和用途，知道了由于碳原子的排列方式不同导致了金刚石与石墨在物理性质上有很大的差异。但由于金刚石与石墨都是由碳元素组成的单质，所以二者具有相似的化学性质。下面我们就来学习碳的化学性质。首先请大家看一下屏幕上的几幅字画。

屏幕投影：《清明上河图》等几幅字画。

教师：这些字画是我国的瑰宝，历经千百年而不褪色，这是为什么呢？因为这些字画使用墨书画而成，墨水中的碳使得它们能保存至今。

教师：大家都吃过韩国烧烤，烧烤时用的燃料是什么？

学生：是碳。

教师：说明碳具有什么化学性质？

学生：可燃性。

教师：对，但是碳的可燃性会因为氧气的多少而使产物不同。当氧气充足时生成二氧化碳，而当氧气不足时会生成一氧化碳。

播放碳燃烧的动画。

……

教师：碳还能与氧化铜等金属氧化物反应。

播放碳还原氧化铜的动画。

……

诊断分析

化学是一门以实验为基础的学科，实验是化学的根基，是化学的核心，而实验探究又是化学实验的重要一环，所以实验探究的教学也是化学教学中的重要内容。随着现代信息技术的不断发展，众多现代化的手段也被运用到了实验探究的教学中来。

在案例一和案例二中，授课教师都运用了多媒体课件来进行教学，通过动画模拟的形式来体现相关的实验内容、实验现象，形式生动。但是，两位授课教师都犯了一个非常严重但又在现在的课堂教学中普遍存在的错误：过分夸大和依赖现代信息技术的功能，弱化甚至是取消了化学实验在教学中的重要作用。出现这种情况有以下几个主要原因：第一，教师过于注重或者说"神话"了现代信息技术的作用，认为现代信息技术是先进的教学手段，有声音，有图像，能模拟，无所不能，完全可以取代实验探究；第二，应试教育的概念根深蒂固，认为只要能让学生掌握实验所体现的知识点就行了，教师或学生是否需要亲自动手实验无所谓；第三，现代信息技术使用非常便利，而实验探究需要花费较多的时间，为了节省教学时间，也为了省事，使用现代信息技术就成了许多教师"偷懒"的最冠冕堂皇的表现。但是，化学实验教学，特别是实验探究的教学，其目的不是单纯地验证知识，获得结论，而是要学生在观察、实践、研究化学实验的过程中来全面认识化学，形成化学的理性思维，在知识技能、过程方法、情感态度和价值观等方面取得全面发展。因而，化学实验在教学中有着不可替代的巨大作用，如果完全用多媒体等现代化手段来代替实验，虽然在一定程度上不会影响学生对某些化学知识的学习，但是对于学生实验技能的掌握是十分不利的。因为不管采用什么先进的手段，都不如教师演示或学生亲自动手实验来得直观。学生如果不能直接看到实验的操作，就无法掌握实验技巧，无法明白实验装置的作用，无法体会实验操作对实验结果的影响等与实验有关的一些内容，就无法全面发展学生的能力，无法达到教学的根本目的。许多教师为了省事用动画、录像甚至是黑板实验来代替实际操作，这都是严重违背化学教学规律的。

借鉴案例

【案例三】《走进化学实验室》（人教版初中化学九年级上册）教学片段

教师：化学实验是化学的灵魂，而实验仪器则是化学实验的支柱，先让我们来了解一下化学实验中的一些常见仪器及其用途。

教师向学生展示相关仪器，并介绍名称，请学生在桌上找到相同的仪器，进行初步的认识。

利用"虚拟实验室"由学生自己点击仪器的名称来获取该仪器的用途，教师最后用表格的形式进行归纳。

教师：利用以上这些仪器我们可以做很多化学实验，在进行实验之前我们先来学习一下化学实验中一些最基本的实验操作。先来学习药品取用中固体药品的取用。

……

教师一边讲解正确的操作步骤及注意事项，一边自己操作进行示范。然后让学生自己动手操作。

教师：如果在取用固体药品时没有按照我刚才所说的注意事项来做，会有什么后果呢？

播放动画：错误操作可能会导致的后果。

让学生自己进行描述，教师最后进行总结。

……

教师：在使用量筒时一定要将视线与液体凹液面的最低处保持水平，如果不这样做那么会使最终的结果产生什么样的偏差呢？

播放动画：仰视、俯视凹液面最低处进行读数和量取。

让学生自己观察动画中实验人最后视线所及刻度线和实际刻度线之间的差距，归纳出仰视、俯视所产生的后果。

……

【案例四】《二氧化碳与一氧化碳》（人教版初中化学九年级上册）教学片段

教师：请大家仔细观察一下我手上的这瓶一氧化碳，看看能发现一氧化碳的哪些物理性质。

学生：一氧化碳是一种无色气体。

教师：不能让你闻气味，只能由我告诉你们它是无味的。仔细看一下这个集气瓶，能不能发现一氧化碳是使用什么方法收集的呢？

学生：排水法，说明一氧化碳难溶于水。

……

教师：我们家用管道煤气的主要成分就是一氧化碳，说明一氧化碳具有什么化学性质？

学生：可燃性。

演示实验：在集气瓶中燃烧一氧化碳，燃烧结束后滴入澄清石灰水。

学生：一氧化碳燃烧时有蓝色火焰，生成能使石灰水变浑浊的气体，放出大量的热。

……

教师：一氧化碳和碳一样，除了有可燃性，还具有还原性，因此一氧化碳也能还原氧化铜。

播放动画：一氧化碳还原氧化铜。

……

教师：一氧化碳是无色无味的气体，那为什么家用管道煤气会有难闻的气味呢？为什么要加入这些有难闻气味的气体呢？

学生：因为一氧化碳有毒。

教师：对，一氧化碳是一种有剧毒的气体，我们来看一下一氧化碳中毒的症状。

播放录像：一氧化碳通入血液及医学上对一氧化碳中毒症状的描述。

教师：一氧化碳是如何使人中毒的呢？

播放动画：模拟一氧化碳与血红蛋白结合的动画。

教师：通过刚才的动画，我们可以发现一氧化碳使人中毒的原因是因为一氧化碳能与血红蛋白结合，使血红蛋白失去输送氧气的功能。

……

专家建议

在实验探究的教学中，应用现代信息技术可以有效地弥补传统实验教学的不足之处，丰富教师的教学手段，有助于促进学生的自主学习，是教师进行实验教学的有力助手。

案例三中，教师利用虚拟实验室的软件让学生自己去了解和学习仪器的用途，能够让学生按照自己的兴趣先后进行，比教师一味地讲解更能激发学生的学习兴趣。教师在最后只是加以归纳，充分体现了学生为主体，教师为主导的现代教学理念。接下来让学生自己动手实验，学会实验操作，但是对于错误操作所产生的后果无法通过实验来体现，所以用动画的方式可以让学生形象地知道相关的知识点，一举两得。最后用动画让学生直观地感知量筒使用时错误操作的后果，让学生能够容易理解这个教学难点。

案例四中，由于一氧化碳是一种有毒气体，为了防止有毒物质对学生的健康产生影响，教材删去了一氧化碳还原氧化铜的实验，用动画模拟的方式既能让学生掌握这个重要的实验，也能避免该实验的负面影响。对于一氧化碳中毒这个实验，在课堂上很难进行，用医学录像可以权威地让学生知道一氧化碳的毒性，用动画更可以让学生明白中毒的原理，有效地弥补了课堂实验的不足。

化学教学中运用现代信息技术来体现实验探究过程时，首先要明确现代信息技术在实验探究中的作用和地位，不能夸大甚至是神化现代信息技术的作用。实验是没有任何其他手段和方式可以替代的，能够用实验说明问题的就尽量用实验，现代信息技术只能是作为实验探究的补充，只能是一种辅助手段。还要确定哪些实验探究需要使用现代信息技术，需要使用哪些手段。一般而言，下列实验探究比较适合使用现代信息技术的手段。

第一，现象不明显或不利于学生观察的实验。比如对比金属材料熔点高低的实验。由于实验在一个平面上进行，不利于后排学生观察现象，而且实验需要加热，实物投影仪就不能使用，这时，我们可以借助于摄像头和电脑将实验同步播放在屏幕上，这样全班同学都能看到清晰的实验现象了。

第二，不适合在课堂上演示有毒、有害的实验。比如一氧化碳还原氧化铜的实验，为了学生与教师的身体健康，教材已删去了这个演示实验，但这个实验所涉及的知识点较多，许多教师都会补充这个实验，所以我们就可以用动画或录像来代替、演示，既环保又完成了教学任务。

第三，时间很短或很长的实验。比如铁生锈的实验需要较长的时间，在课堂教学时间内不可能产生现象，这时我们就可以利用录像把铁钉每天的变化情况记录下来，让学生能看到铁钉生锈的过程，比教师直接告诉学生结论更易于学生接受。

第四，涉及生产工艺和生活的实验。比如炼铁，实验室无法还原工业炼铁的真实流程，在没有视频资料的情况下就可以利用动画模拟高炉内反应的情况，使学生能清楚地看到在高炉内发生的各个反应，从而可以知道炼铁所需原料的作用，更能理解为什么还原铁矿石的是一氧化碳而不是焦炭。

第五，涉及微观原理的实验。比如酸碱中和反应的微观原理，通过实验我们只能看到酸与碱能反应，但无法观察到离子的反应情况，所以可以用动画模拟的方式来展现。

因此，在实验探究的过程中，要根据实验的需要来选择使用现代信息技术的方式，善于借助于现代化的手段将传统实验中的不足与疏漏之处加以弥补，使教学效果达到最佳。但同时要注意不能喧宾夺主，不能让现代化的手段取代实验探究。现代信息技术虽然功能强大，但是时效性不强、虚拟性的表现形式多多少少都会影响到实验的真实性，所以屏幕上的实验是无法与教师、学生的实验探究相提并论的。还须注意使用的科学性。现代信息技术使用一定要有利于化学实验教学，要真实体现实验的现象和结论，不能犯科学性、技术性错误，以免误导学生。另外，要注意掌握使用的时机和尺度，要让现代信息技术的手段恰到好处地出现在实验探究的过程中，起到画龙点睛的效果，要让现代信息技术与实验探究有机融合。

拓展研讨

1. 如何将"虚拟实验室""虚拟教室"等先进的教学软件更多地应用到实验教学中？
2. 在使用现代信息技术时该怎样保证不影响学生对实验技能的掌握？

6.4 使用现代信息技术如何选择合适的课堂教学模式

【案例一】《第四单元复习》（人教版初中化学九年级上册）教学片段

教师：通过前一阶段的学习，我们已经知道构成物质的微观粒子有分子、原子、离子，我们这节课就来复习这些微观粒子的有关知识，找到这些粒子之间的区别和联系。首先先来复习分子。我们从定义、特性、构成、表示方法、构成的物质、相对分子质量等角度来逐一复习。

投影上述内容的标题，然后学生集体回答问题，并同时在屏幕上显示。

教师：接下来再来看原子，我们同样从定义、构成、表示方法、构成的物质、相对原子质量等角度来复习。

投影标题，学生集体回答，显示相关内容。

教师：分子和原子是两种关系非常密切的粒子，那二者之间有什么区别和联系呢？

投影相关对比的表格，学生回答并同时投影。

教师：刚才我们对分子和原子进行了简单的复习，并对二者进行了比较，下面我们通过练习来加以巩固。

投影5个题目，学生用最快的速度看完并说出答案。

……

【案例二】《金属资源的利用和保护》第一课时（人教版初中化学九年级上册）教学片段

教师：金属的冶炼和利用对人类社会的发展和进步起着非常重要的作用，因此我们有必要对一些金属的冶炼加以了解和掌握，我们首先来学习最常见金属——铁的冶炼方法。我国早在春秋战国时期就会炼铁了，在西汉时期就会炼钢了，我们先来了解一下古人是如何来冶炼钢铁的。

投影相关图片及一些古籍中文字记载和描述，并进行讲解。

教师：我们现代化的工厂中是如何来炼铁的呢？需要什么原料、设备？利用的是什么原理呢？

教师：工厂炼铁最主要的原料有焦炭、铁矿石和石灰石，那么，我们是利用什么样的原理来炼铁的呢？

播放动画：一氧化碳炼铁。

教师：炼铁所用的原料有三种，但是原理中只用了一种，那么另外两种原料有什么用呢？一氧化碳又从何而来呢？

教师播放工厂炼铁的视频介绍，然后播放高炉炼铁的动画，详细介绍其中发生的反应。

……

教师：炼铁可冶炼出生铁，但生产生活中我们使用得更多的是钢，那么钢又是如何冶炼出来的呢？

......

诊断分析

现代信息技术的强大功能已经在实际教学中得到了充分的体现。比如容量大、模拟性强、表现力强等，所以在教学中被教师广泛应用。但是使用现代信息技术后，对课堂教学模式的影响却很少有教师考虑过。

在案例一中，教师运用了多媒体课件来进行复习课的教学，这也是很多教师在平时的复习课教学中经常采用的方式，因为现代信息技术的应用，使得课堂教学的容量大大增加，能够让复习内容尽可能地多、全。就像这位老师的复习课一样，整节课内容庞大，把分子、原子、离子的有关内容一网打尽，并且进行了有关习题的演练，结构紧凑，速度较快，是很多教师采用的教学模式。但是在这节课中却出现了一些问题，首先，一节课的复习容量相当于新知识教学内容的6~8课时，在一节课上，蜻蜓点水式的复习能让学生真正掌握多少？其次，为了能将所有内容在一节课上完成，教师在知识点的复习上主要采用了全班式的集体回答，就会导致相当一部分学生滥竽充数，对习题的训练也没有给学生留出足够的思考时间，除了少数好学生能在短时间内回答出来以外，大多数学生只能跟着老师的答案走，习题的巩固效果没有得到体现。再次，这节复习课由于复习内容和时间的双重限制，使得整节复习课就是将以往的教学内容进行罗列，没有提高和适当地拓展，没有真正起到复习提高的作用。出现这些问题的主要原因就在于教师过于看重现代信息技术的大容量的优点，为了追求教学内容的宽度或深度，节约课堂教学时间，所以就出现了牺牲学生思考、消化时间的教学模式，将以前教学中"人灌""书灌"的模式变成了所谓的"电灌"。对于这种教学模式，如果教学对象是接受能力很强的学生，也许会有一定的效果，而对于大多数普通学生而言，实际收效甚微，甚至会影响其对知识的理解和掌握。

在案例二中，授课教师运用了动画、图片、视频等表现形式，用多种方式让学生理解和掌握了知识点，扩展了学生的视野，但是教师在用多媒体进行知识拓展时将许多教材上没有的，或是不重要的内容进行了人为的强化，把许多教学时间、讲解都花在了这些知识点上，比如古代的炼铁方法、高炉内发生的化学反应、炼钢等。这样就会弱化教材内容中的重点，使学生错误地认为老师花了这么多时间讲解的一定是需要记住的重点内容，分散了学生掌握真正重点内容的精力。出现这种现象的原因主要有：有些教师想丰富课堂教学的手段，运用多种方式来吸引学生的注意力，提高学生的兴趣；有些教师想增大课堂教学的容量，通过补充教学内容来拓展学生的知识面，提高学生素质；还有些教师则图省事，运用多媒体来减少课堂讲解的量和板书的量。不管教师的初衷如何，如果只是简单机械地去用现代信息技术，最后从教学效果的角度来看，可能并不会很理想。

借鉴案例

【案例三】《第七单元复习》（人教版初中化学九年级上册）教学片段

教师：刚才我们复习了燃烧所需要的条件、燃烧给我们带来的巨大作用，接下来我们再复习燃烧带给我们的弊端——火灾和污染。首先，大家先来看下面几种燃烧情况，然后说出用什么方法灭火。

播放火灾的动画视频，然后学生回答（学生回答略）。

教师：回答得很好。归纳起来，灭火主要有三种方法：清除或隔离可燃物、隔绝空气、降低可燃物的温度至着火点以下。当然，不同的火灾使用的灭火方法是不同的，甚至需要多管齐下同时使用。有时我们在预见到有火灾发生的可能时，还需要采取适当的措施来阻止火灾的发生。比如现在有一架飞机因起落架出现故障需要迫降，为了防止飞机迫降后与跑道发生剧烈摩擦而引起火灾，甚至发生爆炸，在飞机迫降前，你作为指挥官会采取哪些措施呢？

学生分组讨论，然后选出代表回答，讨论。

教师：很好，每组都给出了自己的答案，都是根据燃烧条件和灭火方法来考虑的，那么在实际情况中是怎么做的呢？

播放电影《紧急迫降》。

教师：同学们的回答与现场采取的措施很相近，说明大家对于消防知识的掌握和运用已经比较好了，那在日常生活中面对火灾时，我们还应该注意些什么呢？

……

【案例四】《金刚石、石墨和 C_{60}》第一课时（人教版初中化学九年级上册）教学片段

教师：人类生活的世界是个物质的世界，目前已经发现和制得的物质已超过三千万种，这些物质和人类一样都有相应的分类，都有其所属的"家族"，那么大家知道在化学物质中哪个家族最庞大吗？

学生讨论、猜测。

教师播放一段视频。

教师：通过资料我们知道拥有物质种类最多的是碳家族，从今天开始，我们就要对碳家族的一些成员进行学习。先来了解碳家族中几种重要的单质：金刚石、石墨和碳 C_{60}。我们先来了解金刚石的有关知识，请大家根据下面的录像归纳出金刚石重要的物理性质和用途。

播放视频：介绍金刚石的发现、特性、用途和有关趣闻。

教师：通过刚才的介绍，请同学们归纳出金刚石的主要物理性质及用途。

学生回答，教师总结。

教师：接下来我们再来学习和金刚石属于孪生兄弟的石墨。

播放视频：介绍石墨的发现、特性、用途和趣闻。

学生归纳，教师总结石墨的物理性质和用途。

教师：在我们的日常生活中还存在着一类含有石墨的物质，我们把它们叫做无定形碳，包括木炭、活性炭、焦炭、炭黑。下面我们简单了解一下这些物质的重要性质和用途。先来看活性炭……

专家建议

案例三中，教师将现代信息技术运用到复习课的教学中去，避免了复习课枯燥无味的

"炒冷饭"形式，用动画引出问题，用视频资料证明学生的答案，改变了以往"教师提问—学生回答—教师解答"的单一模式，在师生问答互动的基础上增加了多媒体的验证，实现了"人人"交流和"人机"交流的多种形式，更具交互性、时效性、说服力，将知识的复习与运用结合了起来。

案例四中，教师利用视频资料的介绍引入课题，远比教师的语言描述生动，更能起到吸引学生的作用；然后提出问题，再用视频资料介绍教学内容，让学生带着问题去观看，避免学生把看录像当成放松和休息。在整个教学过程中，教师仅仅起到一个穿针引线的作用，多媒体工具成为了教学的载体，让学生在比书本更形象、比教师讲解更生动的教学方式中获取知识，通过自主学习的方式来掌握知识。完全改变了以往该类知识点教学中"学生看书—教师画书—学生读书"的教学模式。

现代信息技术拥有庞大的信息容量，丰富的表现形式，使得教师将现代信息技术视为法宝，被大量应用到教学中去，但是许多教师并没有考虑到作为现代化教学手段的多媒体技术使用后对传统教学模式的影响，只是简单地把现代信息技术穿插到课堂教学中，从而出现了许多新的问题。比如，用现代信息技术的手段取代教师的讲解和板书，换种方式大强度、高密度地进行填鸭式的灌输；过分依赖现代信息技术，弱化教师的作用，使学生更多的只是面对机器，缺乏与教师的交流，无法及时反馈教学效果，等等。那么，我们该如何解决出现的这些问题呢？这就需要我们对现有的课堂教学模式进行调整，选择合适的教学模式才能发挥出现代信息技术的全部作用。

根据课堂教学内容的不同，我们可以选择如下的教学策略：

1. 设问—演示—总结。根据教学目标和教学内容，教师首先向学生提出若干难易程度不同的问题，然后用录像等多媒体方式向学生展示教学内容，让学生从中找到问题的答案，让学生有目的性地自学，然后由学生归纳，教师总结。这种教学模式，可以避免录像等教学媒体分散学生的注意力，又能提高学生自我学习的能力。这种教学模式适合于一些难度不大，学生容易自学的教学内容，比如《爱护水资源》这节课，教师首先可以向学生提出几个问题：地球上的水资源情况如何？水资源的现状如何？我国的水资源现状如何？产生这些情况的原因有哪些？然后让学生带着这些问题去观看教师播放的有关教学录像，再结合书本上的介绍，让学生来进行回答。接下来播放无锡太湖水危机的新闻报道，让学生切身体会到自己身边的水污染问题，然后让学生自己说出他们认为可以解决水资源现状的措施或方法，再播放无锡对太湖水进行治理的报道。最后通过录像向学生介绍全世界各国及我国奥运会场馆建设方面的节水措施，由学生归纳在工业、农业、生活方面的节水方法。整节课的教学以学生的自学为主，让学生自己归纳教学重点，由教师进行整理，充分发挥了现代信息技术的作用，体现了学生的主体地位和教师的主导作用。

2. 猜想—验证—结论。教师先就教学内容提出问题，让学生做出大胆的猜想，然后用动画模拟等手段向学生提供正确的教学内容，让学生对自己的猜想进行评价、分析，并最终得出结论。这种模式适合于微观粒子的教学，比如《原子的构成》的教学，教师首先可以抛出问题：原子能不能再分？如果原子可以再分，那么它的内部结构又是什么样的呢？让学生讨论，做出猜想。然后播放"模拟卢瑟福的轰击金箔实验"，通过对产生的不同现象的分析，让学生对自己的猜想进行评价，然后教师再加以分析和讲解，引出原子的结构。通过这样的方式进行教学比教师空讲要形象得多，学生更易理解，更易掌握。

3. 整理—应用—巩固。首先，教师对原理性的知识点进行复习、归纳，然后利用所学原理来解决一些综合性的问题，起到复习巩固和提高的作用。这类教学模式适合于化学实验类的复习课。比如对二氧化碳的复习，教师先带领学生将制法和性质进行归纳，然后用虚拟实验室之类的软件让学生来训练发生装置与收集装置的组装，最后通过气体的制取与性质的组合实验来巩固前面所学的内容，由学生说出每个装置中产生的现象和发生的反应，教师利用多媒体来进行模拟，产生正确的现象，最终让学生巩固相关的知识。

4. 导学—探究—归纳。这种教学模式比较适合物质性质类的教学，像金属活动性顺序，酸、碱的化学性质，一氧化碳、二氧化碳的性质等。比如对一氧化碳的教学，教师首先可以用煤气中毒的新闻案例来引出一氧化碳，然后让学生根据自己的认知谈一下对一氧化碳的了解，引出课题后针对一氧化碳的相关性质进行探究，能做实验的就做实验（一氧化碳的可燃性），不适合做实验的用多媒体演示（一氧化碳的还原性和毒性），最后利用课件对一氧化碳的性质进行完整的归纳整理，把前面的内容系统化、完整化。

现代信息技术在课堂教学中有着巨大的优势，但同时也存在着不足之处。因此，在实际的教学过程中，每一位化学教师应根据自身的特点、学生的特点和教学内容的不同，对课堂教学模式进行不断的调整和完善，弥补现代信息技术的不足，使现代信息技术能发挥出最大的作用。

拓展研讨

1. 如何利用现代信息技术来解决课堂教学时间与大容量课堂教学内容之间的矛盾？
2. 如何有效地利用现代信息技术来帮助学生自主学习？

话题七

课堂学习评价

　　《化学课程标准》指出：评价的目的是为了全面了解学生的化学学习历程，激励学生的学习和改进教师的教学；因此，化学学习的评价应该遵循三条原则：（1）评价目标多元化；（2）评价方法科学化；（3）评价手段多样化。也就是说，对化学学习的评价不但要关注学生学习的结果，更要关注他们学习的过程；不但要关注学生习得知识的多少，更要关注他们习得知识的方法，以及在化学活动中所表现出来的情感、态度、价值取向等等，帮助学生认识自我，使其建立自信，敢于创新。由于受传统教学的影响，当前大多化学教师仍以"课堂气氛热烈与否"来评定学生的学习结果，而忽视学生"质的飞跃"；仍以"学生的学习结果"来评定课堂教学成效，而忽视学生的"学习过程"。教学评价存在诸多误区，如评价对象狭窄，不能顾及大量中等生；评价内容单一，只考虑学业成绩；评价目标数量化，常以量化的指标给学生定位；评价手段简单化，常以考试做标杆检测学生的学习水平。总之，评价没有把人放在第一位，缺失人文关怀。因此，我们首先要树立"以人为本"的教育思想，确立学生在评价中的主体地位。其次，为体现当代教育的民主性，要让学生、家长都参与评价的过程，既要评价学生学习的结果，更要重视评价学生学习的过程，提高评价的有效性。再者，我们还要树立"以学生发展为本"的教育思想，以动态的、发展的眼光来看待学习者整个学习的过程，提倡激励性评价，要关注学生学习的状态与情感需求，尊重学生主体，调教他们的个性与人格。激励性评价也要注重评价手段的多样化，而且要以帮助学生认识自我，建立自信为主旨，通过积极的评价，使学生感受化学学习的乐趣和学习成功的快乐，总之，要确立为促进学生全面发展而评价的思想。课堂教学中，教师的即时评价，就是对学生课堂学习、活动、作业等情况做出的立即反应，帮助学生调控后继学习的行为。"强化主体发展，落实课标要求，体现学科特色"是新课程课堂教学评价的出发点，"促进发展，以人为本，强化激励，多元参与"是新课程课堂教学即时评价的新特点。在教学实践的过程中，我们越来越体会到：教师的评价语言对学生课堂学习的效果有极大的影响作用。本话题试图以问题诊断的形式，依次从如何进行即时评价与延时评价，怎样进行激励性评价，如何在评价中提高学生解决问题的能力，如何进行自我评价和集体评价，怎样进行作业与练习的讲评，以及怎样增强试卷讲评的有效性等六个方面加以阐述和回答。

7.1 如何进行即时评价与延时评价

候诊案例

【案例一】《二氧化碳和一氧化碳》教学片段

师：请设计实验证明二氧化碳的密度比空气大。

（一学生汇报实验设计方案……）

师：真好！你的思路和老师的一样。其余同学还有不同的方法吗？

（学生无人回答，教师只好自己讲出其余的方法……）

【案例二】"期待"

这是一节青年教师校内比赛课，教师选择的是自己平时任教的班级，我作为评委坐在教室的最后一排。上课时，教师首先默写了几个重要的化学方程式，我发现坐在我旁边的一位同学一个也没有写对，他用手遮掩着，生怕被我发现。课中同学们都争先恐后地积极举手发言，他却一言不发，仿佛课堂与己无关。随手翻翻他的笔记本，内容不多，我暗想，这可能是一位学习上有困难的学生。可是，当教师提出：在一氧化碳还原氧化铜实验中尾气该如何处理时，他在纸上画了画，很快将含有尾气的导管连接在了给氧化铜加热的酒精灯的上方。我微笑着向他竖起了大拇指，他的脸上掠过一丝惊喜。不少同学开始举手交流自己的方案，他还是不敢举手发言，却用一种期待的眼神看着老师，但是，老师始终没有关注到他……

【案例三】《实验室制取氧气》教学片段

某班级两位男生成绩不够理想，上课时特别好动、散漫且逆反心理强，但是对新开设的化学还是挺喜欢的，尤其是对化学实验十分感兴趣。在实验室操作"高锰酸钾制取氧气"的实验时，突然听到一声巨响———"试管破了！"一声尖叫，引来了许多同学的围观。原来，又是这两位男生实验时马马虎虎，由于操作错误引起了试管破裂。此时，他们很担心被老师责骂，慌乱中其中一位男生又把酒精灯给打翻了，流出来的酒精在桌上燃烧起来，同学们一下子不知所措……混乱中小张老师一边快速用湿毛巾盖灭了火，一边怒气冲冲地训斥道："制取氧气的方法和步骤刚刚示范过，怎么操作时还犯这样的错误?! 再不认真做，下次不准进入实验室!"两位男生被严厉训斥后心情沮丧，接下来的实验无精打采。

诊断分析

在案例一中，学生的良好行为一出现即得到了教师的认可，满足了该生的心理需求。但是，这位教师没有考虑自己的权威性会影响同学们对自己看法的置疑，一句"你的思路和老师的一样"就阻止了其他同学发言的积极性，学生创新思维的火花很有可能稍纵即逝，课堂也会因此失去了一次思维交流碰撞的良好契机。假如此时教师采用"延迟评价"的方法，把握时机，给予学生广阔的思维空间，将有利于激发学生从不同角度、不同侧面来思考问题，解决问题，提出自己的个性见解。这从某个侧面也反映出尽管我们提倡"答案是丰富多彩的"，但是在高强度的评卷体系下，在课程改革评价体系多元化与书面考试单一性之间的矛盾中，教师还是过多地选择了对"标准答案"的重视，对学习过程的忽略。

在案例二中，教师过多注重了课堂上和优等生或爱表现的学生之间的交流互动，对于比较内向、不爱表现或成绩不够理想的学生，教师少有评价，甚至没有。尽管这些学生更加渴望被教师关注，被教师关怀，却难以享受到教师"即时"的雨露滋润。在这样的公开课上，教师因为担心教学目标的达成度和教学任务能否完成，教学过程是否流畅等问题，课堂便成了教师与部分学生的表演课，后进生常常处于被忽视的边缘。究其实质是教师还没有真正践行"以人为本""以学生为本"的新课程理念，没有关怀到学生个体的差异，满足不同学生充分发展的需求。

在案例三中，面对课堂突发事件的处理，反映出教师课堂调控技巧与评价艺术的不足。即时评价过多地关注了知识与能力，忽视了情感、态度与价值观，忽略了学生内心的真实感受。初三化学是起始学科，两个男生（很可能是受到某些学科"冷落"的后进生）对化学实验充满了兴趣，对化学也是挺喜欢的，但是，这种简单、粗暴的课堂即时评价能对他们起到激励、调控和导向的作用吗？能够培养他们对化学持久的学习兴趣吗？

借鉴案例

【案例四】《实验室制取氧气》教学片段

教学情境同案例三，但是教师没有当着全班同学的面批评他们，而是转移了学生的注意力，给同学们出了这样一道题目："请分析造成试管破裂的可能原因有哪些"刚才弄破试管的男生不好意思地举手发言了："我的试管口没有略向下倾斜，导致水倒流造成了试管破裂。"其余的学生也七嘴八舌："试管外面有水珠。""加热时没有对试管进行预热。"，等等。此时，教师首先肯定了两位男生对化学的热爱，但同时也严肃地告诉他们，化学实验一定要细心，要正确操作，否则在实验中可能会发生危险。两位男生听了心服口服，从此以后，不仅更加喜爱化学这门功课，学习态度也认真了许多……

【案例五】《二氧化碳制取的研究》教学片段

各小组用给定的几组不同器材设计实验室制取二氧化碳的方案，组装装置，制取并收集一瓶二氧化碳。

（教师巡回视察，发现一小组实验中长颈漏斗的下端没有浸入到酸液下面，教师未作指导与评价。）

实验结束，师生讨论、交流、反思。以下是部分教学片段：

生：我们小组组装好仪器后，一开始很长时间也没收集到二氧化碳。大家很着急。

师：失败乃成功之母。找到原因了吗？

生：我们找了，争论了好几次，也试了好几次，后来终于发现原来只要把长颈漏斗的下端浸入到酸液下面，气体很快就会收集满了！

师：你们爱动脑筋，动手能力强，小组成员之间配合得很好！能说明其中的原因吗？
（该小组学生面露难色，于是，其他小组同学一起参与研究探讨，在师生共同合作下，理解了"液封"的原理。）

师：这是同学们集体智慧的结晶，可见，不管是成功还是失败，我们都能从中受到一些启发。

专家建议

在案例四中，同样的课堂教学情境，却因为两位教师不同的评价策略与评价艺术而引发出不同的教育教学效果。教师没有当着全班同学的面立刻批评他们，而是出了一道题目："请分析造成试管破裂的可能原因有哪些"这样的处理方式，首先就体现了教师对他们的尊重，从心理上拉近了与他们的距离，为后面的批评奠定了良好的情感基础。同时，抓住课堂契机，要求学生思考讨论，既巩固了以往所学的知识，也培养了学生发散性思维。最后，先扬后抑，教师先肯定了他们对化学的热爱，但同时也严肃地对他们进行了教育，既维护了学生的自尊心，又达到了激励学生的目的。

在案例五中，当教师巡视过程中发现一小组实验中长颈漏斗的下端没有浸入到酸液下面时，教师未作指导与评价，让学生自己静心观察、分析，发现错误，认识错误，改正错误，在小组的合作与交流中，由表及里，由浅入深，去伪存真，使思维品质得以提升。"延时评价"为学生创设了宽松、和谐、活跃的民主课堂氛围，这样的教学流程克服了传统教学滴水不漏、面面俱到、实验一定要成功的陈旧做法，把"错误"也当成了一种资源，虽没有"行云流水般"的流畅，却有一种"真实有效"的醋畅。

"即时评价"与"延时评价"都是课堂教学中必不可少的评价方式，两者必须合理使用，互为补充，才能更好地起到评价的效果。教师应根据实际情况选择适合的契机灵活交替应用，从而使"即时评价"与"延时评价"在教学过程中对学生的发展起到有效的促进作用。

1. 把握评价时机。即时评价和延时评价本身并没有好坏之分，什么时候适用即时评价，什么时候适用延时评价，课堂教学中教师要善于发现评价契机，及时捕捉评价的最佳时机。课堂上，当学生在学习态度、实验操作、方案设计等方面取得点滴进步时，教师要及时抓住学生的闪光点进行切实有效的激励评价。当然，一堂课中对学生的反馈信息，并非一律都需要"即时评价"，"延时评价"的成功运用，往往也会生成精彩的课堂。例如，当提出"请设计实验证明二氧化碳的密度比空气大"这样开放性的问题后，教师宜采用"延时评价"，留给学生分析思考的时间，让他们各抒己见，相互启发，有利于学生说出多种思路与设想，培养学生的发散性思维与创新意识。又如，当学生对"氯酸钾是否是氧化物"这个问题的辨析出现偏差须要纠正时，教师可以先不置可否，而是让学生在阐述理由、分析讨论中不断修正、完善，培养学生学习的主动性并享受学习成功的喜悦。

2. 尊重个性差异。学生的个性差异是客观存在的，对此教师在评价学生时不能以整齐划一的标准要求学生毫无差异地达到统一要求。反思案例三和案例四中两位教师由不同的评价策略而引发的不同的教育教学效果，教师在对学生评价的时候，到底是采用即时评价还是延时评价，要看对象，要尊重学生的个性差异。有的学生更多的时候适合用即时评价。有的学生更多的时候适合用延时评价，教学实践告诉我们，延时评价尤其适用于接受能力不是很强、学习成绩相对薄弱的学生。化学是初三的起始学科，新奇有趣的实验体现了化学学科的独特魅力，我们一开始就要充分利用好这一学科特点，在承认学生个性差异的基础上，善于发现每一个学生的闪光点，及时肯定他们的每一点进步，尤其是对于那些可能受到某些学科"冷落"的学生，教师更要把"特别的爱给特别的他"，用宽容的心去评价学生，激发起每一个学生学习化学的兴趣，让优秀的学生有更高的要求和目标，让"薄弱"的学生看到希望，树立信心，促使学生通过自己的努力去获得相应的发展，显示"自我"的存在价值。在学生价值实现的过程中，教师个性化的评价将逐步稳定学生学习化学的兴趣并逐渐转化为长久的内驱力，为营造高品质的化学学习氛围奠定良好基础。

3. 掌握评价艺术。课堂教学过程中对学生的学习活动做出的评价，无论是即时评价还是延时评价，只有能引起学生心灵的共振，才能更好地实现课堂评价的激励目的。在对学生的课堂评价中教师应该是一个合作者、鼓舞者，要有真挚的、诚恳的情感交流，要有充分的评价依据。课堂教学过程中的评价既包含肯定性评价，也包含否定性评价，相对于肯定性评价，否定性评价的操作难度较大，操作不当便会出现学生心理与教师要求"不同步"的现象，甚至出现逆反、对抗等心理，为此，教师在对学生做出否定性评价的时候，要善于理解学生的感受，讲究评价错误的方法。比如，案例四中教师对有错误的学生采用了否定性评价与肯定性评价相结合的策略，精心营造了一个帮助其认识错误、改正错误的机会，从而产生了积极的"同步效应"。课堂上，教师还可以恰如其分地运用好体态语言。比如某学生的错误行为正在进行中，教师可以将目光停留在该生身上，一个眼神就会巧妙地提醒学生注意并改正自己的不良行为。这些无声的评价，往往能使课堂出现的问题在短时间内得以迅速解决，在师生的情感交流中，激励学生学习的积极性，促进课堂教学效果的最优化。

拓展研讨

1. 请结合自己的教学实践谈谈课堂教学中"即时评价"的艺术性。

2. 结合九年级化学教科书中的某一课，谈谈"巧用延时评价，生成精彩课堂"的一个教学实例。

7.2　如何进行激励性评价

【案例一】《测定空气里氧气的含量》教学片段

这是某区青年教师评优课活动中一节课的教学片段。

……

师：（演示实验结束）为什么烧杯中的水会倒流入集气瓶中，并且约占集气瓶体积的五分之一？

生：因为红磷燃烧消耗了集气瓶中的氧气，导致集气瓶内压强减少，同时也说明氧气约占空气体积的五分之一。

师：回答得真好！请同学们鼓掌。（掌声响起，同时老师通过多媒体给了学生一个卡通图像"你真棒！"）……

一节课下来，当学生回答正确时，教师总是用"真好！""你真厉害！""你真聪明！""很好！"等不断大加赞赏学生。整堂课可谓热热闹闹，表扬声一片。

【案例二】"今天，你终于讲对了一次！"

上课时，教师请一位学习较好的优等生回答问题，等他回答完后，教师满脸欣慰。过一会儿，教师请了一位学习较差的学生回答问题，学生不会回答，教师满脸失望。接着，教师又请了一位学习较差的学生回答同样的问题，该生终于回答正确了，教师赞扬道："今天，你终于讲对了一次！连你都讲得这么好，真不简单！"

诊断分析

在案例一中，教师对学生的表扬过多而廉价，激励性语言单一而概括，形式主义过多，表扬泛化，这反映出教师对新课程评价理念理解的片面性。其实，教师对学生的激励光有表扬是远远不够的，还要致力于促进学生反思，帮助学生完善。面对学生纷繁复杂的回答，教师只是给予学生一个类似于"你真棒"的终极性的评价结果，学生无法从教师的这类空洞、模糊、缺乏指向性的评价中获知自己到底好在哪里，需要努力的方向又在哪里，这种评价既不到位，也不得法，对学生来说它是无效的，甚至产生反面效果。在这种看似热闹的评价中，缺少独立的、有价值的思考，课堂感觉缺乏灵气，少有真情。"多名即无名"，评价的泛滥化必然带来激励功能的淡失。

在案例二中，教师注重了对学生知识与技能的评价，却忽视了对学生过程与方法以及情感态度与价值观的评价，一句"今天你终于讲对了一次！"，表面上是表扬了学生，实际上是在批评学生，无意中挫伤了学生的情感，反映出教师的内心深处其实已经给学生贴了"标签"。当学生发现教师在用较低的标准对待自己时，反而会丧失信心，最终失去教育的激励效果。可见，在关注学生学习过程中的进步和变化时，也应留意学生心理的需求，了解学生发展的需要，只有这样才可以通过评价促进学生在原有的基础上不断提高。

【案例四】《溶质的质量分数》教学片段

这是我应邀到无锡市某学校初中部上的一节公开课。

课前,我让同学们展示搜集的各种溶液的包装盒——塑料装的可口可乐、瓶装的葡萄糖注射液、纸盒装的苹果汁饮料……

交流时,同学们踊跃发言:

……

"锡山黄酒的标签上写着:酒精度≥14.5%。"

"咦,这酒精度≥14.5%的后面还写着(V/V),老师,这是什么含义?"

"是呀,这儿还写着总糖≤15.0g/L,又是什么含义呢?"

……

学贵在疑!又有一个同学拿起两包鲜橙汁饮料,提出一个新的问题:"超市中有一包标价1.10元的汇源橙汁饮料,一包标价1.40元的统一橙汁饮料,平常你们是怎样选择的呢?"

同学们的兴致再一次被激起……

当许多同学都争先恐后地发表自己的见解的时候,我发现,坐在最后一排的一名男孩的手似举非举,当我的目光与之"接轨"的时候,那是一种怎样的眼神啊,交织着期盼、忐忑、犹豫……

"与他对话!"我在潜意识里马上做出了这一似乎有点儿"冒险"的决断,因为台下毕竟坐着那么多的听课老师,但是,我知道,常态下这种被放逐边缘的同学,往往更需要老师给予的机会,哪怕只是一次机会,哪怕这次机会还是失败的,他,也是一种潜在着的值得开发的教学资源。

于是,我微笑着走近他,亲切地说:"老师很想听听你的见解。"没想到,他腼腆地说:"老师,我没有举手,你弄错了。"阶梯教室里很安静,我用鼓励的目光继续注视着他:"相信自己,你能行!"

他犹豫了一会儿,从椅子上站起来,说道:"我觉得该选汇源,汇源的包装盒标签上印着原果汁含量≥20%,统一的包装盒标签上印着果汁含量≥10%,从营养的角度看,橙汁含量越高,营养价值越高;从价格上比较,汇源又便宜,牌子也不错,我也爱喝,当然选择价廉物美的。"

此时,阶梯教室里静极了,面对如此精彩的一刻,我感动了,顿时,同学们自发地爆发出一阵热烈的掌声……

事后,有老师对我说:真没料到,你竟然提问了那位全校有名的"差生",真是一个想不到的惊喜。再后来,该学生在化学考试中取得了优异的成绩并给我寄来了一张意外而美丽的贺卡……

【案例五】

《探究二氧化碳溶于水时是否与水发生反应》教学片段

郝明国

师:为了验证二氧化碳与水反应的过程中是否生成了新物质,我向大家推荐一种神秘的化学物质——紫色石蕊(出示紫色石蕊试液),它是从一种植物石蕊中提取出来的色素溶于水中形成的溶液，遇到不同类的物质可能会显出不同的颜色。

师：现在我们从上述塑料瓶中取出少量液体，滴入紫色石蕊，请大家注意观察现象。我们请××同学上讲台来做这个实验。（××同学就是刚才那位虽然讲错，但积极动脑发言的后进生。）

生：（很激动地上前操作）从塑料瓶中取出少量液体，滴入紫色石蕊。

师：现在我们请大家注意观察现象。

众学生：（表情十分惊奇）塑料瓶中的水变成了红色！

师生进一步探讨是什么物质使紫色石蕊变红的……

【案例六】

《复习课》教学片段
马平

张某平时一贯懒惰，很少能及时完成老师布置的任务。可这次复习课上，他却在我刚刚提问时就高高地举起了手（要知道这个问题是这份考卷中一道比较有难度的问题），有一种明显的、渴望表达的意愿。我及时发现了他的"渴望"，请他回答我的问题，完全正确！同学们叫好了，他的脸上满是自豪……他怎么会的呢？我不动声色，仿佛不经意地走到了他的座位旁，不禁一惊——原来他把其他班级已经讲完的卷子拿过来了。瞥见他脸上少有的一丝羞怯的表情，我做出了决定：替他保守秘密，进一步鼓励他！下课了，我找准时机真诚地对他说："你今天的表现老师很高兴，继续努力啊！""知道了老师，谢谢您！"他的回答里有着感激，也有着自信。以后的几次课他都很好地完成了任务，很好地在师生面前表现很好，就像换了一个人似的。我看在眼里，喜在心上。

专家建议

在案例四中，一个教师以前并不相识的男孩，仅仅因为给了他一次在众人面前表现的机会，而获得了同学们真诚的掌声，成为他成长的动力！这不是预设的，而是生成的。可见，教师在评价、激励学生的时候，不仅要面向全体，更要关注个体差异。尤其是对于后进生，我们不应该为了完成既定的教学任务，或置之不理，或加以掩饰。只有确立以人为本的思想，用发展的眼光看待学生，才能最大限度地激活学生的主体，充分发挥每一个学生的潜能。尊重、理解、信任和爱是孩子们多么需要的啊！这种隐性的教育资源难道不值得我们去开发、去激励吗？

在案例五中，教师给了学生一个实验操作的机会，这也是一种奖励。这种比较简单的实验操作奖励，既能增加学生成功的机会，又能满足学生渴望表现、喜欢动手的心理需求，很大程度上比物质奖励效果更好。因为它不仅利用化学学科本身的魅力激发了学生热爱化学的情感，而且实验的成功在促进学习的同时又一次强化了学生学习化学的内在需求。

在案例六中，由于教师的艺术化处理，取得了意想不到的教育效果。课堂上，教师要以发展的眼光看待每一个学生，善于通过对话与学生交流，要学会善待学生的错误，在不损伤学生自尊心与自信心的前提下，发现其可取之处给予鼓励，同时，指出其不足之处令其改正。教师不仅是化学知识的传播者，更应该是灵魂塑造的工程师。

德国教育学家第斯多惠曾说："教学的艺术不在于传授的本领，而在于激励、唤醒、鼓舞"。可见，"激励"是课堂教学中调动学生学习积极性的一种重要手段。那么，如何适时、有效地运用激励性评价呢？

1. 把握激励性评价的"度"。所谓"揶揄有度"，激励既不是一味地表扬和"藏拙"，也不是批评不断，更不宜过多地采用"物化"的激励方式。因为太多的表扬和超值的嘉奖都不利于学生的自我评价，长期下去，学生也许会迷失了自我，不仅不能促进学习，而且还可能削弱学习的内在动机，从而带来激励功能的淡失。心理学研究发现，积极的学习动机和态度的形成，不只是来自于外部，更主要的是来自内部奖励——学习成就感。教师在对学生进行激励性评价的时候，目标要有一定难度，要有挑战性，但同时又不能太多、太高，这样，教师评价的价值在学生的心目中才会更大，才更能唤起学生的挑战欲和积极性，真正起到激发学生内在需要和动机的作用。比如《二氧化碳制取的研究》一课，教师可以让学生根据课本提供的仪器，先在纸上设计出制取二氧化碳的不同的实验装置图，这是一个对学生而言既具有发散性也具有挑战性的问题，当学生成功地画出一种又一种实验方案时，教师应表现出对他们所设计方案的赞赏，与学生一起分享获得成功的喜悦。

2. 重视激励性评价的归因心理。假如一味赞赏学生的智能，如"你真聪明""你很有天赋"等，学生很容易产生"情境归因"，即把个人行为原因归于情境或环境因素，有此倾向的学生在取得成绩时归因于自己"运气好"或"聪明"，一旦受挫往往怨天尤人，寻找种种外界的理由推卸责任，丧失学习的自信心。与之相对的称之为"意向归因"，如在取得成绩时归因于自己努力，成绩退步时则归因于自己粗心、懒散等，于是吸取教训迎头赶上。因此，教师在激励学生的时候指向性要强，要使学生知道自己具体好在哪里，需要努力的方向又在哪里，如上《燃烧和灭火》一课，由于缺少通风橱，教师根据教材演示"燃烧的条件"实验时，教室中产生了大量白烟，一学生站起来指出教师的实验不符合绿色化学的要求，这时，教师首先对敢于发表自己观点的学生予以了表扬，"那么，在现有实验条件下，你能改进该实验方案吗？"教师进一步的追问调动了学生学习的积极性，培养了他们大胆探索的能力。课堂中我们也可以通过诸如眼神、微笑等多种方式赞赏学生付出的努力和良好的学习方式等，同时还可以利用家校练习本，学生作业评语等多种形式，弥补课堂激励性评价的不足，更多地从情感、态度、能力等多方面展示学生的成绩，反映学生在达到目标过程中付出的努力与进步，并通过学生的反思与改进，激励学生取得更高的成绩。这样的评价能引导学生在受挫时归因于自己未尽全力，从而以加倍的努力去战胜困难，有利于培养学生顽强的意志力和勇于挑战的进取心，有利于健全人格的养成。

3. 关注激励性评价的发展性。学生处于不断发展变化的过程中，而教育的意义就在于引导和促进学生的自我完善，教师要帮助学生在学习过程中始终保持高涨的学习热情，要重视真实记录学生的成长历程，要注重日常的评价，体现动态的评价管理。针对学生在某一方面的进步表现或存在的问题予以关注和评价，在对现有成绩的肯定下指明下一步努力的方向，从而有效地促进学生的可持续性发展。在案例六中，当平时一贯懒惰的学生博得了同学们的赞赏时，教师发现原来"他把其他班级已经讲完的化学卷子拿过来了"，但是，教师却替他保守了秘密，这是因为透过表象教师读出了学生那份"渴望"的内涵，所以既没有因为他一贯表现不好而放弃他，也没有因为他的一次错误而立即否定他。教师是以一种发展的眼光来看待学生，从课堂到课外，全面、全程地采集和利用与学生各种素质培养及各种技能发展有关的评价信息，侧重通过对个体的纵向比较，关注学生在原有水平上的提高，以激励性评价为主，在动态过程中鼓励学生不断地获得进步。

1. 是否只能用表扬的方式？发挥评价的激励功能，若不是，你还有其他方式吗？请例举并加以阐述。

2. 针对当前课堂激励性教学评价存在的问题，我们能采取的策略有哪些？

7.3 如何在表现性评价中提高学生解决问题的能力

候诊案例

【案例一】《质量守恒定律》四个实验方案教学设计（1）

在学生对反应物和生成物的质量关系做出猜想后，教师立即组织全班学生动手分小组实验，做一个分析一个，学生连续做了四个探究实验。整堂课学生不断动手操作，时间安排十分紧张，使得活动与探究过程中出现的许多问题教师未来得及作及时、充分的评价，学生的讨论也显得不是十分充分。

【案例二】《质量守恒定律》四个实验方案教学设计（2）

学生先对反应物和生成物的质量关系做出猜想，并设计实验方案，然后分两个阶段完成对"质量守恒定律"的探究：第一个阶段，将全班学生分成两大组，每组完成一个探究实验，即甲组完成"白磷燃烧前后质量的测定"实验，乙组完成"铁钉和硫酸铜溶液反应前后质量的测定"实验，记录现象，全班一起交流讨论，学生互评，教师点评，得出结论……第二个阶段，也将全班分成两大组，分头完成后两个实验，然后让甲组学生充当小老师向乙组没有做过实验的学生传授实验之道，剖析实验之理，在教师的点拨、学生的讨论和补充下完成教学任务。

诊断分析

案例一中，听课学生是重点中学的学生，各方面素质相对较好，动手能力也较强，因此，该堂课的教学效果是比较好的。但是，由于一堂课的大部分时间学生都在表现"活动"，因而留给学生"思考"的时间明显不足，讨论十分仓促，缺乏问题解决的广度和深度，甚至有时学生刚想出解决问题的办法或刚想提出新问题，"讨论"就在教师"三言两语"的点评之下结束了。这是一节典型的为"开课"而"活动"的课，整堂课有"外动"而缺少"内动"，有活动之"形"而缺探究之"神"。

案例二中，由于"活动与探究"内容多，耗时长，教师采用了"分组、分头"实验的"经典"做法。即通过在同一时间内分头完成实验任务，腾出时间来探讨、消化、巩固与课题相关的主题，这本无可厚非。然而，这四个实验，尤其是"白磷燃烧前后质量的测定"和"铁钉和硫酸铜溶液反应前后质量的测定"两个实验，对学生构建质量守恒定律的概念是极其重要的，但它们对学生而言却又是十分陌生的。当全班二分之一（甚至更多）

的学生在听另外二分之一学生中的个别学生的介绍、讨论时，这种讨论的效率又有多少呢？显然，这种课堂教学设计教师是在为自己的设计而教学，这样的课堂教学展现的是学生虚假的主体性，客观上剥夺了大部分学生亲历实验、参与讨论的权利，剥夺了学生思维的权利，这样被动地参与，被动地讨论，使学生对问题的认识与解决缺乏深层次的交流与碰撞，尤其对于后进生而言，更成了被忽视的群体。此时，师生、生生之间的"讨论""评价"就犹如无源之水，学生解决问题的能力怎能切实提高呢？

借鉴案例

【案例三】《实验室制取二氧化碳》教学片段

在实验室制取二氧化碳的实验过程中，教师发现有的学生不小心使试管底部破了一个洞。

师：有的同学不慎将试管底部打破了一个小洞，扔了挺可惜的，同学们想想办法，能否废物利用呢？

（学生兴奋好奇，探究欲望强烈，展开了激烈的讨论。）

……

生：……可以设计一种随时"开、停"的制取二氧化碳的发生装置。

师：请你上台给同学们演示一下吧！

（实验成功，师生共同分享学习的快乐。）

……

【案例四】《空气的组成实验探究》教学片段

师：从生活经验和以往的探究活动中，我们知道了空气中含有氧气、二氧化碳和水蒸气。那么，空气中还有其他气体吗？各种气体的体积分数是多少呢？经过漫长的科学探究，科学家们已经解开了这个谜。

师：（演示"测定空气里氧气的含量"的实验，追寻科学家的足迹。）引导学生观察红磷燃烧现象，描述燃烧现象，观察水面上升的情况。

生：……水上升的体积约为集气瓶体积的八分之一。

师：科学家的结论是氧气约占空气的五分之一，而在实验中，气体减少的体积却少于五分之一，为什么？（实验结果的误差激发了学生探求问题的欲望，学生们议论纷纷；针对疑问，同学们在老师的引导下得出四点原因：红磷的量不足，没有耗尽瓶内的氧气；装置漏气；未冷却到室温时就打开弹簧夹等。）

师：如果选用蜡烛来测定空气里氧气的含量，可行吗？（学生们又一次议论纷纷，有的说行，有的说不行。）

师：我们请一位同学演示一下，看看演示结果与科学家的结论是否一致。

生：演示。结果水上升的体积约为集气瓶容积的十分之一。（利用该方案做的实验，误差太大！学生感到困惑，同时又一次激发了学生探究的欲望，同学们开始提出问题：产生误差的原因与上次实验一致吗？为什么这次误差更大了呢？能用蜡烛替代红磷吗？）

师：请同学们分组讨论，发表自己的见解。（经过情境创设唤起了同学们的问题意识，此时明确探究任务，合乎学生需求，同时也把学生引入新的情境中来。采用分组讨论交流，体验合作学习，学会自己解决问题的方法：交流借鉴。）……

生：蜡烛燃烧放热，使剩余气体膨胀，所以液面上升的体积数偏小。

师：也就是说，我们要等到装置完全冷却到原来的温度后，再观察（约几分钟后，观察结果仍然偏小）。

师：看来还有别的原因？（无人回答）想想蜡烛燃烧后生成物是什么状态？（此时，教师及时给予适当的提示，有利于引导思维的方向。）

生：蜡烛燃烧生成了水和二氧化碳，二氧化碳是气体，占据了一定的体积，所以，结果偏小。

师：很好！抓住了问题的关键。反思上述实验的探究过程后，想一想：用燃烧法测定空气中氧气含量的实验，在药品的选择和对生成物的要求上应该考虑哪些因素呢？（及时归纳，明确实验可燃物的基本要求。同时让学生学会反思、质疑。）……

师：从实验中，还能体现出氮气或其他物质的什么性质？（把思维的对象由氧气转为氮气等。培养学生从不同角度思考问题的能力，提高学生思维的发散性。）

生：氮气不能燃烧，也不能支持燃烧。

生：氮气难溶于水，氮气是无色无味的气体。

……

【案例五】《有机合成材料》教学策略

在学习《有机合成材料》课题时，教师提前一周布置本课题的实践作业："我身边的有机合成材料"。学生围绕这一主题，以研究性小组的形式确定某一探究主题，自主开展探究活动。教师要求每个学生从图书、报纸、杂志及互联网等媒体上收集资料，整理后制成小报或记录在剪贴本上。小组长组织小组成员进行自评与互评，在交流过程中学生可以发现自己与别人的差距，从而自觉改进、提高，既增长了知识，也促进了学生多种能力的发展，又达到了共同进步的目的。全部内容张贴在教室的板报上，并选出优秀作品在学校的科技节上以专栏形式展出或以专题讲座形式进行探讨。当学生通过一种有意义的方式展示他们获取的知识时，他们不再是简单地记住了课本中知识，而是在实践中提高了解决化学问题的能力。

专家建议

表现性评价强调将理解与技能应用于真实世界情境中的真实问题。其根本特点是力求在真实的活动情境中测量出学生的行为表现。在案例三中，教师根据现场的学习情境，秉承"动态生成"的理念，适时调整教学策略，将有价值的课堂资源生成为新的探究对象和问题。在这一过程之中，教师不但可以评价学生掌握有关知识技能的情况——设计一种随时"开、停"的制取二氧化碳的发生装置，还可以对学生在完成实际任务中所表现出来的如节约资源、废物利用等情感、态度和行为做出评价和诊断。

在案例四中，教师以"探究空气中氧气含量"的实验问题为中心，不断地变换角度，创设了一个个生动而真实的问题情境。两次实验的误差引发了学生的兴趣，而教师的评价充分发挥了引导者、组织者的作用，始终追随学生的思维起伏，在成功时加以激励，在思维停滞时加以点拨，并辅以实验让学生实践反思。从教师提出问题到学生发现问题，直至学生通过实验探究和小组讨论自行解决问题，可谓水到渠成，产生了"质"的飞跃。学生浓厚的探究欲望使课堂气氛逐步达到高潮，成功的体验以及教师对学生在此过程中的激励，也使学生信心倍增，兴趣盎然地完成了一个又一个后继任务。在这个过程之中，实验不再仅仅是作为激发学生学习兴趣的一种工具，而是引发学生发现问题、解决问题、反思问题的一种载体，评价则促进了学生的有效发展。

在案例五中，通过"我身边的有机合成材料"这样一次主题研究活动，学生学会了调查、资料收集、阅读、讨论等多种解决问题的方法，在提出问题、收集证据、解释与结论、反思与评价、表达与交流等活动中，体验自主学习，提高了解决问题的能力。

表现性评价是建立在学生客观表现的基础上注重学生学习过程的一种评价，通过对学生完成表现性任务过程的考查，可以评价学生多方面的表现，那么，如何通过表现性评价来提高学生广泛利用各种知识解决实际问题的能力呢？

1. 设计适当的表现性任务，在实践中提升学生综合运用的能力。表现性评价实际上就是对被评价者在完成表现性任务过程中的表现情况进行观察与评估。因此，能否设计出适当的表现性任务是保证表现性评价的信度和效度的基本前提。设计表现性任务首先要考虑的是情境的真实性，即便是模拟的任务情境，真实性也要越高越好。例如《燃烧和灭火》课题中，当发生火灾时该如何处理呢？教师可以事先要求学生进行调查与研究，课堂上可以设计这样一个情境：火灾现场，两个学生模拟拨打火警119电话（其中一个扮演消防接线员），学会报警时要讲清详细地址、起火部位、着火物质、火势大小、报警人姓名、电话号码，并派人到路口迎接消防车。其次要依托教学活动，考虑学生的发展水平和时间、空间与设备条件的限制。我们可以从教材中选择素材，比如初中化学教材中的活动与探究、调查与研究、化学·技术·社会、资料、家庭小实验、讨论等栏目中的内容都能很好地满足表现性评价任务的要求；我们还可以广泛开发课内外、校内外课程资源，努力使学生学习和活动的时空得以拓展和延伸。比如我们可以组织学生参观自来水厂或污水处理厂，完成研究报告，在实践中培养学生解决问题的能力；在课堂教学中，我们要充分利用探究性实验（如案例四），在活动中提高学生发现问题、提出问题和解决问题的能力。

2. 实施多元的评价方式，在交流中发展学生解决问题的策略。每一个学生都有各自不同的知识经验和生活积累，在解决问题的过程中每一个人都会有自己对问题的理解，并在此基础上形成自己解决问题的策略。教师要引导学生动手实践，自主探究，鼓励学生在交流的过程中畅所欲言，对他们的回答暂时不作指向性的评价，而是通过学生自评、小组互评、教师点评、家长参评等多主体评价方式，让学生在合作的过程中产生思维的交流与碰撞，自己去感悟解决问题策略的多样性并选择最优化的方法。例如，学习了《金属的化学性质》后，为了揭穿不法商贩谋取暴利的真相，教师可以请学生帮助不知情的顾客鉴别实验台上的饰品是"药金"还是"真金"，在师生、生生互动中找寻问题解决的不同方法，体验问题解决的多样性与灵活性，这不但提高了学生自身解决问题的能力，也提高了学生合作解决问题的能力。

3. 组织及时的回顾总结，在反思中丰富学生解决问题的经验。解决问题的过程是主要的，而对过程的及时反思也是非常重要的。反思是从一个新的角度，多层次、多角度地对问题的思维过程进行全面的分析和思考，它是发现的源泉，是优化思维品质、促进知识同化和迁移的良好途径之一。通过对解决问题过程的反思，可以加深对问题的理解并获得解决问题的经验。例如，在《爱护水资源》一课的"调查与研究"中，教师可以引导学生通过写化学小论文、座谈会等形式进行积极的反思，让学生把完成表现性任务中所搜集的有关水污染的知识、情况报道及反思记录等资料放进档案袋中，定期开展档案袋评价；在《水的净化》一课中，教师可以将学生自制的简易净水器作为学习成果加以展览并进行评比，从不同的侧面谈谈本次制作的成败得失，使学生逐步养成反思的好习惯并从中不断积累解决问题的经验。另外，在表现性评价的过程中，教师也要注意捕捉各种信息，可以通过记录、写案例等方式，在每次评价完成之后，对所搜集的信息资料进行整理和分类，积累宝贵的第一手资料，以便更加有利于下一次表现性评价的实施与完善。

拓展研讨

1. 谈谈在化学实验教学中如何应用表现性评价提高学生解决问题的能力。
2. 选择一条专家给出的建议，结合教学谈谈个人体会。

7.4 如何进行自我评价和集体评价

候诊案例

【案例一】《物质的变化和性质》教学片段

在教师讲完"物理变化"和"化学变化"两个概念之后，学生当堂进行了自我评价。

（幻灯）下列现象哪些是"物理变化"，哪些是"化学变化"？

（1）铁丝生锈；（2）水的三态变化；（3）蜡烛燃烧；（4）光合作用；（5）呼吸作用；（6）海水晒盐；（7）轮胎爆炸；（8）火药爆炸；（9）酒精挥发；（10）番茄腐烂。

在教师收集信息和做出矫正的教学环节中，通过课堂观察发现，三位教师共使用了以下三种不同的方法。

教师1：按内容次序逐个提问学生，对每个学生的答案做出评价。

教师2：按内容次序逐个提问学生，学生回答，答案的对错让其他同学做出判断。

教师3：按内容次序逐个提问学生并让其说出得出这个答案的理由，再让其他同学做出判断。

【案例二】《金属材料》公开课教学片段

在一次以《金属材料》为课题的公开课比赛中，几位教师不约而同地在课的结尾处设置了这样一个教学环节：通过本课题的学习，同学们有哪些收获？

摘录如下部分教学片段：

师：随着科学技术的发展，新型的金属材料不断被发现，金属材料的用途也将被不断扩大。通过本课题的学习，同学们有哪些收获？

生1：我觉得化学是一门与生活联系得非常紧密的科学，例如我们利用化学材料制的"人造骨""形状记忆合金"等。化学使我们的世界变得更加绚丽多彩。

生2：化学是一门以实验探究为主的学科，它不断向前发展，化学新技术使我们的生活变得更加美好。

生3：今天这节课开阔了我的视野，我觉得化学很有意思，我很喜欢它。

师：同学们说得非常好！通过本课题的学习，你们都有了很大的收获。

　　从课堂的实施效果来看，案例一中第一位教师的教学方法学生参与程度最低，信息收集不全面，耗时也最长。在教师对学生答案评价矫正的时候，下面有的同学会走神，解决问题的针对性较差。第二位教师和第三位教师的方法注意到吸引其他同学的参与，其中第三位教师还注意到了学生参与的深刻性：答案后面再问"为什么"，但全体学生积极参与的程度不够。其现象背后的本质原因是教师不敢放手让学生大胆地去"评论"，让学生在"说"的过程中逐步补充与完善，反映出教师在评价过程中重"答案结果"，轻"思维过程"的思想以及对学生能力的怀疑。

　　案例二这样的课堂流程和模式是很流行，很普遍的（也许公开课"打磨"得更加精致），看上去真是"一帆风顺"，既有自评，又有互评，学生的回答一马平川，到下课时教学内容也圆满完成了。但是，这样的课总让人觉得少了些什么。也许，一节课最大的问题就在于没有问题。新课程强调：要给学生留下问题，没有问题的课不是好课。为什么不让学生再谈谈：我的困惑呢？给学生几分钟自由思考质疑的时间，也许这样的自评会更加全面，这样的课堂才更加真实有效。从某种程度上说，在平实、真实的课堂上出有效率、常态性的课才是一种高境界的课。

借鉴案例

【案例三】《物质的变化和性质》教学片段

教学情境同案例一。

在教师收集信息和做出矫正的教学环节中，课堂观察发现，有两位教师分别使用了以下两种方法。

教师1：呈现某个学生的全部答案，在粗略统计每个答案"同意"与"不同意"的情况下，两派学生展开辩论。

教师2：学生完成学习任务之后，先自我反馈：同桌之间互对答案，互相订正。再组内交流，同学互助，自我矫正。然后呈现一个小组的全部答案，判断评价。

【案例四】《如何正确书写化学方程式》教学片段

教师在讲解了化学方程式的配平方法后，请学生自学书写化学方程式的书写步骤。（设计了探究学习的过程，让学生自己去发现书写化学方程式的方法及注意事项，打破了旧的教学模式。）

师：请同学们将已学过的几种反应的化学方程式书写出来。

（学生一边回忆一边思考，试着写出已学反应的化学方程式。）

师：（有意识地将一些同学的书写通过实物投影仪投影出来，名字隐去）现在，我们一起来评价这些作业。（学生踊跃讨论发言，指出上述化学方程式中的错误，师生共同分析错误的原因，气氛十分活跃。）

师：同学们能够积极动脑，踊跃发言，很好！我相信大家已经知道了书写化学方程式的注意事项，希望在今后的学习中避免再犯类似的错误。（教师根据课堂反馈再布置练习，学生准确率提高。）

【案例五】《化学使世界变得更加绚丽多彩》教学片段

这是学生接触化学的第一课。化学的新奇引发了学生浓厚的兴趣。但是，当教师要学生自己举出身边与化学有关的实例时，一些同学列举了大量"化学"产生的污染、中毒等事例。难道化学在同学们的心目中就是这样的"阴暗"吗？教师以辩论赛的形式，让课堂"动"了起来，在教师导评、学生自评、生生互评等互动中巧妙地解决了学生的认识误区。

师：化学技术的大量使用是"利大于弊"还是"弊大于利"呢？

（学生举手分成两大组辩论。当一位同学发表自己的观点举例证明时，其他同学都会专心倾听，随时进行反驳，发表自己的见解。现场气氛越来越热烈，个别学生间争论十分激烈。）

……

生：其实，我觉得化学有其有利的一面，也有其不利的一面，关键看我们如何合理利用。

师：你很有辩证的思想！其实，化学就像一把双刃剑，我们要用好它。去年夏天，蓝藻暴发，太湖水受到严重污染，这正是人类没有学好化学、用好化学的结果。今天，我们利用化学，使无锡天更蓝，水更清！（音乐图片展示。）

……

专家建议

在案例三中，课堂集体评价的重心从"以教师为中心"转移到了"以学生为中心"上来。"以学生为中心"的集体评价不仅包括师生之间的评价，还包括生生之间的评价。其中生生之间的评价由自我评价和互相评价两种形式构成。传统的课堂教学大部分时间花在了师生问答的环节上，学生基本是被动地接受。现在，不论是方法1还是方法2，学生反馈的信息都比较全面，而学生相互矫正，又较好地调动了每个学生参与的积极性，在充分思考、讨论、碰撞和评价中，学生不断加深了对概念的理解与辨析。

在案例四中，值得我们思考的问题是，教师是否应该在学生书写化学方程式之前就按部就班、十分详细地讲授正确的书写方法，以保证绝大多数学生顺利完成任务呢？我们的回答是否定的。因为学生出错，不是教学的失败，而是将学生在阅读自学过程中思维深层次的缺陷暴露了出来，学生自评的结果又为课堂提供了集体评价的学习材料，将学生的学习自主性进一步激发出来，此时，教师没有马上解释学生出错的原因，而是有意识地将一些同学的书写通过实物投影仪投影出来，将学生的错误展示出来，引导学生互相观察、比较、评价，最终让学生在互评中自我感悟化学方程式的书写方法。

在案例五中，教师以辩论赛的形式让课堂"动"了起来，在教师导评、学生自评、学生互评等多方位评价中巧妙地解决了学生对于化学"很阴暗"的认识误区。在教师和谐、民主的课堂氛围中，学生的自我表现越来越好，学生之间的争论也越来越精彩，其实，"我觉得化学有其有利的一面，也有其不利的一面，关键看我们如何合理利用。"学生的这种辩证的思想正是在自评与集体评价过程中产生的一种自我反思。

新课程把学生的自评和集体评价作为重要的评价机制引入了课堂，从某种程度上说，它凸显了评价主体的多元化。这不仅把合作学习推向了深入，也使得学生学习的主人意识得以增强，学生真正成为了课堂教学活动的主体，在评价中体验成功的喜悦，获得进取的力量，分享合作的和谐，感受学习的乐趣。那么，课堂上如何有效组织好学生进行自我评价和集体评价呢？

1. 形成和谐、民主氛围，激发学生的评价兴趣。长期以来，由于课堂评价权的使用不当，学生在学习过程中一定程度上已经养成了习惯性的等待和听从，课堂气氛是比较沉闷的。因此，和谐、民主的教学氛围是切实实施并开展自我评价和集体评价的前提，形成这种环境需要从两个方面入手：首先，从教师本身开始，改变陈旧的教学理念，下决心将课堂还给学生，不断地为学生提供表现的机会，让每个学生都有机会参与评价。其次，从学生方面着手，针对不同的情况，教师要善于引导，因材施教，对于积极的学生，引导其向更高层次发展、提高；对于相对消极的学生，则给予更多的机会，多用激励性的语言鼓励他们大胆说出自己的想法。再次，学生开展互评时，教师要摆正自己的位置，不要以命令者、管理者等居高临下的姿态强行加入，不要轻易表明自己的态度，不要随便地评价学生们的学习行为。比如，在案例六中，教师是组织者、倾听者，在学生说出"其实，我觉得化学有其有利的一面，也有其不利的一面，关键看我们如何合理利用"时，适时地参与到学生的评价中去，不仅对学生进行了肯定与表扬，还引出了"绿色化学"的理念。

2. 选择适当内容与时机，引导学生有效参与评价。教师要根据不同的教学内容，不同的教学情境，活化教材资源，组织不同形式的有效的自我评价与集体评价活动，加大学生课堂自主活动的时间，引导学生积极参与。在目前的化学教材之中，直接适宜开展学生自评与集体评价的教学内容还是不少的，比如"设计制取二氧化碳的装置""塑料利弊谈""自制净水器""调查报告"等，同时，我们还要本着"以生为本"的教学理念，在把握教材编写意图的基础之上，积极合理地处理、活化现行教材，找准适宜评价探究的"研究点"，使学生能深入教学内容之中，为开展这种评价式探究提供坚实的材料支撑。例如案例四中以学生自学自评的结果——一些同学化学方程式书写的投影为研究点，案例五中以课堂上的生成性资源为研究点，当学生的思维被具有挑战性的问题阻碍时，学生的内心往往会产生最大程度的学习与交流的需要，这无疑是引导学生有效参与评价的最佳时机。

3. 教给学生正确评价方法，增强学生自我评价能力。首先，教师要将正确的人生观和认识观教给学生，对于课堂评价过程中出现的不良现象要及时制止，要善于引导学生不能片面、偏激地看待问题，要辩证看问题，既看到优点，又看到不够完善的地方，明确集体性的互评过程是一个相互促进的过程，不是打击报复的过程。在案例二中假如能够让学生谈谈"我的困惑"，这样的自评也许会更加全面，学生提出的问题也可以起到"课虽止，思未停"的效果，让教学评价的过程自然地由课堂延伸到课外。其次，在教师组织自评和互评的过程中，评价的内容要宽泛，不仅包括化学知识，还包括人的情感因素、学习者个体特点的因素、学习策略的因素以及其他各种和学生学习直接或间接相关的因素，让学生立足于集体环境中，通过比较取长补短，开拓视野，自我激励，不断进步和成长。在此过程中，学生要学会认真倾听其他人的发言，尊重别人，欢迎其他人和自己进行交流，要注意选择合适的语言对其他人进行赞许或诚恳地提出自己不同的见解，当然，尊重他人并不是一味地人云亦云，要鼓励学生有自己独特的见解，据理力争，大胆质疑。

拓展研讨

1. 课堂上组织集体性评价的形式主要有哪些？

2. 结合课堂教学实践，谈谈如何通过集体性评价促进学生自我评价能力的提高。

7.5　怎样进行作业与练习的讲评

候诊案例

【案例一】《溶液计算题复习课》教学片段

……

例题：100g 某硫酸溶液与 6.5g 锌恰好完全反应。请计算：

① 硫酸溶液中溶质的质量分数是多少？

② 所得溶液中溶质的质量分数是多少？

（教师一边板书，一边告诉学生每一步的解题思路及注意事项……随后又针对该类型题目进行了课堂练习。）

……

师：下面请同学们自己再来练习一题。

课堂练习：

某化学兴趣小组从某地采集到一块石灰石样品，想测定其主要成分 $CaCO_3$ 的质量分数。将其敲碎，取 12.5g 样品放入试管中，然后加入一定量的 10％ 的稀盐酸（杂质不与盐酸反应，也不溶于水），恰好完全反应，收集到 4.4g 气体。求：

（1）样品中 $CaCO_3$ 的质量分数；

（2）加入的稀盐酸的质量；

（3）反应后所得溶液的质量分数。

（教师请一同学板演，其余同学开始在纸上演练，教师巡视指导）……

师：同学们在做的过程中出现了不少错误，下面我们一起来订正。

（教师结合学生板演边讲评边订正）……

讲完没一会儿下课铃声响起……

【案例二】为什么才做过讲过又失分了呢？

临近化学二模考试，某教师布置"综合评估练习一"（相当于一份中考试卷）作为学生当日的家庭作业，第二天教师在课堂上进行了从头至尾逐一对答案式的讲评。两三天后，模拟试卷上考到了同样的题目，大部分学生依然不会做或做错了。后来该教师发现：那张作为家庭作业的试卷有个别学生根本没有订正，还有一些学生的订正依然有错误，甚至有的学生作业根本就是抄来的。

诊断分析

在案例一中，讲评课所涉及的内容都是学生已学过的知识，关键是要反馈出经过一段时间的学习后，学生还有哪些地方是需要"补救"的，之后的评是为了解决"练"中发现的问题，评要有针对性和侧重点。但是，这节课缺少师生互动，缺少生生交流，教师陷入了直白的讲解或者填鸭式的灌输，学生的问题没有充分暴露出来，评缺乏侧重点。下课之前教师在进行课堂练习时，一些已经做完的学生无所事事，而另外一些学生甚至连第（1）、（2）题做起来都有困难，教师"一步到位""一刀切"式的讲评，脱离了学生实际情况，没有层层递进，针对性不强，学生的学习状态处于被动之中。

在案例二中，教师布置作业时"贪图数量而不求质量"，进行作业讲评时"重结果轻过程""重讲评轻反馈"。一些教师认为让学生多做练习总是没错，于是担心练习布置少了，学生在自己学科投入的时间少，从而不重视自己的学科，因此就多印、多发练习。长此以往，一方面加重了学生的负担，失去了学习的主动性，另一方面，教师的精力过多地放在解题、讲题上，没有更多的精力精细批改与面批面该，练习与作业的教学效率低下，影响了学生学习的兴趣。部分教师在讲评过程中心情急切，总想给学生多讲一些，讲评时急于破题，把讲评的重点放在这个题应该怎么做上，没有引导学生对出错的原因作具体的分析，没有突出化学学科思维方法的训练，结果学生听得头头是道，再考还是不会。目前，中学生课业负担较重，学习科目又多，学生忽视作业订正的现象十分普遍，也形成了一定的问题遗留，所以教师不能够只有讲评，还要落实矫正。

借鉴案例

【案例三】《溶液计算题复习课》教学片段

……

（学案）100g 某硫酸溶液与 6.5g 锌恰好完全反应。请计算：

①硫酸溶液中溶质的质量分数是多少？

②所得溶液中溶质的质量分数是多少？

学生板演：请两个学生比赛板演该题，展示思维过程。（其余学生在学案上练习。教师巡视，重点辅导个别学有困难的学生。个别优等生很快就做好了，教师检查过关后，可以帮助其他学生。）

讨论评讲：针对两个学生的解题过程，师生、生生互动，共同探讨"错在哪里""为什么错""正确的做法是什么"……（对于好的解法也进行鼓励。）

规律总结：根据学生出现的错误及应注意的问题，总结方法及规律……

分层练习：

（教师事先准备好题目卡片。）

卡片 1. 某化学兴趣小组从某地采集到一块石灰石样品，想测定其主要成分 $CaCO_3$ 的质量分数，将其敲碎，取 12.5g 样品放入试管中，然后加入一定量的 10% 的稀盐酸（杂质不与盐酸反应，也不溶于水），恰好完全反应，收集到 4.4g 气体。求：

（1）样品中 $CaCO_3$ 的质量分数；

（2）加入的稀盐酸的质量；

（3）反应后所得溶液的质量分数。

学生根据实际情况自己选择：优等生当堂测试，完成（1）、（2）、（3）题；中等生当堂测试，完成（1）、（2）题；学有困难的学生根据实际情况练习第（1）题或第（1）、（2）题。教师巡视，关注学有困难的学生，当面辅导矫正……

学生将卡片交给教师，教师布置分层作业，下课……

【案例四】 一道课后习题的讲评

人教版九年级化学第六单元课题3《二氧化碳和一氧化碳》课后习题：用实验证明二氧化碳能溶于水。

一题多解：（课中探究"二氧化碳能溶于水"的时候，有机渗透。）

方案1：在盛满 CO_2 的质地较软的塑料瓶中倒入半瓶水，观察现象。

方案2：将盛满 CO_2 的试管倒置在装有水的水槽中，观察现象。

方案3：在盛满 CO_2 的集气瓶中倒入约半瓶水，迅速塞紧带导管的单孔塞，振荡，将导管的另一端放入盛水的烧杯中，打开止水夹，观察现象。

方案4、5……

变式练习：（课后讲评作业的时候，拓展延伸。）

方案2若改为"倒置在装有澄清石灰水的水槽中"，现象有什么变化呢？你能依据此情景，自己编制一道新题目吗？（或"倒置在滴有紫色石蕊溶液的水槽中"）……

【案例五】 贴心的评语

近来，李老师对传统的批改作业的方法进行了改进。以往李老师对学生作业的评价总是批改后在课堂上直接表扬作业认真的学生或当众批评作业不够认真的学生，但持续这样的评价收效并不理想。于是，在作业批改中，她针对不同层次的学生、不同类型的作业，有针对性地为每个学生写上批语。以鼓励性、鞭策性、引导性、提醒式的书面评语，代替了以往的抱怨、不满。例如："一分耕耘，一分收获！老师发现你这两天有点儿灰心，别泄气，你能行！""后面没有前面认真，要持之以恒！""你的每一个进步，老师都看在眼里，真为你感到高兴！"这不仅传递了教师对学生学习的要求和指导意见，而且让教师的心与学生的心走得更近了，调动了学生学习的积极性，学生作业有了较大的进步。

专家建议

案例三利用课堂的时间分类指导学生，在学生独立练习时，教师重点帮助了学有困难的学生提高分析问题、解决问题的能力，而学习能力强的学生在提前完成规定练习后，先做"小老师"帮助自己的同学，后又让他们根据自己的实际知识水平适当地选择一些难度较大的、有代表性的综合题去做，这样，一方面培养了他们处理问题的能力及责任感和荣誉感，一方面也解决了一部分学生"吃不饱"，一部分学生"吃不了"的问题，"同一题目，不同要求"——因人而异，因材施教，充分调动了学生学习的积极性，使不同层次的学生在各自的起点上都有所收获，增强了课堂教学的有效性。

案例四是第六单元课题3《二氧化碳和一氧化碳》的新授课。教师在引导学生探究二氧化碳能溶于水的时候，巧妙地将"课后习题"设计为"课堂问题"，与课堂新授课有机地联系了起来，既加强了课堂训练，体现了"好题"尽量"课堂上练习、讲评、消化"的思想，提高了教学的有效性，减轻了学生过重的作业负担，同时也激发了学生的创新意识，调动了学生的学习积极性。一些学生的设计图原理正确，设计新颖，并把化学与物理知识进行了充分的综合，学生在手脑并用的实验活动中迸发出了思维的火花。从课后的作业反馈情况来看，学生完成得相当好！而该案例中的变式练习则适宜放在教师讲评作业的时候。此时，教师可先对学生的作业情况加以表扬，然后问学生方案2若改为"倒置在装有澄清石灰水的水槽中"，现象有什么变化呢？以此再度点燃学生的思维火花，让学生在不同情境的应用中突出对本质特征的理解，防止思维定式，培养学生思维的深刻性、灵活性、批判性和创造性。

"无声之中见真情"——有效的练习与作业的讲评，不仅体现在课堂，注重作业的批阅，也是不可忽视的一个方面。案例五中，教师除了采用传统方式的打"√""×"及圈圈点点、删删补补外，还特别注重写评语。评语本来是班主任的特权，但是，任课教师不时给出适当的评语，让教师与学生的心贴近了，"亲其道，信其师"，每个学生都深深地感到自己在教师心目中是举足轻重的，这样就会不断地、及时地调节学生学习的热情，往往有意想不到的收获。

化学作业与习题的讲评是化学教学的一个重要环节，也是课堂教学反馈的重要手段，更是提高教学质量的重要一环。只有"对症下药"，才可能起到"药到病除"的功效。那么，如何提高作业与习题讲评的实效性呢？

1. 查缺补漏，重在巩固。以学定教——只有确切抓住学生的薄弱环节，教师的讲评才会有针对性。教师要及时了解学生在作业或练习中的反馈情况，根据学生存在的问题，研究讲评的重点和难点，避免面面俱到，泛泛而讲。教师也要建立错题集，对学生练习、作业中出现的典型例题，带普遍性的错题要随时收集。要建立错题重复训练制度，过一段时间再训练一次。当然，重复训练时既要有原题，也要有变形题。比如离子符号、化学式记忆错了，就可以采取原题再现的方式；判断复分解反应是否发生的题目，就可以采取变形题。教师讲评以后要督促学生及时订正错题，巩固讲评效果。教师应要求学生将答错的题全部用红笔订正在错题旁边，并把自己出现典型错误的题目收集在"错题集"中。对个别未及时做好订正工作的学生，教师要做好个别辅导工作。

2. 借"题"发挥，突出思维。借"题"发挥就是要讲好错例，讲好思路，讲好方法，讲好规律，讲好变化。对于学生解错的题目，从三个方面讲：错在哪里？错因何在？如何改变题目的条件和问题，对学生进行变式训练？纠"错"，先"究"错——教师首先要引导出错的学生说出出现错误时的心理，暴露隐藏在学生思维深处的错因，对于学生普遍存在的难点、漏点、疑点，应组织学生讨论，使教师的讲评与学生的质疑相结合，与学生共同探讨解决问题的途径。其次，教师要抓住典型题目，善于将原题进行变形，对某知识点从多角度、多侧面、多层次和不同的起点进行提问。使学生分析一道题，明白一个道理；纠正一道错题，会解一类题。例如，可以让学生设计实验，用多种方法鉴别一氧化碳和二氧化碳。又如案例四中的拓展与延伸，假如是在复习课上讲评，其在习题的思路分析和变换上还可以再加强一些。

3. 面向全体，关注差异。讲评是全体师生的双边互动活动，但是不同学生存在的问题不尽相同，因而要调动各层次学生都积极参与讲评活动，使每一位学生都能在自己的发展区域里有不同的收获。这就要求教师从整体上把握讲评内容的层次性，使内容层次与学生层次相吻合。同时，在讲评课上，教师主要针对存在的共性的问题引导学生展开研究，对个别学生出现的特殊问题，往往关注不到。因此，教师在集体纠错的基础上应注重因材施教，进行个别辅导，消除个体弱项，进一步提高讲评的针对性和实效性，避免部分学生出现知识和能力的负积累。从案例三、四、五中我们也可以看出，教师要有效进行个别辅导，主要应从如下几方面考虑：（1）要注意对学生解题中存在的个别问题进行记录。（2）要与学生真诚平等对话。（3）课堂要留出个别指导的时间。

1. 在进行作业与练习的讲评时，怎样做到既面向全体，又关注差异？
2. 你觉得提高作业与习题讲评实效性的策略有哪些？

7.6 怎样增强试卷讲评的有效性

候诊案例

【案例一】难道试卷讲评课就真的没有什么可听的了吗？

一次准备去听随堂课，某教师急忙跟我说："真不巧，今天是试卷讲评课，无非是说说这次测试情况，分析一下试卷中存在的问题，再指导学生订正，没有什么可听的，你就不要听课了。"但是，在商量之下，我还是走进了课堂。

现摘录如下部分教学片段：

师：昨天我们进行了测试，由于时间比较紧张，老师没有全部批改完（有的学生比较失望），现在我们开始分析试卷……

教师拿起试卷从第一题开始读题：

1. 厨房里发生的下列变化中，没有发生化学变化的是（　　）。

A. 白菜腐烂　B. 菜刀生锈　C. 水的沸腾　D. 煤气燃烧

师：这一题选 C。为什么不选 A？因为……，不选 B 的原因是……，不选 D 的原因是……，第二题选 A，……

教师用这种方式一边给学生对答案，一边讲评，偶尔几次也让学生代为分析。教师在课堂上拼命地讲，学生无精打采地听……

一节课在教师"卖力"的讲解中结束了，试卷只分析了一小部分。

【案例二】难道试卷讲评课就只是批评课吗？

第一次化学期中考试过后，铃声响过，小张老师带着严重的不良情绪走进了课堂，一下子给教室带来了阴沉的气氛。

师：（厉声指责）刚学化学就考得这么差！真不知道你们是怎么学的，这么简单，你们还学不好，还想考上理想的学校？

小张老师的不满情绪膨胀着，对全班同学不断地讽刺挖苦，一部分同学埋下了头，一部分同学无精打采地转动着手中的笔，还有少许情绪激烈的同学有意发出声响，表达他们的抗议。

就这样，一堂课在教师的责骂声中过去了半节课的时间，这时候，教师才开始讲评试卷，期间不时听到教师这样的话语："这样容易的题目都解不出来？""这些内容我平时是否再三强调过？""这是考前刚刚讲过的例题。"……

诊断分析

案例一是一节典型的就题论题、一讲到底的试卷讲评课。其中折射出的主要问题有：

一是课前准备不足。教师在备课本上只是粘贴了一张试卷，试卷上用铅笔对每一个题目写了答案，也就是说，教师是以做题代替备课。课堂观察学生试卷，发现没有进行批阅。可以说没有及时了解学生的学情，也没有做过统计分析。因此，上课缺乏讲评的重点，没有抓住学生的难点。一堂随心所欲的试卷讲评课也许只会令学生昏昏欲睡。没有精心准备，课能上好吗？二是讲评没有侧重。整堂课几乎是教师"一言堂"，从第 1 小题讲到下课音乐声响起还有大部分题目没有讲完，讲评中安排学生参与的时间也非常少。从时间分配角度看，每题都讲，且所用教学时间接近均分，讲评没有重点、难点；从讲评内容看，没有归纳、总结与分类，讲解题目时没有进行适当的拓展或迁移。从课堂实效看，优等生几乎是白费光阴，中等生感慨"想知道的内容，老师一带而过；不需要讲的内容，不厌其烦"，后进生依旧是"知其然而不知其所以然"。没有针对性，课堂会有效吗？三是反馈不够及时。教师讲评了一节课，学生究竟掌握多少呢？是不是教师讲了，学生就会了呢，有多少学生掌握了呢？一般来说，讲评以后，学生的订正应该不会再发生错误了，但这仅仅是"一般来说"，事实上，一些错误还会发生。人都是有惰性的，学生也不例外，很容易把本应该及时解决的问题拖到以后。

在案例二中，讲评课变成了"批评课"，这种情况碰到学生考试成绩不佳或教师心情不好时尤为常见。我们经常能听到教师说出上述的言语，他们发现不少学生在上一次测试中犯的错误这次又犯了，焦虑的教师就把原因全归于学生的"笨"与"懒"，弄得学生灰溜溜的。"行动是观念的自然反应"——反思产生这种教学现象的深层原因是教师的教学理念：我们的试卷讲评课过多关注的是学生的化学成绩而不是学生，我们的试卷讲评课过多关注的是错误本身而不是如何纠正错误。一个没有人文关怀的课堂，一个不懂关爱学生、不会善用学生错误资源的教师，其水平至多只是个"教书匠"罢了。但这也向我们提出了两个值得思考的问题：教师讲评后学生是否就能纠正错误了呢？教师应该如何去讲评试卷学生才更容易接受呢？

借鉴案例

【案例三】一节化学试卷讲评课的六个环节

第一环节：自评。学生认真阅读试卷，特别是做错的地方，看能否通过重新思考解决问题，并在旁边的空白处用红笔订正。

第二环节：互评。将自己不能想通的问题在合作小组内讨论，通过互帮互助的途径加以解决。如果还是解决不了，可向全班提出。（期间教师巡视了解情况，特别注意对个别学生的鼓励和指导。）

第三环节：导评。教师将学生典型的错误解法投影于屏幕上，让学生作为主讲人，分析错因，追根寻源，教师借"题"发挥，延伸拓展，同时师生共同解决小组讨论中学生不能解决的问题。

第四环节：小结。教师引导学生回顾反思本节课学习的解题方法和技巧，反思本次试卷测评过程中的成功与不足之处。

第五环节：巩固。在课堂上留出十分钟左右的时间，针对化学学科的特点，当堂记忆、反馈、二次测评。

第六环节：落实与反思。课后落实与反思是课堂教学的延续。教师应对每位学生订正后的试卷进行认真审阅，对二次测评后的情况及时采取有针对性的措施，共性的问题集体讲解，对其中存在的个别问题加强个别辅导。同时，教师做好反思记载。

【案例四】与众不同的"试卷集"

小玲老师有一本自制的"试卷集"。与其他教师不同的是，每一份试卷都由三张组成：第一张是空白试卷，第二张用红笔记载了此次考试中学生的错误分析，第三张是根据试卷考查情况重新"剪贴"的一张新试卷，其内容有的是该试卷的原题，有的作一定的变动。

【案例五】建立"专家门诊"病例

_____同学化学学习病例：

（1）本章基础知识掌握尚可，但是除杂质——氢氧化钠（碳酸钠）在几次练习中出错——均使用了盐酸。

（2）化学方程式基本过关，但是有两个化学方程式一直写错，即 $6HCl+Fe_2O_3=2FeCl_3+3H_2O$；$2Al(OH)_3+6HCl=2AlCl_3+3H_2O$

（3）计算题思路清晰，但计算格式马虎，计算准确率有待进一步提高。

（4）_____

（5）_____

年　月　日

专家建议

案例三通过自评、互评、导评、小结、巩固以及落实与反思等六个环节，通过学生自己找错、纠错、改错，充分调动了试卷讲评课上学生参与学习的积极性，通过这样一个夯实、整合与拓展的过程使得这节试卷讲评课厚实起来。实际上，初三的学生往往忙于应付教师的各种作业与要求，很难挤出更多的时间系统地进行课后复习，因此，只有抓住课堂教学的有效性，才能够切实帮助学生查漏补缺，巩固双基，开阔思路，全面提升学生的学习能力。

案例四给我们呈现了一本与众不同的"试卷集"，这既是"备课"，也是"反思"。学生的错误就像混有杂质的溶液，化学教师要学会"过滤"和"再过滤"的方法，不断减少每个学生的错误。这也许就是"空白卷""记载卷""剪贴卷"的与众不同之处吧！

在案例五中，教师开出了"专家门诊"病例，将这些在学生测试过程中发现的具有"个性"的问题进行了归档。调查发现：对于一些学习成绩相对比较落后的学生，同一种错误在这些学生身上有时是反复呈现并"根深蒂固"的！学生对于某道题目的解答错误，往往并非其常说的"粗心"，而是由其知识疏漏、方法不当或思维欠缺等原因造成的。试卷讲评应该既面向全体学生，又能帮助学习有困难的学生有效地解决问题。

改革试卷讲评模式，花一样多的时间却能收到完全不一样的效果。走轻负担高质量的"绿色"教育之路，需要教师在试卷讲评的各个环节仔细研究与不断反思。那么，怎样增强试卷讲评的有效性呢？

1. 讲评前要充分准备，抓住学生的薄弱环节。教学并不是只有讲授新课时才需要精心备课。教师在批改试卷时，要留心学生的解题情况，认真统计学生解答的正确率、错误率和错误类型，分析产生错误的原因，构思评讲方案，以便有针对性地、重点地开展评讲，防止陷入有量无质的题海战术中去。我们可以像案例四中的小玲老师一样制作一本与众不同的化学"试卷集"，课前、课后用好一把"剪刀"，做好"剪贴"工作，让学生的错误越来越少。同时，要与平行的各班作分析、比较，了解自己的优势和不足。这些信息对于今后的针对性教学的指导性是显而易见的。

2. 讲评中要详略得当，突出学生的主体性。由于学生的客观差异性，教师应该在充分研究班级学情的情况下，对讲评课教学的不同环节有所侧重，有所不同。比如案例六中的六个环节，对于基础比较好的班级，教师必须敢于放手，学会放手，侧重自评与互评环节。学生先行订正，讨论——给予学生自我消化、自我反思的权力和机会，再由教师对测试中普遍存在的问题、错误作评析和纠正。在互评中，教师可以采用"兵教兵"的做法，因为学生之间的语言更易沟通和理解，同时既消除了部分尖子生"无事可做"的状态，又可以让他们进行更深层次的思考。而对于基础相对比较薄弱的班级，由于错误往往是反复呈现并"根深蒂固"的，从这一点上分析，教师要侧重"典型呈现"。比如，教师将学生典型的错误解法投影于屏幕上，让学生作为主讲人，鼓励学生说出自己的解题思路、方法，分析错因，追根寻源，避免一错再错。须要注意的是：对于基础相对比较薄弱的班级，教师的借"题"发挥要适量，不宜作过深的拓展或过长的延伸。

3. 讲评后要落实巩固，重视"二次批改"和"新题布置"。在日常的试卷讲评过程中，教师最容易忽略的就是巩固、落实与反思这两个重要的环节。我们建议：在课堂上留出十分钟左右的时间，让学生当堂记忆化学基础知识或进行二次测评，同时对学生已订正试卷进行"二次批改"，不仅可以检测学生是否真正"懂了""会了"，还可以验证教师的"取鱼之法"是否到位。更可以克服学生的惰性，这也是提高课堂效率、拓展学生思维空间的一种十分有效的途径。做好深层巩固工作，方法是多种多样的，但务求落实。比如，教师可以针对学生试卷中出现的问题精心设计难度相当的练习题，当堂反馈补救，养成学生今日事必须今日毕的好习惯；由于化学学科需要记忆的内容比较多，比如一些化学方程式、离子符号等，教师可以让学生当堂记忆，当堂检查；教师也可以让学生建立"错题集"，分门别类地积累历次考试中错误的题目，经常翻阅，养成良好的学习习惯。其实，试卷讲评课"是教学与评价的结合"，对教师来说，也可以通过反馈信息，知道自己在教学过程中的成功与不足之处，及时调整和改进教学方法，提高教学质量；对于学生来说，通过教学评价能强化正确知识，改正错误知识，激励学生发现自己在学习上的不足之处，及时调整自己的学习态度和学习方法。

值得注意的是，我们的教育是面向全体学生的，那么如何才能帮助学习困难的学生也有所提高呢？由于他们除了出现"共性错误"以外，还有"个性错误"，教师可以建立如案例五的"专家门诊"，对症下药，重点击破，及时对这些后进生给予有针对性的个别辅导。教师尤其要耐心地进行连续诊断、内化，以帮助他们彻底弄清没有弄懂的问题，不断疏通"经脉"，增强自信心，全面提高每一位学生的成绩。例如，案例五中的该学生在书写盐酸除铁锈的化学方程式时一直出错，教师可以在课堂教学中有意无意地多次给予该生板书此化学方程式的机会；而该生计算题"思路清晰，计算马虎"则更多地反映出学生对待学习不够仔细、不够深入的问题，教师可以在试卷上给予适当的评语，引导学生作试题外的思索："你清晰的思路，老师十分欣赏！但是，难道你不可以做得更好么？相信你可以超越××同学！"——此时无声胜有声！分数对学生而言固然是重要的，但通过一次考试在学习方法、学习态度、应试方法上的调整提高更为重要！通过能引起学生产生共鸣的评语，依托试卷来进行师生之间的情感沟通与交流，其效果肯定与平时简单、空洞的说教不可同日而语。

拓展讨论

1. "花一样多的时间，却可能收到不一样的效果。"结合教学实践，反思自己在平日试卷讲评中的得与失。

2. 根据一份单元测试卷，设计一节化学试卷讲评课教案（一课时），并与同伴进行交流。

教学观察与研究

　　新课标中强调指出：教师不但要做教学的实践者，还要做教学的研究者，应该集教学研究与实践两种角色于一身。但在实际教学中，许多教师常常将教学与教学研究分离开来，认为教学研究是教研部门及相关专家的事，教师个体只须完成自己应该完成的教学任务。这种舆论氛围直接影响到教师自身业务能力的提高。自从新课改实施后，许多教师开始积极参与教学研究。但由于教师对教学研究的理解以及实际教研能力的高低存在较大的差异，许多教师又只会盲目效法专业研究者，或者由于教学研究的方式、方法不恰当等，都直接或间接地影响了教学研究的顺利开展。

　　其实，教师作为教学研究者，其角色要求与其实践者的角色要求具有高度的统一性，因为我们所做的教学研究与专业研究者的研究有着很大的区别。例如，在研究目的上，教师的研究主要是为了解决自己在教学中发生的实际问题，改进实践状态，提升自己的教学水平。研究的方法也大不相同，教师的研究主要是行动研究与应用研究，并且要不断把自己研究的成果与教学行为结合起来，运用到自己的教学实际中去。一方面行动研究可以验证基础理论的正确性，另一方面也能解决自己存在的教学问题。研究内容也不同，教师的研究更多地属于主观性研究，他既要研究自己面临的教学问题，而且还要把自己作为研究对象，反省自身，探索自己的专业发展之路。因此，教师的教学研究形式更加多样，方式更加灵活。教师的研究更多的是开展校本研究，是现场研究，强调要与教学实际相结合，相协调，强调更加易于操作。它既包括日常的听课评课、说课搬课、集体备课，以及撰写教学反思、教学随笔、教学叙事等，又包括开展课例分析、课题研究等。在研究成果的表达形式上，教师的研究更注重通过教学日志、教学叙事、教学反思、教学案例、教学课例等文体表达自己的研究成果。作为研究者的教师，必须具备自我超越的愿望、终生学习的理念、较强的反思意识和开展教学研究的技能。只有具备自我超越的愿望，才能不故步自封，不断探索，不断成长。只有坚持终生学习，才能不断充实自己，使自己成为永不干涸、常用常新的活水。美国学者波斯纳认为：教师的成长＝经验＋反思。教师只有具备较强的反思能力，不断地反思自己的教学行为，才能为自身的成长提供有效的帮助。教师要具备开展教学研究的技能，很重要的一点是要有问题意识，能够将工作中碰到的困惑、矛盾提炼成可以开展研究并可着力去解决的问题。然后选择适合自己特点的研究方式，将研究设想变为研究方案，并付诸实施。在研究过程中，不断调整、深化、细化研究方案，最终取得研究成果，促进自身的专业成长。本话题试图以问题诊断的形式，依次从如何进行集体备课，如何进行课后反思以及如何构建有效的听课、评课活动等三个方面加以阐述和回答。

8.1　如何进行集体备课

候诊案例

【案例一】教案集合

某校化学备课组为了应付检查，快速完成集体备课，将新教材的各章节平均分配给了任教初三化学的三位教师，由各任课教师分头撰写教案。期间，有的教师充分利用现代信息技术的优势，"在线查找"，将网页中与新教材相匹配的教案下载后直接交给备课组长，最后由备课组长将所有个人教案装订成册。

【案例二】个人独唱

某校化学备课组由一位教学中的骨干教师充当组长。由于组长年纪较大，并且是学科教学中的"元老"，在教师中有一定的威望和地位，所以，集体备课中的研讨往往由组长说了算，备课成了组长唱"独角戏"。

【案例三】模式教学

一所学校上对外公开课，三位化学教师上的都是同一课，听课教师听到的几节课都是一个模子。为什么如出一辙呢？原来，这三位教师事前经过了集体备课，他们将集体备课后的"成果"原封不动地搬进了自己的课堂……

诊断分析

集体备课不等同于分工备课。在案例一中，这种"承包式"的做法显然违背了集体备课的初衷，是为"任务"而"完成任务"，脱离了教师的互动参与和研讨，没有了教师智慧的碰撞与交流，集体备课就成为了一种形式，只有集中、合作的"壳"，没有互动、碰撞的"魂"。将参差不齐的个人教案（有的内容甚至是网上资料的全盘直接下载）装订成册权当集体备课，这种做法虽然简单易行，却纯属造假式的集体备课，缺乏内涵与实效。也许，有的教师可能会说："教案一样，但是我也不用这个教案去讲课"，这样的教师明显存在着"保守、自私"的思想，不喜欢与同组人共享资源。"问渠哪得清如许，为有源头活水来"——你有一种思想，我有一种思想，我们二人相互交换，每个人就有两种思想。一个教师不可能把自己关起来备课和从事学术研究，因此，要提高教学和学术研究的水平，教师之间要多交流，多沟通。

集体备课不等同于个人"独唱"。在案例二中，集体备课的研讨活动往往由备课组长说了算，其他教师"出工不出力"，很少发表自己的意见，提出自己的看法，这显然也不是真正意义上的集体备课。集体备课本质的最核心内容是"合作、互动"，它追求的是同伴互助、各抒己见和畅所欲言的多维对话，然而不少教师却忽略了合作，冷漠了互动，多维对话缺失的背后显然是该备课组长没有唤醒与激发出本备课组成员的积极性。随声附和，人云亦云，没有争辩、质疑和评价之声的备课活动，怎能实现资源共享与共同提高呢？

集体备课不等同于统一教案。在案例三中，同年级组的教师集体备课以后，大家以同样的方式完成同样的教学内容，使用同样的资料，布置同样的作业，把集体备课和统一教案画上了等号。集体备课要求在教学思想、教学重难点处理、练习、检测等方面做到基本统一，但这并不意味着教案内容和教学环节要高度一致。没有根据本班学生的实际情况进行"二次加工"，没有对教案适当修改、增补和删减，这样的"共享"既不符合教学的实际，也没有突出教师的个性特色，一定程度上还"培养"了一批备课的"懒汉"，这样的集体备课是很难提高课堂教学效益、提升教师专业素养的。

借鉴案例

【案例四】

宁夏固原二中的化学教研组在集体备课上作了深刻的研究，也取得了较为理想的效果。他们从以下方面着手，丰富了集体备课的形式和方法。

1. 课前备

集体备课的形式多种多样，不管哪种形式都离不开讨论和相互交流。对每一章内容，备课前大家都要坐到一起进行讨论。对每一节课的内容进行研究，为解决跨度大、不明确要求的问题，根据每位教师对教材、新课标的不同理解，提出他们各自对这节课的处理意见，如内容的调整选取，重难点的确定把握，例题的选用，知识的形成及应用，课时的确定等，通过认真讨论，把握要领，使大家教学思路清晰化，同时克服教材中的不足，然后大家再各取所需，按照个人的教学特点，在共同认识的基础上，写出适合于自己的教案。

2. 课后备

备课组成员时常碰到一起进行信息交流，是提高学科教学质量的一种有效途径，也是集体备课的一种补充和延伸。课后交流的内容包括：（1）哪些知识点学生难以理解，原因是什么，怎样做好些；（2）哪些题目学生容易做错，是教学方面哪种原因造成的；（3）哪些难点用哪种方法处理最好；（4）哪些问题或概念比较抽象，采用多媒体教学手段容易突破；（5）哪些实验通过改进效果最好，比如燃烧条件的探究实验改进等。（6）哪些新课采用什么样的方法引入，学生最感兴趣。如在《爱护水资源》的教学时，将海南、九寨沟的照片呈现在学生面前，同时配上《太湖美》的音乐，以激发学生的兴趣和对水资源急切希望了解的欲望。

3. 随时备

他们并不是严格地把教研时间规定在哪一天，而是随时有了问题随时碰头，碰进度，碰问题，碰教法。对于哪节课、哪个知识点有了好的创意，有了好的教法，及时交流；一节课讲得不满意的地方，利用课下10分钟立即商讨改进方法，而且我们每周的集体备课既有下周的教学内容，也有上周教学中存在的教学问题。根据学生掌握的情况制定弥补的方法：如练习、小测验等。如在讲基本化学用语时，需要学生记忆的，我们编了一些口诀，强化练习题，效果很好。

4. 分工备

他们学校的教改在宁夏走在前沿，多媒体课件教学已经全面进入课堂，大多数老师都是从头学习制作课件，而制作课件需要投入大量的精力，怎么才能减轻负担？他们采用了分工制作的办法。（1）集体讨论，确定教学方案，同一教学课件，由多人分工制作，再集中、商讨、组合，成为一个完整的课件。（2）每人承担一章，做好课件后，通过集体讨论修改，再经过各自精修，形成自己的特色，用于教学。他们通过下载优秀课件，或改建适合自己的新课件，或自己制作课件，以展示许多难以想象的思考问题，从中解决难度大、容量大等困难问题。他们组制作的课件通过教学交流，得到其他学校同行的一致好评。也提供给其他学校的老师使用，充分体现了资源共享。

【案例五】

《二氧化碳制取的研究》是初中化学教材中一个十分"经典"的课题。某校化学备课组要求三位教师分头准备，并在自己相应班级里进行公开授课，组内成员参加听课，还邀请其他教师一同参加。当第一位教师完成授课任务后，备课组针对课堂教学过程中出现的实际问题进行研讨与交流，反思教学中的成功与失败。后上课的教师在认真总结前面教师上课的得、失之后，注意有关教学策略的调整，教学方法的改进，同时，根据自己班级的实际情况以及个人的教学风格，备出个性化的教学设计。在经历了"问题—课堂—问题—解决问题"的过程后，备课组推出了一节"优质课"。从一教《二氧化碳制取的研究》——细读教材，带着学生走向教案，到二教《二氧化碳制取的研究》——重组教材，"唤醒"学生的自主性，再到三教《二氧化碳制取的研究》——活化教材，让教案跟着学生走。备课组在多次的思维碰撞与有效合作中实现了教师群体的共同进步。

专家建议

在案例四中，集体备课的形式和方法是多种多样的，包括课前备、课后备、随时备和分工备，但是，不管哪种形式都离不开教师积极地参与和有效的互动。课前集体备课在相互讨论、同伴互助中关注了预设中的生成，提高了教师驾驭课堂的能力，达到了教学相长的目的，同时，也有利于每位教师根据班级的实际情况突出个人的教学风格。"成长＝经验＋反思"。每一次课后都会有一些新的问题、新的收获，通过课后的集体性反思对这些具体的问题做出进一步的思考和完善是一件非常有益于教学的事情。教师之间的差异也是教学资源，差异就是合作的动力和源泉。在更多的非正式备课活动时间里，鼓励教师频繁交流、对话，更大范围地促进教育信息的流动，随时碰头，及时交流，有的放矢地解决教学中的实际问题。制作优秀的课件费时费力，个人独创往往效率低下，该校化学备课组整合集体的智慧和教学资源的做法收到了事半功倍、成果共享的效果，使备课组的研究更深入，更精细，更科学。

在案例五中，这种"一课多上"的备课活动，以课例研究为载体，营造出集体争鸣的场景，引导教师实事求是地反思、总结、评判自己和他人在教学实践中的策略与行为，吸取同伴备课中的"亮点"，对自己的教案进行二次设计，达到优势互补、资源共享，在交流互动中整合集体的智慧，在智慧碰撞中提升自己的认知。对于执教者，经历了"放下""提升"的上课体验，促使他对课程理念的挖掘与理解，并内化为自己的自觉行为，达到超越课堂、超越教材的理想境界；对于参与者，从对问题的思考到不断追问问题的过程，实现了追求教育实践层面上创新的价值取向，唤醒了每一位成员的参与意识，提升了每一位教师的教学能力和反思水平。从实践中来再回归到实践中去，备课组成为"学研型"的教师学习共同体。当然，集体备课要立足备课组，并不意味备课组集体备课的封闭运行，还可以在更大的范围内实施走出去和请进来战略，校内学科间可以串门综合，校际、地区间可以传经送宝，合作交流，从而进一步发挥集体备课的开放效益。

根据目前学校集体备课中出现的实际问题，如何加强集体备课的实效性呢？

1. 个人钻研——集体备课的前提条件。个人钻研是集体备课的基础，因为每个人对课程标准和教材的认识是不一样的，对教材的理解、把握、加工处理也是不同的。集体备课前，教师应先对集体备课的内容进行个性化的解读和思考，在集体备课时，提出自己的思考、经验、困惑，与其他教师共同探讨。教师个人的集体备课记录本，不仅要成为集体备课时分享智慧的记录本，更应成为集体备课前梳理经验的记录本，倾诉困惑的记录本。例如，某化学备课组实现了网络教研，每位化学教师将自己在教学过程中的"精彩片段"与"教学反思"上传，学校其他教师以跟帖的方式，打破时间与空间的限制，随时进行探讨与交流。有了平台，有了思考，教师才能主动参与，畅所欲言，以个人的思考凝结集体的智慧，最终提高集体备课的效益。

2. 求同存异——集体备课的思维指向。不同班级学生的学习基础、自学能力、非智力因素千差万别，期望一个教学方案放之各班而皆准，显然是不切合实际的。教育永远不可能是工厂规模化的生产。特级教师魏书生曾经说过："一个教师，要紧的不是忙着去否定，不是去证明，更不是糊里糊涂地照搬，不加任何改变。他应当像蜜蜂一样，在教法的百花园中到处采集于自己有用的花粉，回来酿造自己课堂教学的蜜。""蜜蜂采集花粉酿蜜"的观点，应该是我们对待集体备课的积极态度。集体备课就是把理解和把握课程标准、研究和分析教材、确定教学整体目标以及探寻普遍的教学规律等方面进行相对的统一，而在具体的教学方式上，则不宜过于统一。例如教学授《金属的化学性质》一节，我们根据自己班级的情况，批判地吸纳集体生成的智慧，设计出符合本班实际的教学方案。要求 B 层次班级的学生基本掌握几种金属（铁、锌、镁）的性质，背诵金属活动顺序，能够书写课本中出现的化学方程式；A 层次班级的学生能够用实验排出金属活动顺序，如用铁、铜、盐酸、硫酸铜溶液、硝酸银溶液来验证铁、铜、银的金属活动顺序，熟练书写化学方程式。

3. 解决问题——集体备课的功能定位。集体备课的功能如果定位在研讨并解决问题上，有利于教师在设计教案的基础上开展自我反思，发现问题，探究问题；有利于紧扣教学的需要，抓住那些关键或疑难问题进行集体攻关，依托群体智慧清淤除障，释疑解惑；有利于避免备课中照搬照抄的现象，使每个教师都积极参与，在交流中获得共识，在争论中深化认识，真正达到促进教师专业成长的目的。例如，集体备《二氧化碳制取的研究》时，可侧重如下几个方面的内容：（1）备教材：把握课程标准，分析教材所处的地位及前后联系；明确教材的编写意图并确定教学的三维目标；把握教学的重点和关键，研究教学难点；搜集、共享与该课题相关的教学网站、教学课件等，做好整合教学资源的研究与设计。（2）备教学方法：依据新课程的教学理念，结合学生的认知特点和生活经验，精心设计教法和学法，尤其在学生设计制取二氧化碳的装置时，要注意培养学生的发散性思维，鼓励学生的创新意识。（3）备教学资源：练习（包括作业）设计具有针对性、层次性，做到面向全体与因材施教有机结合。（4）备学生：对学生在实验室制取氧气学习过程中已经出现的问题进行梳理、分析，对本课题学习中学生可能出现的难点进行讨论等。

4. 制度建设——集体备课的有效保证。营造良好的集体备课氛围还需要制度建设作为保证。集体备课在坚持全员参与原则的基础上要做到"四定"。定时间：各备课组除平时的教学交流活动外，还应安排专门的集体备课时间，每星期1～2课时；定地点：固定集体备课的地点，一般安排在年级组办公室进行，这样便于集体备课及时开展；定课题：每次备课组集体活动应先拟定讨论课题；定中心发言人：每次备课组活动应有一位中心发言人，中心发言人事先初步拟定教学内容、教学方案和讨论主题。

拓展研讨

1. 为了进一步提高集体备课质量，提高教师工作的积极性，学校如何创建一种有效的激励机制？如奖励制度、考核制度等。

2. 结合教学实践中的某一具体课例，谈谈自己怎样通过集体备课获得教学水平上的提升。

8.2　如何进行课后反思

候诊案例

【案例一】《金属的化学性质》课后反思

本节课我设计的思路是通过金属与氧气反应的难易程度或金属与酸反应的剧烈程度来判断金属的活动性顺序。先通过金属是否易被氧化而判断出镁、铁比金活泼。镁、铁活泼性的比较是镁在空气中燃烧，铁在空气中不能燃烧，从而得出镁的活泼性大于铁。通过在空气中加热的条件下的反应现象而判断出镁的活泼性大于铜。铁和铜的活泼性要通过金属与酸反应的难易程度来判断，这几种常见金属活泼性的判断是我这节课教学的主线。

通过上这节课，学生学会判断镁、铁、锌、铜、金的活泼性，学会用金属活泼性解释一些与日常生活有关的化学问题，基本上达到了我设计的教学目标，但也存在不足之处：

上课时有点儿紧张，语速过快，在引导学生方面做得不够好。加上该课时的内容是下册内容，学生事先没预习，不敢大胆说话，课堂气氛不够活跃。在探究金属与酸的反应时，我没有详细向学生交代做实验时的基本操作和注意事项。可能还有不足之处，本人没有发现，恳请专家和同行批评和指正。

【案例二】初三化学教学反思

在2007～2008年上学期期末全市初三化学统考中，我任教的班级取得了令人满意的成绩，这离不开教师辛勤的耕耘和学生积极的配合。当然，在这一年的教学工作中，让我收获最大的是：无论是新教师还是老教师，对教学工作都要经常反思——总结成功的经验，探寻失败的教训！这是教师自身提高工作能力的一条重要途径。我在初三化学教学工作一年中的反思有以下两点：

一、从学生实际情况出发，认真备好每一堂课

备课是教师课前所做的准备工作。教学是一种有目的、有计划的活动，它既有明确的意义，又有大致的范围，因此，上课前教师（尤其对新教师而言）必须做好充分的准备。可以通过认真备课来了解课标、熟悉教材、收集和组织材料，更应从备课活动中对学生的情况进行分析，减少教学时的不确定性，找到一个有针对性的教学方法，教学质量就会显著提高。

在教学中，我更多的是从教材、教参出发来进行备课，很少考虑学生的实际情况。因此在教学中时常出现这样的情况：当我自认为讲解分析清楚的时候，学生却不知所云、鸦雀无声；当我自认为内容简单、不必强调时，学生却常在此出现错误；当我自认为学生在考试中能取得较好成绩的时候，学生的成绩却让我惨不忍睹。有时，在教学中我还会错误地认为化学学科在初三年级是起始科目，任何学生都没有基础，因此对不同程度的学生提出了相同的要求，教学上也采用了相同的进度。这样一来逐渐磨灭了后进生的学习积极性，让本已学习习惯、行为习惯较差的他们对新学科的学习更加失去了兴趣。

经过反思，我在教学中加以改进，备课环节更注重"备学生"。我发现学生缺乏主动思考问题的能力，更缺少发现问题、提出问题的能力，他们更多的是寄希望于老师直接的讲解。这一点与正在实施的课改精神中对学生能力的培养目标是背道而驰的。要让学生能发现问题，提出问题，就得先让他们学会主动思考问题。因此在教学中我的陈述更少了，提问更多了，学生思考与回答问题的机会也就越多了。让学生在不经意中树立这种观念——想知道为什么，不能再坐等老师的讲解，自己要先行思考。对于后进生，我将教学要求适当降低，教学进度适当减缓，课后作业量适当减少，让他们觉得这门课程并不难学并能保持对化学学科的兴趣。我也始终坚信——我们的后进生是"一桶金"。

二、课堂教学中适时渗透对学生的情感交流

课改精神中一直提到要注重培养学生的情感，要在学科教学中适时渗透情感目标。我一贯认为并不是只有班主任才有责任和义务对学生进行德育教育，每一位老师都应当注重与学生的情感交流，特别是对后进生的关爱。我经常在课堂教学中对学生进行正面引导教育，从他们身边的事说起，从他们所见所闻说起，不和他们说空话，讲大道理，而是让他们切实感受到学校对他们个人的重要，力求在给学生教授学科知识的同时辅以学生一个健康的心理和积极向上的态度。我发现，在课堂教学中适时进行情感交流，拉近了我和学生间的距离，学生变得喜欢老师，继而喜欢其所教的学科，老师也能发现学生中的闪光点和

可爱之处！

以上两点是我在初三化学教学一年中体会最为深刻的。我们需要改变的是观念，在与时俱进、不断探索和创新中寻求最佳的教学方法，进而获得最大的教学效益。

诊断分析

案例一《金属的化学性质》课后反思是执教者对整堂课的设计思路的阐述，比较说明金属间的化学性质，这纯属课堂中化学基本知识的教学程序，是执教者课前进行备课时的设计思路，根本不属于教学后的课后反思。但从学生学习角度出发，通过这节课的学习，学生学习目标达成度的说明，教学中的不足，教学方法的缺陷等，有了教学后反思的味道，但是分析得还不够透彻、具体。造成这种情况的主要原因在于教师分不清楚教学反思和设计思路的区别，简单地认为梳理教学过程就是对教学过程的反思，没有抓住教学反思的核心——反思，回忆不是反思。所以书写课后反思的时候应从教学前、教学中来分析提炼教师的教和学生的学，更重要的是，分析归纳出得失或成败的原因，从而对今后的教与学具有积极、有效的促进措施。

案例二的教学反思不同于案例一，案例一是对一节课的课后反思，而案例二是执教者对自己整个教学阶段的反思，共谈到两点，其一是反思教学前的备课，片面注重教材、教法，忽视了对学生的了解，违背了因人施教的原则；其二是反思师生关系及新课程教学目标中的情感、态度与价值观目标的落实。对教学进行阶段性反思，仅仅两点是不够的，应该从多个角度来反思教学的得失和成败，归因的分析矫正。

由于种种原因，教师的教学反思还存在一定科学性、合理性的问题，盲目性和自觉性、习惯性的问题等，所以化学教师必须正确理解什么是教学反思。教学反思主要包括两个过程：第一，回顾教学事件，找到成功之处的经验所在和不足之处的形成原因；第二，寻找更好的办法来弥补教学中出现的不足，进一步完善课堂教学。教学反思的基本内容为：反思教学态度、行为，反思教学策略，反思教学中学生的学习过程，反思教学计划和教学评价。

借鉴案例

【案例三】《常见的碱》的课后反思

1. 成功之举

这节课采用分组实验教学，充分调动了学生的学习积极性，通过学生自己亲自实验，同学们体验到了实验的成就感，零距离地观察实验现象，看到学生们脸上惊讶和得意的表情，作为老师，我觉得就已经成功了一半，而且通过交流与讨论，给教学留下了较大的弹性和空间，培养了学生分析、归纳的能力和认识物质共性本质的能力。

这节课还自创了一个书本上没有的实验，既二氧化碳和氢氧化钠的反应，如果只是把二氧化碳通入氢氧化钠溶液中，虽然有反应，但没现象。为了让同学们看到现象，我设计了利用空的矿泉水瓶收集二氧化碳，然后往里面倒入少量氢氧化钠溶液，振荡，一会儿矿泉水瓶变瘪，这时让同学们进行交流和讨论，气氛热烈，经过讨论后，大家都懂得是里面的气体跟氢氧化钠反应了，压强变小了，外界大气压把矿泉水瓶压瘪了。在此基础上又提出了另一个问题，即二氧化碳能溶于水，溶于水后，瓶内压强也变小了，也可能出现这样的情况。于是又迫使同学们想办法证明生成物里有新的物质（碳酸钠），根据上学期学习的 CO_3^{2-} 的检验，往瓶内注入稀盐酸，瓶内产生气泡，瓶子又恢复原状，成功地完成了二氧化碳与氢氧化钠溶液反应的实验。

2. "败笔"之处

由于学校的教学条件限制，分组实验做得不够多，因此学生在做实验时，有的学生的实验基本操作不是很规范，课前没有养成预习的习惯，课堂上因为不知如何动手而"老师老师"地喊，个别组胶头滴管没有专用，把整瓶试剂都污染了，所取试剂的量不够或者过多。

3. 教学机智

这节课的分组实验配制的氢氧化钠溶液浓度太大了，所以在做氢氧化钠溶液和酚酞试剂反应时出现的现象就会和书本上的产生偏差，当问学生现象时，就有学生说先变红后褪色，我马上应急地解释说是因为氢氧化钠溶液太浓了，所以在做碱溶液与指示剂反应的实验时，要求碱溶液的浓度要稀些。

4. 再教设计

一节课下来，静心沉思。如果下次再上这节课的话，我将从以下方面改进：

(1) 花较多的时间预习，让学生了解实验的内容，以便自己从容动手实验。

(2) 配制氢氧化钠溶液浓度要稀一些，以使它跟指示剂反应变红，不会褪色。

(3) 让学生的实验更规范，胶头滴管要专用，强调液体试剂如果没有说明用量的情况下，液体试剂一般取1～2毫升。

(4) 氢氧化钠溶液和二氧化碳反应的实验当分组实验完成。

【案例四】《水的净化》反思

从总体上看，本节课基本上达到了新课程标准要求的预期目标，即充分利用各种社会资源，挖掘教材，发展教材，根据本地、本校的实际情况，创造性地使用新教材，在人类文化背景下构建知识体系，使单调的化学实验基本操作教学富有启发性、探究性和人文精神意境，体现出其应有的实际应用价值，达到科学教育与人文教育相映生辉的效果。在实践中促进学生发展，课堂活而有序，活而有效，教师起着组织者、引导者、合作者等作用。此外，教师在处理因课前无法预计学生的知识点的迁移方式和思维深度而暴露的问题时，能时刻关注并追随学生的思维活动，不断调整自己的思维活动，及时有目的地组织学生相互交流和讨论，巧妙诱导。点拨的方式也有一定的技巧性，既有利于培养学生交流与合作的能力，也有利于发展学生的评价能力，达到师生互动、主动建构的目的。

不足之处：课时延长了10分钟，原因是在探究时间控制上把握欠佳，讨论问题过细，花费时间较长。说明什么时候探究，什么时候讨论，要探究多长时间，讨论什么问题，讨论多长时间等，仍是笔者需要调整、思考的问题。我着重反思了以下几点：

1. 贴近生活，联系社会实际，增强动手实践能力是激发学习兴趣的重要方法。贴近生活、联系社会实际、增强动手实践能力是学生的强烈要求，也是学生适应现代生活和未来发展、提高科学素养和人文素养的需要。因此，教学时要充分发挥化学课程对培养学生人文精神的积极作用，注意从学生熟悉的身边现象入手，寻找新的视角和切入点，引导他们感受身边的化学物质和化学变化，增强学习的兴趣，发现问题，展开探究，以获得新的知识和经验，加深对化学知识在生活实际中应用的认识，关注人类面临的与化学相关的社会问题，有意识地引导学生从多个角度对有关问题做出价值判断，培养学生的社会责任感、参与意识与决策能力。

2. 把握已有经验是激发学生创新潜能、提高实践能力的重要前提。从教学过程与调查所见，科学探究能力的形成与发展是一个逐步提高、不断进步的过程。教学时立足于学生的学习基础、能力发展水平以及兴趣爱好和潜能，根据其形象思维、感性思维和经验型的逻辑思维为主的特点，设计必要的教学环节，让学生自我发现其原有认识中不科学和片面的成分，主动构建抽象的概念和结论，理解化学、技术和社会的相互作用，提高学生的实践能力。

3. 加强学生自我评价、活动表现评价等多种评价方式，是关注学生个性发展、激励学生走向成功、改进教师教学方式的有利途径。本节课教学过程中，不仅采用了独立、小组或团体的形式，通过观察、记录和分析、反思，评价学生在活动过程中的表现和活动成果；更在学习结束后，自我反思探究过程的活动表现，对自己的参与意识、合作精神、实验操作技能、探究能力、分析问题的思路、知识的理解和认知水平以及表达交流技能等方面是否在原有基础上得到了尽可能大的进步与发展，进行了全方位的自我评价，以达到学生自我激励发展的目的。

专家建议

案例三的教学反思从四个方面进行，第一是成功及成功经验的总结，便于今后教学的可持续发展；第二是反思败笔之处，分析实验教学的重要性，但由于客观条件的限制，实验条件还达不到理想状态，学生实验前的准备不到位，导致课堂实验操作不顺利，从而使教师能够在今后的实验课教学中避免出现同样的情况。反思最好的应该是教学机智，反映出教师对课堂即时问题的处理能力。特别是当实验现象与理想状态不一致的时候，教师要及时调整教学的策略，因势利导，达到柳暗花明又一村的效果。教学机智既是急智，也是教学基本功的体现，只有在平时不断地反思和积累，才能有更好的教学机智。教学设计，体现了反思的最终目的，为今后的可持续教学、优化教学找到了科学合理的方法和途径，从而为教师的专业发展创造了新的起点。

案例四的教学反思的成功之处是，在过程与方法中落实化学教学的目标，注重培养学生的兴趣、实践能力，不断探索评价的方式，关注学生的个体发展。从一个更高、更理性的层面进行了反思，使得教学反思上升到了一个更理论化、更具指导性的高度。

针对以上案例的分析比较，老师们必须注意到教学反思对教师专业发展的重要性，如何在实际的教学工作中进行科学、全面的教学反思呢？

教学反思是教师在一定的教育理论指导下，对过去的教育教学经验的一种回忆、思索、评价的过程。它是对过去经验的反思，同时又是做出新计划和行动的依据，以达到提高教育教学效果、促进学生进步和提升教师专业化素质发展为目的。在实际教学过程中，进行反思可以从以下几个环节入手。

1. 提出问题，反思教学现状。反思性教学立足于教学实际，创造性解决问题。解决问题首先要从提出问题开始，课堂教学中最常见的问题主要是教师在课堂教学情境中所使用的教学方法和学生的实际接受状态存在的差异。例如，初中化学人教版第三章的"分子和原子"，较为抽象，有的学生就是无法理解微观物质世界里的分子和原子的概念、性质及相互关系。而有的学生抽象思维能力就较强，容易理解，如何讲解，需要教师细心体会，对自己的教学活动进行有意识的、自觉的检查，审视和评价，对自己的教学进程，教学方法，学生的参与程度，学生的反馈情况等方面及时反省，不断发现新问题，提出问题。

教学前，预测学生在学习某一教学内容时可能遇到哪些问题。例如，物质的分类中，混合物和纯净物、混合物和化合物、纯净物和单质这三个概念容易混淆，饱和溶液和不饱和溶液与溶液的浓和稀之间的联系和区别，化学式的书写为什么要遵循客观规律，炼钢中通入氧气流或空气流时，铁为什么不再被氧化等等，这些问题在教学中都是难点，是学生常疑惑的地方。

教学中，对于教学的重点、难点，会出现哪些意想不到的障碍；应该如何机智地处理这些问题；师生之间，学生之间出现争议，该如何处理；当能力较弱的学生当场无法理解或无法按计划时间回答问题时，如何调整原先的教学设计，灵活多变；学生讨论问题时，时间如何控制，能不能按预设的完成，不能又该如何处理等。

教学后，教师对观念、教学行为和学生的表现以及教学的成功与失败进行理性的分析，并提出问题。如课堂气氛较为沉闷，应如何进行有效的调控；在课堂教学中，哪些教学环节没按计划实施，为什么；教学中有没有出现惊喜的"亮点"，产生的原因是什么，等等。

2. 提出假设，收集资料。问题明确后，收集与问题相关的资料和信息（主要从教师与学生，教师和教师，教师和相关专家的沟通中获得资料和信息），分析问题出现的原因，提出假设。并且要反思能否寻找到解决这些问题的策略和方法。例如，学生给物质分类时，混淆物质的种类的可能原因有：概念不清；物质不熟悉；字多字少成了判断的依据；记不清物质的化学式。紧接着思考解决这些问题的方法：如果是概念不清的，应着重加强学生对概念的理解，特别要强调"一种物质"和"多种物质"的区别，"单质"和"化合物"中"同种元素"与"不同种元素"所修饰的成分是"纯净物"，而非"物质"。否则，金刚石和石墨的混合物就属纯净物，O_2 和 O_3 的混合物就成单质，O_2 和 H_2 的混合物就成化合物了。如果学生对物质不熟悉，应避免出现这类物质，找出常见的。如果是第三种情况，应从方法论、思维习惯上加以疏导，解决问题不应该从表象入手，而要抓住事物的本质，从概念本身出发。如高锰酸钾和海水，虽然海水只有两个字，但它至少包含了几种物质，属于混合物；而高锰酸钾有四个字，但它却只代表一种物质，属于纯净物。如果是第四种原因，应加强对化学式的记忆，特别是对化合价的背诵。

3. 实验验证，调整反思。反思性教学有实验或实践检验过程。也就是说，反思性教学的反思不仅是内隐的思维活动，而且是外显的实践行为，这样才能确保反思的结果得到检验并使反思性教学越来越具有合理性。在这个过程中，教师首先要研究假设的问题是否已经较好地解决，如果已解决，教师则应针对改进的成功方法，主动寻求进一步的强化方式，防止原有的问题再次出现。如果发现新的问题，谨慎地追寻新问题的实质，针对新问题，再次尝试另外的教学方法或其他改进措施，并将其运用于教学实践，检验其是否合理，如此循环往复，使教学过程更优化。

4. 整理信息，撰写教学反思。教学活动一旦结束，教师应对自己的行为进行回顾和评价，对课前计划和教学过程进行反思，认真分析和总结自己教学成功的地方和需要改进的不足之处，并加以整理，得出初步结论，撰写教学反思，供以后的教学实践参考与改进。撰写教学反思，可以采用以下几种形式：（1）写教学后记。将对本节课的教学目标，教学流程，问题设计，作业安排，板书，教学效果以及突发事件的处理方式等各个方面有价值的反思写在教案后面。也可以在原教案的基础上进行修订和补充。如果在以后的学习中，觉得某些资料或信息对本堂课有价值，也可以补充在教案上，使其更具有可行性和针对性。当以后教授同类型或同一内容时，拿出这些教学后记或修订教案作为参考，将受益无穷。（2）写叙事论文。对上课中突出的成功或失败的情境及过程用文字加以叙述，然后写出自己的体会，感受，认识或改进思路，写成短小精悍的专题论文。（3）教学实录与评析。将自己较成功的课回放整理成教学实录，写出主要教学流程的设计意图，并写出教后反思，请教研人员或有关专家写出教学评析，进一步从理性的高度梳理和分析教学。写教学实录与评析，有利于提高教师的归纳总结水平，提高理性认识水平，增强以后教学的科学性和艺术性。

拓展研讨

1. 如何养成青年教师教学反思的习惯性？
2. 如何建立一套促使教师自觉撰写教学反思的机制？

8.3 如何构建有效的听课评课活动

候诊案例

【案例一】一次听评课中的对话片段

对话一：有些教师匆匆忙忙走进听课教室。"您知道××老师今天上什么内容吗？""不知道。"

对话二："在您的听课本上，我发现您认真记录了老师的语言和教学环节，而没有学生的表现，为什么？""听课，就是要向老师学习，所以我重点记录了老师的表现。"

对话三：去听课时，老师们非常积极。但是让老师们进行集体评课时，却完全没有了听课的状态。问其原因，教师说："愿意听课，愿意听别人评课。"

对话四："这次听的也不是我们学科的课，我能不能不去听啊？"最后该教师出于对学校的安排的无奈，为了达到听课的次数勉强去听课。

【案例二】《二氧化碳的性质》听评课片段

下面是一位老师听课的记录以及课后的评价：

课题：二氧化碳的性质

听课记录：

分组桌面探究实验

1. 如何验证一瓶气体是二氧化碳？

给出备选药品和用品：澄清石灰水、火柴、蜡烛、试管、烧杯、梯形架等，由学生自主选择。

2. 二氧化碳溶解性的探究

向装满二氧化碳的矿泉水瓶中加入蒸馏水，振荡，观察现象：矿泉水瓶变瘪（使其感受到二氧化碳的溶解性）。

借助上面实验现象，由教师总结出二氧化碳的性质。

板书：一、二氧化碳的性质

1. 无色无味的气体，能溶于水，密度比空气大；

2. 不能燃烧，一般不支持燃烧；

3. 能使澄清的石灰水变浑浊。

二氧化碳＋氢氧化钙→碳酸钙＋水

$CO_2 + Ca(OH)_2 = CaCO_3\downarrow + H_2O$

师：二氧化碳溶于水后是否发生变化？

演示实验：把二氧化碳通入到澄清紫色石蕊试液中，观察颜色的变化。

讲解：石蕊遇酸变红，说明生成了酸。

板书：二氧化碳＋水→碳酸

$CO_2 + H_2O = H_2CO_3$

加热上面变红后的石蕊溶液，提醒学生观察现象。

师：溶液又变回为紫色，酸性物质哪里去了？

加热：

板书：碳酸→二氧化碳＋水

$H_2CO_3 = CO_2\uparrow + H_2O$

板书：二、CO_2 的三态变化

阅读教材中物质的三态变化（5分钟）。

提问：为什么干冰能用做人工降雨？

（提问一名学生未答上。）

教师提示：干冰有什么特性？（学生仍未答上。）

教师直接给出结论。

板书：三、CO_2 的用途

1. 干冰：人工降雨；

2. 灭火；

3. 制汽水。

4. 肥料（举例）。

过渡：二氧化碳有没有不利影响呢？

板书：四、温室效应

什么是温室效应？阅读教材。

板书：（下课铃响，教师直接板书内容。）

形成：略。

危害：略。

防止：略。

布置作业。

评课记录：

1. 本节课老师以"动手—观察—阅读—总结"为授课主线，实验贯穿始终，凸显了化学学科的特色。学生兴趣浓，积极性高，整个过程中气氛很活跃，加速了感性认识到理性认识的升华。

2. 在授课中老师注重学生动手能力的培养，在班额72人的情况下，仍不辞辛苦地准备了桌面试验，以培养学生亲自动手实践而获取信息的能力，充分体现了课堂教学应以形成学生能力为目标的新课程理念。

3. 依据学生的认知规律，大胆对教材调整和创新。应用身边资源对实验进行改进，例如，利用矿泉水瓶来做二氧化碳溶解性的实验，现象明显，起到了良好的效果。

这节课亮点突出，不失为一节好课。

诊断分析

在案例一中，这样的例子在平日的听评课活动中会经常发生，如果听课教师不知道听课的目的，不了解听课的内容，不会观察学生，不清楚要研究的问题，只愿意"听"而不愿意"思"和"评"，那么，教师听的课再多也是徒劳的，因为只能知其然，而不知其所以然，那又怎么能"听"出上课教师教学活动设计背后的玄机，"听"出上课教师的智慧，"听"出自己的差距所在呢？

在案例二中，这位听课教师显然对这节课的教学目标不是很了解，对教学的重难点不是很清楚。其次，他有教师的活动记录。忽略了学生的活动记录，比如学生对老师做CO_2溶解性实验的反应等。评课时只有"亮点"，缺乏"反思"，更没有给出有价值的建议。比如学生经过思考能答上的问题，教师却没有给他们一定思考的空间和时间，急于给出答案；提问学生时没有兼顾到不同层次，并且提问一名同学答不上，教师就急于作答。

借鉴案例

【案例三】一位教研员的听课、评课分析（关于质量守恒定律教学的课堂引入）

20节课的引入都是将问题定在"化学反应前后物质的总质量是否变化？"或"化学反应前的质量总和是否等于反应后的物质质量总和？"，大部分老师也都让学生假设，大部分学生都做出了同样的假设："反应前后物质的总质量不会改变，或保持不变"。甚至有的学生已经能够用原子种类、数目不变等进行论证了。我边听边不断地问自己："学生都这么一致地做出了正确的假设，这课还怎么上，后边的实验还做什么呢？""质量守恒定律就只有这么一个起点吗？""学生真的没有前概念吗？""为什么没有老师敢用蜡烛燃烧秤量的实验作为启动和驱动性问题？""为什么没有老师问学生：你们准备从什么角度来研究化学反应的物质质量关系？""为什么老师不拿一个具体的化学反应（比如木炭燃烧）来问学生：你能说说该反应中什么的质量变了，什么的质量没有改变？""这节课教学首先要面对的学生偏差认识方式是什么？是不是看待化学反应的质量关系会以单一物质为基准？"……

在这次北京市初中化学优质课评比的总结评课中我提出了一种想法，就是应该评选出（至少听课的老师们内心中都应评选出）许多单项奖。我也有我内心中的许多单项奖，比如：

最佳实验装置改进奖应该给海淀区首都师大附中的何老师，因为他给小人形管加了两条小腿取代了大锥形瓶、烧杯等，使得学生做质量守恒定律称量实验时非常方便、安全。他自己改造了白磷燃烧实验的加热方法，使得实验更加严密。

最巧妙实验分析奖应该给东城区景山学校的白老师，她非常巧妙而且敏锐地抓住并利用学生分组实验中的铁跟硫酸铜溶液反应的实验，引导学生二次观察铁钉上附着红色铜，但是铁钉还有很多没有反应，引发学生从实验称得的反应物质量总和与生成物质量总和相等进一步抽象出参加化学反应的反应物质量总和与生成物质量总和相等这一本质结论。典型事实加上清晰的逻辑分析并配合恰当的PPT分析，产生了非常好的教学效果。既没有像大多数老师一样就停留在实验事实水平，强迫学生简单接受质量守恒定律的条文，又解决了非常复杂、拗口的推理分析而不易让学生接受的困难。可以说白老师的这一处理很有教学智慧。

最出人意料使用教学手段奖也应该给景山学校的白老师，我第一次在化学课上看到老师使用数码照相机抓拍学生分组实验的情况和典型实验现象，并在交流讨论环节当做证据来展示，引起现场听课老师的强烈关注。

最生动使用化学史素材奖应该给海淀区教师进修学校附属中学的裴老师，她是真用心啊，她从网上寻找并下载了拉瓦锡研究质量守恒定律的电影片段，并重新进行了中文配音加工，分成两个部分分别用于教学，使得整节课都被化学史的线索串联起来，效果就是不一样，我为老师自己创造生成教学资源的努力和能力喝彩！

最佳师生互动奖应该给怀柔五中的莫老师，她的教学开放性很强，给予学生分组实验的时间和空间都很大，她敢于让学生在实验中出错，走弯路，她没有像很多老师那样让学生在动手实验之前先交流实验步骤和方案，但是她充分发挥了教师对学生分组实验活动过程的帮助、支持、交流、引导的作用，在这个活动过程中，她与每个小组的同学融为一体，是那么亲切、自然、敏锐、细腻，适时又适当，听课的老师好像都看呆了。这种场景让我有开窍的震撼，我不停地在心里说，这才是新课程的老师！这才是新课程老师的能力！这才是实现开放性和实效性双赢的秘诀！

最佳燃烧实验使用奖应该给通州潞州中学的讲课老师，这是一位教了20年初中化学的男老师，肯定平时很爱琢磨学生的心理和学习特点，而且不是理论上的，听他的课就觉得那才是讲给普通中学的初中生的，而且这位老师真是在把玩这节课，他的课很鬼，看得出他是充分体会每个实验的学习和教学功用了，所以他很独到地对实验进行了分配、删减、转换。比如有的实验用在定律形成之前，有的用在定律理解，而且有详有略；有的让学生自己做，有的由老师演示，还有的围绕实验设置了认知冲突。

专家建议

在该案例中，课堂听课的着眼点是了解上课情况和发现问题，听课的基本形式是观察。教研员在观察课堂上教师和学生的表现时进行了比较、分析、判断，做到了边看、边听、边想、边记，有针对性地去了解学生与教师，从而有效解决了教学中存在的一些实际问题。评课注重实效，力求客观公正，以评课为导向，通过设置多项单项奖给教师以启发、鼓舞和鞭策，促进了课堂教学的改革与教师业务水平的提高。

组织听课是推进有效课堂教学最经济、最实惠、最有效的做法之一，评课可以营造相互借鉴、共同提高的良好教研氛围。那么，我们怎样才能让听课、评课更有效呢？

1. 听课前应准备什么。盲目性是效率的大敌，听课也是如此，教师盲目进行听课与有所准备去听课，效果大不一样。听课前应做好如下准备工作：熟悉教材，明确教学目标，回忆自己是否教过或听过这节课，有什么困惑与问题等，明确听课目的，带着目的去听。如果是"同上一节课"，比如上述案例中的《质量守恒定律》，就要求教师在听课时要注意比较：同一个教材内容，他为什么这样设计？他是怎样理解教材的？他的设计用于我班学生是否合适？我们在教学风格上有什么不同等。如果是同一学科听课，既要了解不同年级同学科教材的设计，又要了解不同学段的教学方法和学生情况。如果是跨学科听课，就要分析此学科教师的教学优势、教学特点和学科融合等。也就是说，无论听什么研究课，听课前我们要先明确听课的目的。

2. 听课时应做什么。听课记录是重要的教学研讨资料，是教学指导与评价的依据，它应该反映课堂教学的原貌，使听课者依据听课记录，通过合理想象与弥补，在头脑中再现教学实况。记录时要关注教学环节设计。要注意思考，教师为什么这样安排课堂教学环节，大的环节内又是如何安排小的环节，怎样使课堂结构符合本节课的教学目的、教材特点和学生的实际。要关注重点突出、难点突破。比如教师是怎样充分、灵活、简便、有效地运用学生已有的知识再现纵横联系，是否采用举例说明，引导比较，直观演示，自主探究，亲身体验等手段。要关注教学方法与学习方法。教师是怎样在教学过程中与学生积极互动、共同发展，从以教师的"教"为中心，向以学生的"学"为中心转移。比如上述《质量守恒定律》案例中怀柔五中的莫老师，她的教学开放性很强，给予学生分组实验的时间和空间都很大，充分发挥了教师对学生分组实验活动过程的帮助、支持、交流、引导作用，实现了开放性和实效性的双赢。要关注辅助手段的应用与板书设计，认真琢磨教师如何把信息技术与学科教学整合，充分发挥信息技术的作用，提高课堂教学实效。比如《质量守恒定律》案例中海淀区教师进修学校附属中学的裴老师，从网上寻找并下载了拉瓦锡研究质量守恒定律的电影片段，生动地使用了化学史素材。要关注练习设计与知识拓展，练习设计是否做到有针对性、层次性、拓展性，达到巩固新知、培养能力的目的，是否应用所学知识解决日常生活实际问题，提高学生解决实际问题的能力。

3. 听课后应做些什么。（1）整理好听课记录。记录听课内容，按先后程序提纲挈领地记录下来。记录时间分配，即各环节所用时间，教师教用的时间，学生学用的时间。记录教法学法的选择与应用，记录情境创设、过渡的语言、引导的技巧、激励的方法、组织活动的方式。记录教师挖掘与利用课堂生成资源的情况，记录灵活处理偶发事件。记录练习状况、练习内容、练习形式等。

（2）做好课后分析。听过一节课后就应及时进行综合分析，找出这节课的特点和闪光处，总结出一些有规律性的认识。明确对自己有启迪、能学会的有哪几个方面，并针对这节课实际情况，提出一些建设性的意见与合理性的修改建议，与执教教师进行交流切磋，以达到互助互学的目的。

（3）开展评课活动。从上述教研员听课、评课分析的过程之中，我们可以看到：评价一节课，应从两个方面来看，即要看教师是否善于引导，是否创设良好教学环境，是否组织学生开展活动，是否留有静思的空间和时间，而不只是看教师讲得怎么样。更要看学生是否积极主动,是否积极参与,参与面有多大,是否主动探究、合作交流,是否敢于质疑,提出有价值问题。关键还要看学生学得怎么样,得到多少,得到些什么,掌握了哪些学习方法。我们可以重点从教学目标上评,从教学程序上评,从教学方法和手段上评,从教师教学基本功上评和从教学效果上评。评课是为了互相激励、督促或帮助,所以我们可以先说优点或是值得学习的地方,再提出需要研讨商榷的问题,重新加以设计,提出改进方向,以求更好。

拓展研讨

1. 如何在听课的基础上积极地评课,促使教学的再生成?
2. 结合自己的一次听课活动,写一篇"课堂点评"。